R&D생산성 향상을 위한

기술사업화

R&D생산성 향상을 위한

기술사업화

TECHNOLOGY COMMERCIALIZATION

손수현 · 이성룡 지음

HUiNE

서문

우리나라의 산업구조가 기술기반의 고부가가치 산업으로 변모되고 있는 현 시점에서 기술경영(MOT: Management of Technology)이라는 주제가 크게 주목받고 있다.

기술경영의 2대 주제를 이루고 있는 기술개발(Technology Development)과 기술사업화(Technology Commercialization)에 대해 살펴보면, 그동안 기술개발과 관련되어서는 많은 자료와 서적은 물론 다양한 방법론 등이 등장하였으나 정작 기술사업화와 관련된 자료나 전문서적은 드문 것이 현실이다.

재무적 관점에서 볼 때 기술개발은 기술을 확보하기 위해 연구개발(R&D: Research and Development)투자비를 투입하는 행위지만 기술사업화는 확보된 기술의 사업화를 통해 성과를 이끌어내는 행위이므로 투자자나 경영자 입장에서는 투입 대비 산출이라는 R&D의 생산성을 고려하지 않을 수 없을 것이다. R&D 생산성을 향상시키기 위해서는 효과적이고도 효율적인 R&D투자비의 운영이 필요하지만, 보다 근본적으로는 기술사업화를 통한 최종적인 성과를 어떻게 이끌어내고 극대화할 것인가가 더욱 중요하다 하겠다.

저자가 우리나라에서 1990년에 기술경영이라는 주제를 처음 접할 때만 해도 2대 주제 중 기술개발에 국한된 내용이 대부분이었고 기술사업화에 대한 내용은 거의 없었다고 해도 과언이 아니다. 이를 아쉬워하던 중 1995년에 한국과학기술원(KAIST)의 테크노경영대학원 설립에 관여하면서 2001년 미국 스탠포드 연구소(SRI)의 "기술경영 및 사업화" 연수프로그램을 다녀오게 되었고, 이를 계기로 기술사업화와 관련된 분야에 더욱 깊은 관심을 두고 연구와 활동을 하게 되었다.

이후 기술사업화와 관련된 컨설팅을 해오던 중, 2007년 과학기술부와 한국산업기술진흥협회(KOITA)의 요청으로 "기술사업화" 서적을 출간하게 되었고, 그 내용을 바탕으로 10년간 기업체나 연구기관은 물론 대학과 대학원에서 다수의 강의와 컨설팅 활동을 해왔다.

하지만 기술사업화의 주제를 심도 있게 소개하고 더욱 실용적으로 활성화하기 위해서는 그동안의 활동으로부터 축적된 경험과 지식을 바탕으로 더욱 새로운 내용과 구성의 책자를 출간해야 한다는 소명감을 갖게 되었다. 이러한 동기에 힘입어 최신의 주제를 추가하고 풍부한 사례를 보강한 본 책자를 발간하게 되었으며, 기술사업화와 관련된 산학연 전문가들의 다양한 경험과 사례 또한 반영하여 이론적인 동시에 실무적인 내용을 갖추도록 노력하였다. 본 책자를 통해 향후 기술사업화라는 분야가 보다 구체적으로 퍼지고 발전해가는 계기가 될 수 있기를 기대해 본다.

본 서적의 주요 내용은 다음과 같이 구성되어 있다. 우선 기술 사업화에 대한 개요를 설명하고 기술사업화의 대상이 되는 기술이 사업화가 가능한 수준인지를 평가해보는 기술완성도 평가의 모델을 제시하였다. 이후 기술사업화를 위한 구체적인 방안과 기술사업화의 프로세스에 관해 설명하였다. 또한 기술사업화의 성과를 다방면에서 측정 평가하는 기술의 사업성 분석에 대한 절차와 방법들을 제시하였다. 끝으로는 기술사업화를 가능하게 한 해당 기술에 대해 그 화폐적 가치를 평가하는 기술가치평가의 다양한 방법론들에 관해 설명하였다.

이 책은 이론적 내용을 뒷받침하는 30여 건에 이르는 실제 사례와 각 세부 주제별 실습문제 풀이는 물론 종합적인 사례문제에 대한 해결 과정을 제시함으로써 학습에 필요한 이해를 돕고자 하였으며, 기술사업화와 관련된 분야에 종사하는 현장 실무자들에게도 더욱 실질적이고 구체적인 내용이 되도록 노력하였다.

또한 대기업이나 중소/벤처기업의 연구소, 그리고 정부출연연구 기관에 근무하는 연구책임자들의 실무서로 삼기에 적합할 것으로 기대되며, 또한 이공계 대학의 3, 4학년이나 기술경영 대학원생들의 한 학기 교재로 활용하기에도 손색이 없을 것으로 생각한다. 단지 교재로 사용하는 경우 본 서적의 내용이 한 학기 분량으로 부담스럽다면 제5장 기술가치평가는 제외하여도 무방할 것이다.

끝으로 본 기술사업화 서적의 출간을 위해 관심과 노력을 기울여 주신 한국외국어대학교 지식출판원의 관계자분들, 그리고 이 책의 내용이 풍부하게 될 수 있도록 아낌없는 조언을 해주신 산학연의 전문가 여러분께 감사를 드리는 바이다.

2017년 6월

저자 일동

목차

제4장 기술의 사업성 분석

제5장 기술가치평가

부록 - 사업계획서 사례 1

부록 - 사업계획서 사례 2

기술개발과 기술사업화 1

제1장 기술개발과 기술사업화

기업의 목적은 "사업을 통한 이윤추구"라 할 수 있다. 기업에 따라 전자사업을 통한 이윤추구, 통신사업을 통한 이윤추구, 제철사업을 통한 이윤추구, 화학사업을 통한 이윤추구 등과 같이 사업영역은 다를 수 있지만, 사업을 통한 이윤추구라는 기업의 목적은 다 같다고 할 수 있다.

즉, 사업은 수단이고 이윤은 목적이라고 할 수 있으며, 이러한 사업을 성공적으로 수행하기 위해 기업은 여러 가지 활동을 하게 된다. 기업의 활동은 사업아이템을 개발-생산-판매 그리고 관리/지원하는 등의 네 가지로 대별될 수 있을 것이다. 이 중에서 개발 활동은 대개 연구소에서 이뤄지게 되는데, 해당 사업의 경쟁력을 결정짓는 중요한 활동으로 대두되고 있다. 따라서, R&D를 단순한 기술개발 활동에서, 보다 더 확대된 개념의 사업개발(BD, Business Development) 활동으로 전개할 필요가 있으며, 이를 위해서는 기술개발(Technology Development) 뿐만 아니라 기술사업화(Technology Commercialization)에 대한 이해가 바탕이 되어야한다.

이 장에서는 다음과 같은 사항들에 살펴보기로 한다.

첫째, 기술사업화라는 주제에 대한 전반적인 프레임워크는 어떻게 구성되어 있으며 그 요소들은 무엇인가?

둘째, 기술개발과 기술사업화의 성과에 대한 척도, 즉 R&D의 생산성이란 무엇이며 이를 측정하기 위한 지표는 어떤 것이 사용되는가?

셋째, 기술사업화를 위해 사업개발을 전제로 한 R&D 활동, 즉 4세대 R&D란 무엇이며 이를 위한 활동들에는 어떤 것들이 있는가?

넷째, 기술개발의 결과물이 성공적으로 사업화되는 대표적인 형태인 와해성 혁신(Disruptive Innovation)이란 무엇이며, 와해성 혁신이 성립되기 위한 조건들과 사례들은 어떤 것들이 있는가?

1. 기술사업화의 프레임워크

본 절에서는 기술개발과 함께 기술경영(MOT, Management of Technology)의 2대 영역을 이루고 있는 기술사업화의 프레임워크에 대해 살펴보기로 한다. 이를 위해 먼저 사업의 속성을 살펴보고, 또한 전반적인 기술경영의 프레임워크에 대하여 살펴보자.

1.1 사업가치와 기술가치

특정 회사의 가치, 즉 기업가치는 해당기업의 주가와 발행주식수에 의해 결정된다. 또한, 기업가치는 해당기업이 수행하는 사업들의 가치, 즉 사업가치들의 합으로 결정되므로, 결국 주가를 끌어올리기 위해서는 해당 기업이 수행하는 사업가치를 올려야 한다.

사업가치를 올리는 방법은 여러 가지가 있으나, 최근에 우리나라가 지향하는 기술기반의 산업구조하에서는 해당사업의 경쟁력에 결정적인 역할을 하는 기술의 가치를 끌어올려야 한다. 기술가치에 대해서는 제5장 기술가치평가에서 상세히 살펴보도록 하겠지만, 간단하게 표현하면 사업가치 중에서 기술이 기여한 부분만큼이 해당 기술의 가치가 된다. 그런데, 이러한 사업가치 중에서 기술이 차지하는 비중이나 중요성이 지속적으로 높아지고 있다.

[도표 1-1]에서 보는 바와 같이 주식가치, 기업가치, 사업가치, 기술가치들은 상호 연관성을 갖고 있음을 알 수 있다.

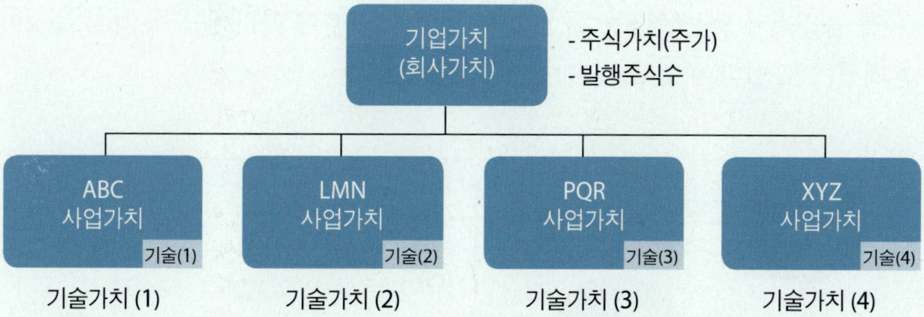

[도표 1-1] 기업가치-사업가치-기술가치의 상관관계

결국, 효과적이고 효율적인 기술경영의 역량확보가 기업경쟁력의 원천이 되는 것이며, 이를 위해서는 바람직한 기술경영의 프레임워크를 갖추어 나갈 필요가 있다.

1.2 사업의 속성 (기업-고객 관점)

기업이 수행하는 사업의 본질을 파악해볼 필요가 있는데, 흔히 사업이란 V-P-C의 상호 연관관계라고도 한다. 즉, 기업이 생존하기 위해서는 C(Cost)라는 원가를 사용하여 제품이나 서비스를 창출하고, 시장에 P(Price)라는 가격으로 제공하며, 고객은 이 제품이나 서비스에 대해 V(Value)라는 가치를 느끼게 된다.

이때, V는 P보다 커야 하고, P는 C보다 커야 한다. 즉, V > P > C의 부등식이 성립해야 하는데, 이를 "기업생존의 부등식"이라고도 한다. 여기에서 V와 P의 차이는 고객만족, 즉 CS(Customer Satisfaction)가 될 것이고, P와 C의 차이는 기업이 추구하는 이익이 된다.

[도표 1-2]에 이러한 V-P-C의 상관관계가 잘 나타나 있다.

V > P > C의 부등식이 성립하지 않으면, 고객만족이 되지 않아 고객이 이탈하거나 기업이 적자를 기록하게 되므로, 결국은 사업으로서 성립할 수가 없게 된다.

여기에서 R&D의 두 가지 목적을 파악할 수 있는데, 그것은 바로 고객의 가치

(V)를 올리거나 또는 원가(C)를 내리는 것이며, 경우에 따라서는 두 가지 목적이 혼재될 수도 있다.

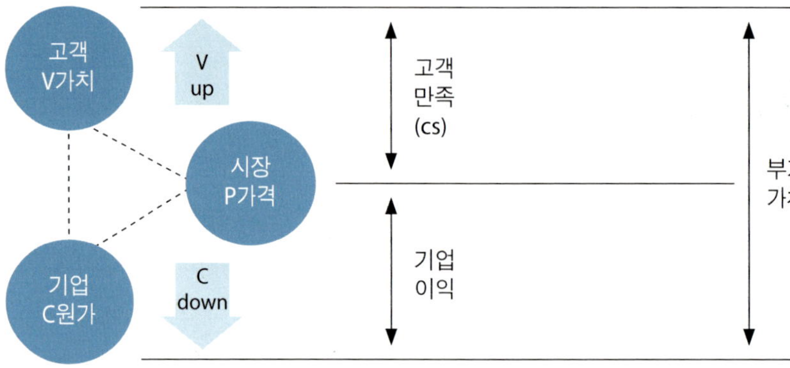

[도표 1-2] 가치(V)-가격(P)-원가(C)의 상관관계

CEO 어록 기업의 생존 부등식

"가치의 시대가 도래했다. 최고의 상품을 세계 최저의 가격으로 팔지 못하면 당신은 게임에서 도태될 것이다. 고객을 잃지 않는 최선의 방법은 고객에게 더 많은 것을 더 낮은 가격에 제공하는 방법을 끊임없이 강구하는 것이다."

- 잭 웰치/GE 회장 -

☑ 해설

고객에게 제공하는 가치(고객이 느끼는 가치)가 고객이 지불하는 가격을 초과해야 하며(V > P), 고객으로부터 받는 가격이 총 원가를 초과해야 (P > C) 기업은 살아남을 수 있다.
이것을 기업의 생존 부등식(V > P > C)이라 한다.
가치와 가격과 원가, 이 3각형의 해법을 끊임없이 연구하는 것이 바로 경영이다.

1.3 기술경영의 목적

• 기술경영(MOT, Management of Technology)이란?

기술경영이 이론적으로 정착된 것은 1990년대 초로서, 미국의 MIT 슬로안 스쿨이 'MOT 프로그램'을, 스탠포드 대학이 'Technology Management'를 개설하면서 보급되기 시작하였다. 우리나라에서는 KAIST가 1995년에 테크노경영대학원을 설립하면서 기술경영이 태동하기 시작했으며, 최근에는 정부와 기업에서도 기술경영자 양성을 위해 다양한 활동을 전개 중이다. 그 결과 수십 개의 대학들이 주로 이공계 대학원에 석사 및 박사과정을 이수하는 기술경영대학원을 설립하여 운영하고 있다.

이와 같이 도입, 보급되고 있는 기술경영은, 그 목적이 "R&D 투자 비용에 대한 효과를 최대화하는 것"이라고 미국의 SRI가 정의한 바 있다.

(SRI : Stanford Research Institute, 미국의 대표적인 R&D기업)

• 기술경영은 왜 필요한가?

우리나라가 선진국으로 도약하기 위해서는 고부가가치 산업으로의 혁신이 필요하며, 이를 위해서는 과거와 같은 인력 집약적 산업구조에서 기술 집약적 산업으로의 개혁이 필요하다. 따라서, R&D의 중요성이 지속해서 확대됨은 물론 R&D 투자의 규모도 빠른 속도로 증가하고 있는 것이 현실이다.

이와 함께 R&D 투자(Input)에 대한 R&D 성과(Output)를 측정하여, R&D가 과연 효과적이고 효율적으로 이뤄지고 있는 지에 대한 평가의 필요성도 대두하고 있다. 이를 위해서는 합리적인 기술경영 체계를 도입, 구축하고 또한 적용이 필요하다.

CEO 어록　꿩 잡는 게 매

"나는 '꿩 잡는 게 매'라는 말을 좋아하고 즐겨 씁니다. 매가 아무리 아름다우며 용맹스러운 자태를 지녔어도 꿩이라는 성과를 낚지 못한다면 이미 매가 아니죠. 즉, 사업 수행에는 실속과 성과가 있어야 한다는 것입니다."

- 오영교 / KOTRA 사장 -

☑ 해설

모든 리더는 반드시 탁월한 성과를 창출해내야 합니다.
제아무리 비전제시, 솔선수범, 신뢰를 바탕으로 한 영향력 행사와 같은 리더의 역할을 다한다 하더라도 성과 창출 없이는 리더십이 발휘되었다 볼 수 없습니다.
또한, 리더는 타고나는 것이 아니라 학습과 경험을 통해 리더로 성장해 갑니다. 전 직원 모두를 리더로 만드는 것이야말로, 조직성과를 극대화하는 최선의 길입니다.

1.4 기술개발의 프레임워크

기술경영의 2대 주제 중 하나인 기술개발, 즉 Technology Development의 프레임워크에 대해 살펴보자.

기술개발의 출발점은 사업이다. 즉, 기업의 목적이 '사업을 통한 이윤추구'이므로, 사업비전 및 전략이 바탕이 되어야 한다. 사업비전 및 전략을 바탕으로 기술개발이 이뤄져야 하는데, 기술개발에 있어서는 '기술기획'과 '프로젝트 관리'라는 두 가지 요소가 있다.

기술기획의 주요 이슈들을 살펴보면 기술 포트폴리오 기획, 과제 포트폴리오 선택, 기술확보 전략, 예산 및 자원배분 등이 있다. 또한, 프로젝트 관리의 주요 이슈들을 살펴보면 과제 착수, 과제 수행, 과제 완료, 과제 관리 등이 있다.

이와 같은 기술개발 과정을 통해, 그 결과물로서, IP 등과 같은 기술자산이 창

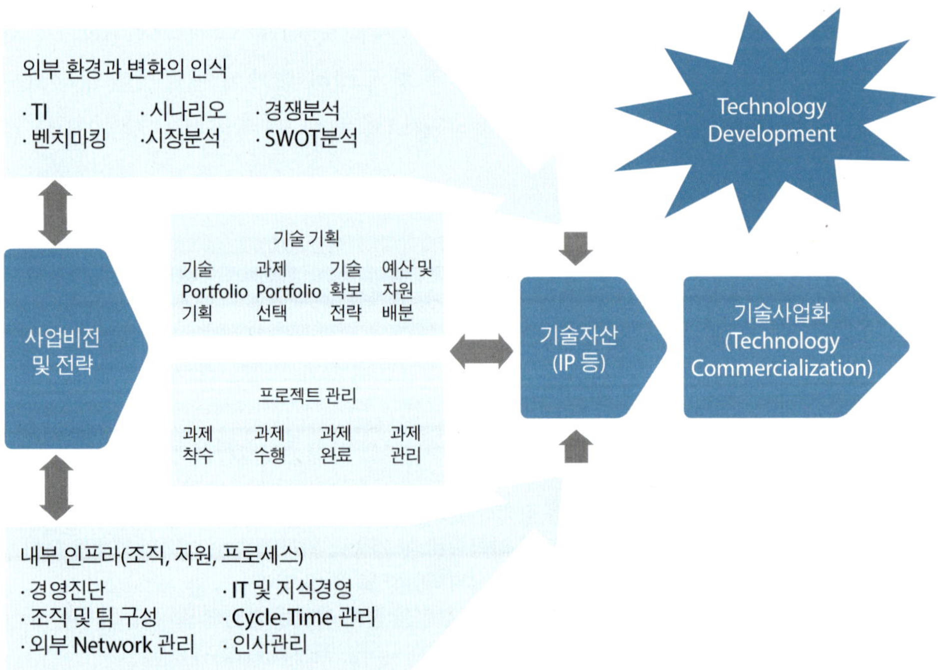

[주] TI : Technology Intelligence, IP : Intellectual Property

[도표 1-3] 기술개발의 프레임워크

출된다. 결국, 사업비전 및 전략을 바탕으로 기술기획과 프로젝트 관리를 통해 기술자산이 창출되는 전반적인 흐름이 바로 '기술개발의 프레임워크'인 것이다.

[도표 1-3]에는 기술개발(Technology Development)의 전반적인 프레임워크와 그 구성 요소들이 잘 나타나 있다.

1.5 기술사업화의 프레임워크

기술경영의 2대 주제 중 나머지 하나가 기술사업화, 즉 Technology Commercialization의 프레임워크에 대해 살펴보자.

기술개발의 결과물인 기술자산은 반드시 사업화의 과정을 거쳐 성과로서 나타나야 한다.

즉, 기술자산을 사업화하여 성과를 내는 기술사업화에서는 '기술자산 관리'와 'Value 창출'이라는 두 가지 요소가 있다.

기술자산 관리의 주요 이슈들을 살펴보면 기술가치평가, IP 포트폴리오 계획, 기술사업화 전략, 예산 및 자원배분 등이 있다. 또한, Value 창출의 주요 이슈들을 살펴보면 기존사업, 신규사업, 기술판매, M&A/Alliance 등이 있다.

이와 같은 기술사업화 과정을 통한 결과물로서, 사업적 성과인 Return이 생기게 되는데, 보통 투자수익률인 ROI(Return on Investment)라는 지표로서 나타낸다.

결국, 기술개발을 통해 확보한 기술자산을, 기술자산 관리와 Value 창출이라는 활동을 통해 사업적 성과인 ROI로 연계시키는 전반적인 흐름이 바로 '기술사업화의 프레임워크'인 것이다.

[도표 1-4]에는 기술사업화(Technology Commercialization)의 전반적인 프레임워크와 그 구성 요소들이 잘 나타나 있다.

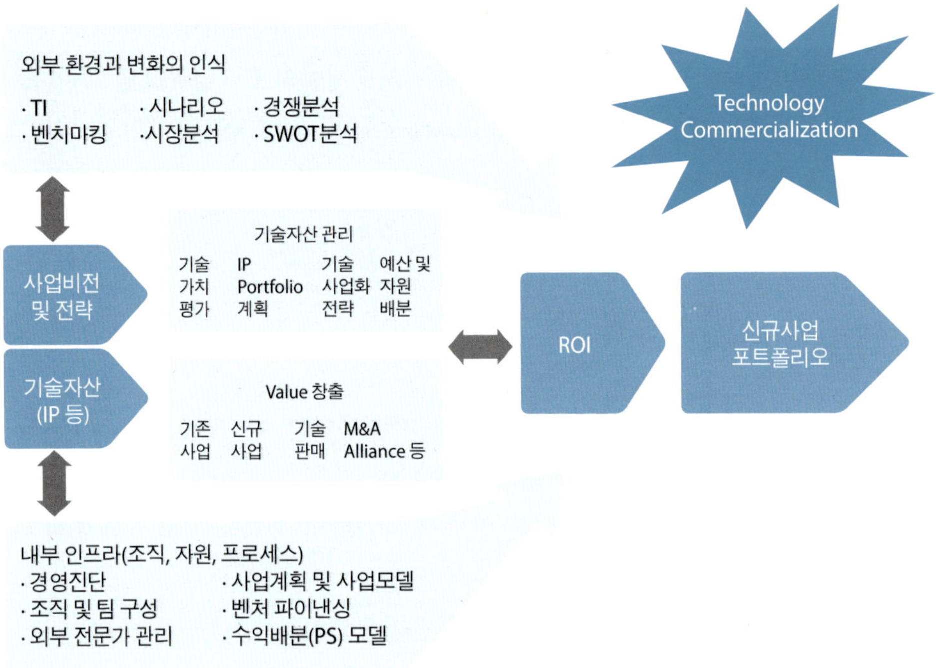

[도표 1-4] 기술사업화의 프레임워크

1.6 기술경영의 통합 프레임워크

앞에서 살펴본 기술개발의 프레임워크와 기술사업화의 프레임워크가 서로 연계되어 통합된 것을 기술경영의 통합 프레임워크라고 한다.

많은 기업의 R&D 부문이 이와 같은 통합된 기술경영의 프레임워크를 나름대로 갖추고는 있지만, 기술개발에 비해 특히 기술사업화의 프레임워크가 취약한 실정이며, 이는 결국 R&D 생산성 저하의 주요 원인이기도 하다.

[도표 1-5]에는 기술경영(MOT, Management of Technology)의 통합 프레임워크와 그 구성 요소들이 잘 나타나 있다.

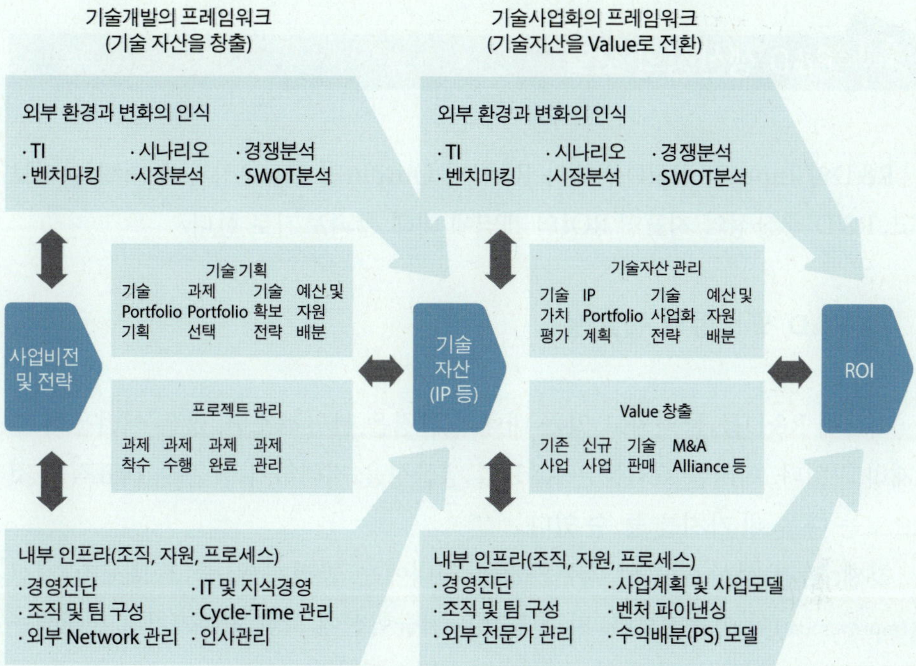

[도표 1-5] 기술경영의 통합 프레임워크

2. R&D 생산성의 모델

R&D의 Input인 'R&D투자'와 R&D의 Output인 'R&D성과'에 대해 살펴보고, R&D 생산성의 지표인 ROI의 개념에 대해 살펴보기로 한다.

2.1 R&D 생산성의 필요성

최근에 R&D를 둘러싸고 있는 대내외 환경을 관찰해보면, 많은 어려움이 존재하고 있다. 이러한 요인들은 R&D의 생산성을 저해하기 쉬운데, 대표적인 것으로는 다음 네 가지를 들 수 있다.

첫째, 과거 생산 위주의 저부가가치 시대에는 공정개선, 즉 프로세스 개선(Improvement)이 이슈였으나, 지금과 같은 기술혁신에 의한 고부가가치 시대에는 R&D 프로젝트를 통한 혁신(Innovation)이 필수적이다.

둘째, 정보전달과 PLC(Product Life Cycle, 제품수명주기)의 단축으로 개발속도가 경쟁의 결정적 요인이 되고 있다.

셋째, 환경, 안전, PL(Product Liability) 등 기업과 관련된 법규충족을 위한 기술개발이 증가하고 있다.

넷째, R&D의 국제화 경향이 증가됨에 따라, R&D 효율이 저하될 우려가 있다.

이와 같은 이슈들은 오늘날의 기업들이 반드시 극복해야 할 기술경영의 긴급과제가 되고 있다. 따라서 R&D의 생산성 향상이 기술경영의 핵심 사안이 되는 것이다.

2.2 R&D 생산성의 정의

그렇다면, R&D의 생산성이란 무엇일까? 생산성, 즉 Productivity는 상식적으로 투입(Input)에 대한 산출(Output)의 비율을 나타내는 지표이다. R&D의 생산성에서는 Input이 R&D 투자이며, Output은 R&D 성과이다.

$$\text{R\&D 생산성 (Productivity)} = \frac{\text{R\&D 성과 (Output)}}{\text{R\&D 투자 (Input)}}$$

여기에서, Input인 R&D 투자는 비교적 명확한 파악이 가능하지만, Output인 R&D 성과는 측정이 그다지 용이하지 않다. 그 이유로는 다음 3가지를 들 수 있는데, 지연성과 복합성 그리고 파급성이다.

지연성은 R&D 성과가 실제 사업에 유용하게 사용되었다는 사실이 확인되는 데까지 많은 시간이 소요된다는 것이다.

복합성이란, 실제 사업적 성과를 내는 데는 R&D 성과 이외에도 다른 많은 요소들이 작용하기 때문에, 이러한 사업적 성과 중에서 R&D의 기여분만을 추출하기가 쉽지 않다는 것이다.

파급성이란, R&D 성과가 그 자체로는 사업에 유용하지 않더라도, 다른 유용한 기술들에 긍정적인 영향을 미치는 경우가 많은데, 이 또한 정량적인 규명이 어렵다는 점이다.

사례1-1 A 프로젝트와 B 프로젝트

예를 들어, 두 개의 프로젝트, 즉 A 프로젝트와 B 프로젝트가 있다고 가정하자.
[도표 1-6]에서와 같이 A 프로젝트는 조기에 사업성과가 나올 것으로 예상되지만 상대적인 성과의 규모는 작다. 한편 B 프로젝트는 사업성과가 천천히 나올 것으로 예상되지만 상대적인 성과의 규모는 클 것으로 기대된다.
과연, A 프로젝트와 B 프로젝트 중에서 어느 프로젝트가 더 좋은 것일까?
R&D의 성과를 측정하는데 있어서는
- 성과측정의 시점
- 측정 대상기간
- R&D의 기여율
- 사업화 성공확률 등의 이슈들이 있는데,

이들을 어떻게 보느냐에 따라 A 프로젝트가 더 나은 것일 수도 있고, B 프로젝트가 더 나은 것일 수도 있다.

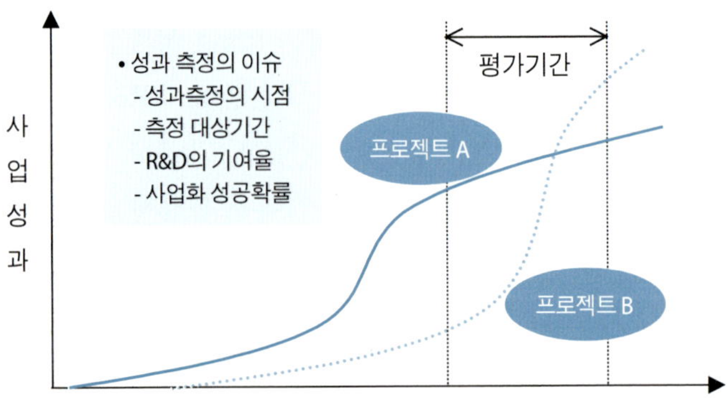

[도표 1-6] A 프로젝트와 B 프로젝트

2.3 R&D 생산성의 모델

국제적인 산업연구학회인 IRI(Industrial Research Institute)에서 제시한 R&D 생산성의 모델에 대해 알아보도록 하자.

연구소에 R&D 자원이 투입되면 기업(연구소)은 기술 확보의 가능성, 즉 기술 Potential을 갖게 된다. 기술개발 활동을 거쳐 기대했던 기술자산이 확보되기도 하고, 경우에 따라서는 기술자산 확보에 실패하기도 한다.

기술개발에 성공한 경우에는 그 결과물인 기술자산이 사업부에 Input이 되며, 이들은 사업적 성과의 가능성, 즉 사업 Potential을 갖게 된다. 이들은 기술사업화라는 활동을 거쳐 해당 사업에 기대했던 이익을 가져다주기도 하고, 경우에 따라서는 사업화에 실패하기도 한다.

이와 같은 4가지 단계를 복합적으로 계산하면, [도표 1-7]에서 보는 바와 같이, 결국 R&D의 생산성이란 R&D 투자 대비 이익이라는 계산이 나온다. 이는 재무적인 ROI 지표로서 산정될 수 있다.

$$\text{R\&D 생산성} = \frac{\text{기술 Potential}}{\text{R\&D 투자}} \times \frac{\text{기술 자산}}{\text{기술 Potential}} \times \frac{\text{사업 Potential}}{\text{기술 자산}} \times \frac{\text{이익}}{\text{사업 Potential}}$$

$$= \frac{\text{이익}}{\text{R\&D 투자}}$$

결국 R&D생산성을 올리기 위해서는 R&D투자를 삭감하는 방법도 있지만, 이 방법이 바람직하다고 할 수는 없고, 결국은 기술의 사업화를 통해 이익을 창출해야 한다는 결론이 나온다.

통상적으로 10건의 프로젝트 중에서 기술개발에 성공하는 경우는 4건에 불과하고, 이 4건 중에서 사업화에 성공하여 이익을 가져다주는 것은 1건에 불과하다고 한다. 이처럼 R&D의 성공확률은 10%에 불과하다. 결국, R&D는 실패

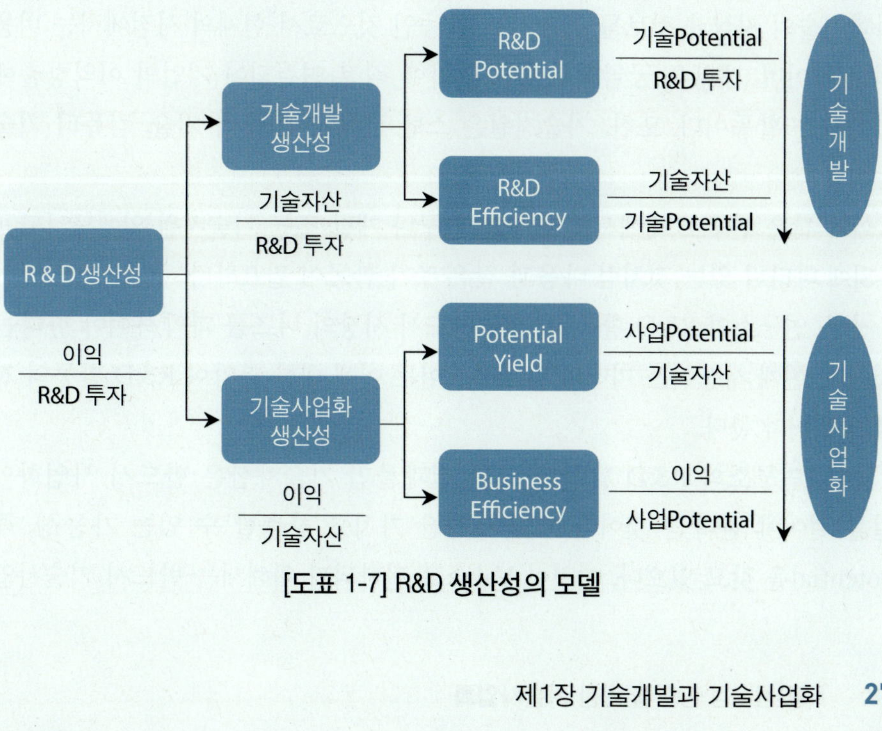

[도표 1-7] R&D 생산성의 모델

의 확률이 훨씬 더 많은 것이 현실이므로, 이러한 실패를 어떻게 받아들이고 관리해 나갈 것인가가 중요한 기술경영의 과제가 된다.

CEO 어록 실패하지 않는 유일한 길

"처음부터 잘되는 일은 아무것도 없다. 실패, 또 실패, 반복되는 실패는 성공으로 가는 길의 이정표다. 당신이 실패하지 않을 수 있는 유일한 길은 당신이 아무런 시도도 하지 않는 것이다. 사람들은 실패하면서 성공을 향해 나간다."

- 찰스 F. 키틀링 -

☑ 해설

실패를 어떻게 바라보는가 하는 관점의 차이가 더 큰 성공 여부를 가른다는 생각을 해봅니다. 글로벌 기업의 위대한 경영자들이 실패를 장려하고, 실패를 통한 학습이라는 긍정적 관점에서 실패를 바라보는 이유는 실패야 말로 성공으로 가는 이정표이기 때문입니다.

2.4 R&D 활동과 사업화

사업적 성과를 창출하여 R&D의 생산성을 향상하기 위해서는 기존의 R&D활동만으로는 곤란하다. 통상적인 R&D 활동은 연구(Research), 개발(Development) 및 기술지원으로 나눌 수 있다. 연구는 미래 사업의 근간이 되는 과학기술의 지식과 정보를 창출하는 활동인 것으로서 현재의 시점에서는 비용의 성격이며, 개발은 궁극적으로 사업화에 직접 연결되어 기업의 이익창출에 기여하는 활동이다. 또한, 기술지원은 스탭 부문, 시험분석 기술, 컴퓨터 기술 등이다.

이와 같은 연구소 내에서의 활동인 연구나 개발 또는 기술지원 외에도, [도표 1-8]에 나타나 있는 것처럼 다음과 같은 추가 활동이 필요하다.

첫째, 연구소의 R&D 활동 이전에 반드시 시장의 니즈를 파악하여야 한다는 것이다. 현재 시장이든 미래의 잠재시장이든 이에 대한 파악이 R&D 활동의 전제가 되어야 한다.

둘째, 연구소의 R&D 활동에 의한 결과물인 기술자산은 반드시 사업화의 길을 걸어야 한다는 것이다. 기술자산은 가치를 창출할 수 있는 가능성, 즉 Potential을 갖고 있으나, 이것이 Value로 전환되기 위해서는 반드시 기술사업

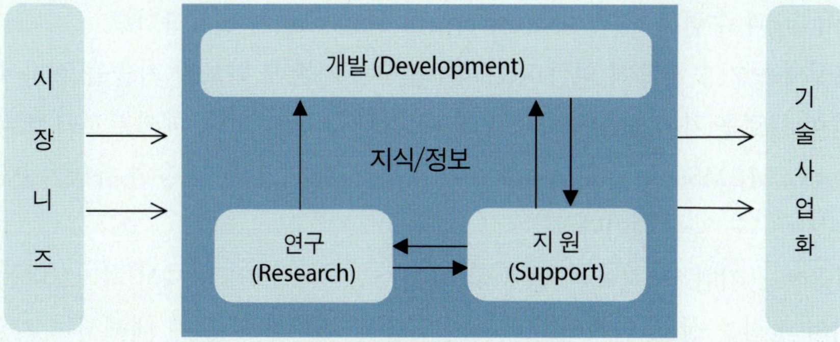

[도표 1-8] R&D 활동의 영역

화의 프로세스로 연계되어야 한다.

이처럼 R&D활동의 영역은 더욱 더 확대되어야 한다는 점을 명심하여야 할 것이다.

2.5 R&D 생산성 향상의 방법

R&D 생산성을 향상시키는 방법으로서 여러 가지가 제시될 수 있으나, 여기서는 대략 여덟 가지를 소개하고자 한다.

첫째는 전략적 R&D와 자원의 집중이다. 흔히 전략은 선택과 집중이라고도 할 수 있는데, 이는 다른 측면에서 포기와 정리라는 말과 같은 뜻이 된다.

둘째는 연구(Research) 강화와 인프라(Infra) 정비다. 성과를 내기 위해서는 개발(Development)을 강화해야 하지만, 개발이 성립되기 위해서는 연구와 인프라가 뒷받침되어야 한다는 뜻이다.

셋째는 과제기획력과 적절한 과제 변경이다. 과제를 기획하고 수행해나가는 과정에서 대내외 상황의 변화에 따라 적절한 과제 변경은 필수적이다.

넷째는 인터페이스(Interface)의 효율화와 기능의 통합화다. 각 기능이 나름대로 열심히 하더라도 이들이 적절히 인터페이스 되고 통합될 때 큰 성과를 낳을 수 있다.

다섯째는 분산과 집중의 관리다. 상황에 따라 발산적 사고, 즉 Divergent

Thinking과 수렴적 사고, 즉 Convergent Thinking이 필요하다.

여섯째는 기술융합에 의한 R&D 전략이다. 기존에 확보된 기술들을 융·복합화하여 새로운 가치를 창출하는 기술이 각광을 받고 있다. 메카트로닉스, 바이오, 나노, MEMS(Micro Electro-Mechanical System) 등과 같은 다양한 유망기술들이 그 예가 될 수 있을 것이다.

일곱째는 기업 간 전략적 연계 및 아웃소싱이다. 기업 혼자서 하기보다는 타기업의 장점을 상호 연계시키고, 핵심역량을 제외한 부분에 대해서는 가급적 아웃소싱을 활용하는 것도 좋은 방법이 될 것이다.

여덟째는 스피드업(Speed-up)이다. 치열한 경쟁과 갈수록 짧아지는 PLC에 대응하는 위해서는 R&D의 속도를 보다 더 향상시킬 필요가 있다.

2.6 R&D 생산성 향상을 위한 사례

일본의 어느 전자업체는 "사내 계약"이라는 매우 독특한 방식으로 R&D의 생산성을 측정하고 있다.

연구소에서 프로젝트가 완료되면 이를 사업부에 알리고, 이 프로젝트의 결과물에 대해 사업부가 기술이전을 희망할 경우, 연구소와 사업부 간에 계약을 체결한다. 회사 내에서 이뤄지는 계약이기 때문에 법적 계약은 아니지만, 상호 협의를 통해 이전할 기술의 내용은 물론 이에 대한 가격도 결정하여 계약서를 작성하기 때문에 일반적인 계약과 동일한 형태를 갖는다.

연구소는 이처럼 연중에 걸쳐 체결된 여러 건의 계약서에 나와 있는 금액을 연말에 총 집계하여, 그해에 사용한 R&D 투자금액과 비교한다. 그 결과는 흑자(+)일 수도 있고 적자(-)일 수도 있는데, 이에 따라 연구소의 R&D 활동을 평가하는 시스템을 운영하는 것이다.

사례1-2 AA전자의 R&D 생산성

AA전자는 20XX년에 40여 건의 프로젝트를 수행하여 20여 건의 프로젝트를 완료하였다. 완료된 프로젝트 중에서 사업부의 확인을 거쳐 사업화 계획이 있는 프로젝트는 14건으로 확인되었다. 사업화 계획이 있는 각 프로젝트에 대한 사업 시나리오 분석을 통해 사업적 성과를 분석하였는데, [도표 1-9]에 나타나 있는 것과 같이 4가지 유형으로 정리할 수 있었다.

- 기존 사업의 매출 기여 : 7,507억 원
- 새로운 사업의 직접적인 매출 창출 : 2,617억 원
- 기존 사업의 원가 절감 : 3,037억 원
- 기술료 절감 및 기술료 수입 : 1,014억 원

이와 같은 사업적 성과에 기술기여도 등을 감안하여, 완료된 14건의 프로젝트에 대한 기술가치를 평가한 결과 최종적으로 2,638억 원으로 집계되었다.

AA전자는 20XX년에 R&D 투자비로 총 2,500억 원을 사용하였으므로, R&D 생산성은 (2,638억 원 / 2,500억 원 -1)로서 ROI +4%를 기록하게 되었다.

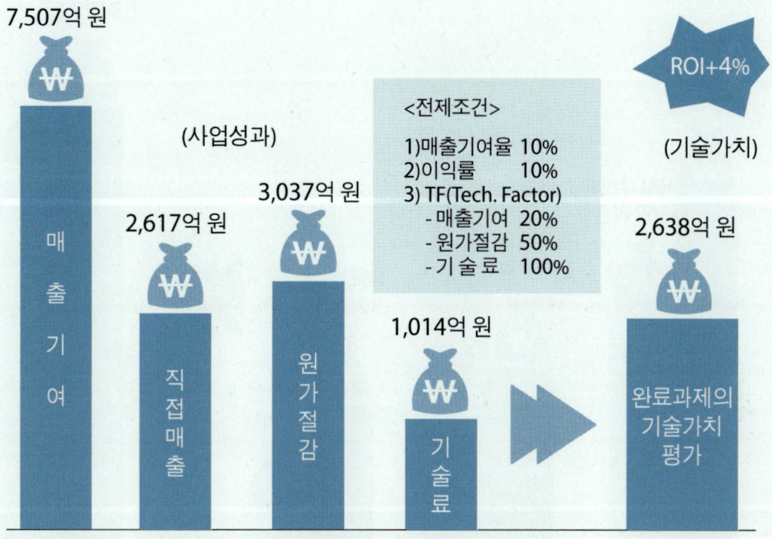

[도표 1-9] AA전자의 R&D 생산성

사례1-3 BB통신의 R&D 생산성

BB통신의 3개 연구소는 20XX년에 R&D 투자비로서 1,349억 원을 집행하였다.
A연구소와 B연구소 및 C연구소 등 3개 연구소가 그해에 완료한 프로젝트들이 사업부를 통해 사업화될 경우의 사업적 성과에 기술기여도, 즉 Tech Factor를 적용하여 화폐적 가치를 평가하였다.
그 결과, A연구소는 477억 원의 Input에 대해 367억 원의 Output을 나타내어 -23%의 ROI가 나왔고, B연구소는 349억 원의 Input에 대해 409억 원의 Output을 나타내어 +17%의 ROI가 나왔으며, C연구소는 326억 원의 Input에 대해 7억 원의 Output을 나타내어 -98%의 ROI가 나왔다.
결국, BB통신의 R&D부문은 20XX년에 총 1,349억 원의 R&D투자를 Input으로 하였으나, 그 성과인 Output은 980억 원에 불과하였기 때문에, R&D의 생산성은 -27%의 ROI를 기록하게 되었다.

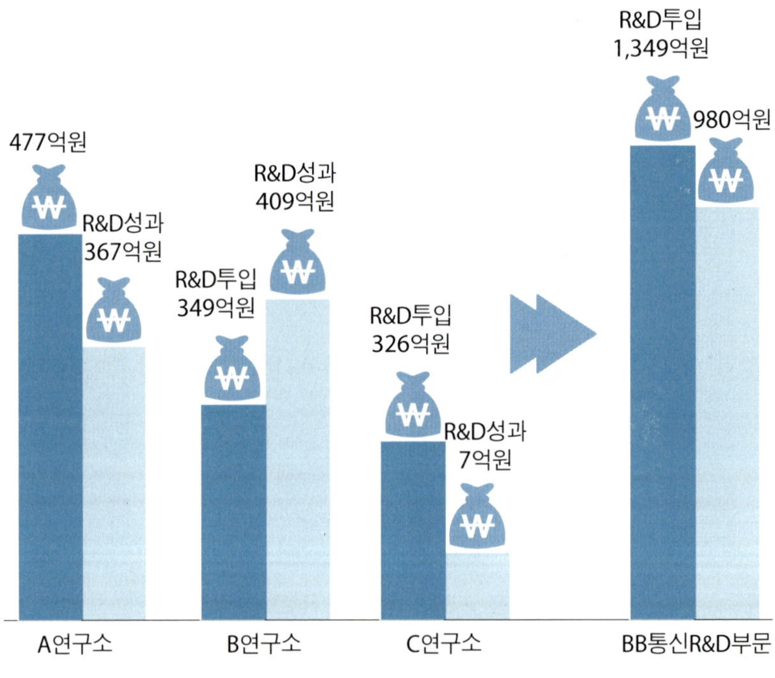

[도표 1-10] BB통신의 R&D 생산성

3. 4세대 R&D (R&BD)

시대별 R&D의 변천과정을 살펴보고, 최근에 큰 관심을 끌고 있는 성과지향형의 R&D인 4세대 R&D에 대한 구체적인 내용을 알아보기로 한다.

3.1 세대별 R&D의 변화

R&D의 세대별 변천 과정을 [도표 1-11]을 통해 살펴보도록 하자.

1950년대와 1960년대 많은 기업에 연구소 설립 붐이 일어났는데, 이때는 연구원들에게 기술적인 한계돌파(Breakthrough)를 기대했던 시대로서 1세대 R&D가 형성되게 되었다. 1세대 R&D는 이른바 방임형 R&D라고도 하며, 과학자들에 의해 관리되던 연구소의 시대였다.

그러나, R&D 투자 규모에 비해 별다른 성과를 낳지 못하자, 연구소에도 철저한 관리가 필요하다는 인식하에 프로젝트 관리기법이 발달하면서 2세대 R&D의 시대로 변천하게 된다. 이른바 관리형 R&D로 바뀐 것이다.

관리형 R&D에 의해 어느 정도의 성과는 있었으나, 대부분 단기 사업 니즈에만 대응하다 보니 근본적인 혁신적 성과는 낳지 못하였으며, 결과적으로 사업전략과 기술전략을 연계시켜야 한다는 반성을 하게 되었으며, 이를 전략형 R&D, 즉 3세대 R&D라고 한다.

그러나 사업을 통한 이윤추구라고 하는 기업의 근본적 목적은 고객을 통해서만이 달성될 수 있다는 인식하에, 고객지향의 R&D활동을 통해 성과를 창출해야 한다는 4세대 R&D가 등장하게 된다.

최근의 R&D의 이슈는 혁신적 성과창출이며, 이를 위해 많은 연구소들이 4세대 R&D의 활동을 강화해가고 있다.

[도표 1-11] 세대별 R&D의 변천과정

	1세대 R&D	2세대 R&D	3세대 R&D	4세대 R&D
시 기	1950년대 1960년대	1970년대	1980년대 1990년대	최 근
키워드	Technology Push	Market Pull	Feedback btw Tech. Push & Market Pull	Customer Driven Innovation
주요 특징	극히 일부의 아이디어/결과만이 시장에 적용	사업 니즈에 대응한 단기 상품화 과제 중심	핵심역량에 집중 일부 혁신은 이루었으나 비지속적	지식경영, 시장정보, 커뮤니케이션을 통해 신사업을 창출
	방임형 R&D ▶	관리형 R&D ▶	전략형 R&D ▶	성과형 R&D

3.2 4세대 R&D의 개념

1세대 R&D는 R&D투자를 통한 기술적 성과를 기대하는 것이고, 2세대 R&D는 프로젝트 관리를 통해 사업화 효율을 지향하는 것이며, 3세대 R&D는 전사적인 사업전략과 기술전략을 통합한 기술개발을 추진하는 활동이다. 이에 대해 4세대 R&D는 시장/고객을 R&D활동에 통합하여 가치를 창출하려는 기술개발 활동이다.

4세대 R&D로 가기 위해서는 [도표 1-12]에서 보는 바와 같이 그 동안의 R&D 활동, 즉 기술적 한계돌파(Breakthrough)나 프로젝트 관리 및 기술전략 등의 활동에 변화를 주는 것이 아니라, 오히려 기존의 R&D활동에 4세대 R&D의 활동을 추가하여야 하는 것이다.

따라서, R&D의 역할이 보다 더 확대될 필요가 있다.

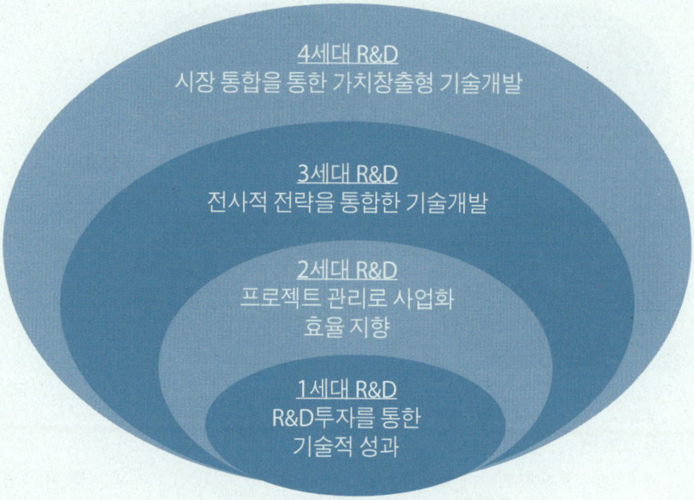

[도표 1-12] 4세대 R&D의 개념

3.3 4세대 혁신의 사이클

다음으로 4세대 R&D의 구체적인 내용에 대해 알아보자.

4세대 R&D가 추구하는 혁신적인 성과를 위해서는 우선적으로 구조적 기반(Architecture)과 조직 역량(Capability)에 대한 혁신적인 활동이 필요하다.

즉, 혁신적 성과를 낼 수 있는 구조적 기반을 갖추고, 이러한 구조적 기반에 적응할 수 있도록 조직의 역량을 강화해야 한다는 것이다.

이와 같은 구조적 기반과 조직 역량에 대한 노력의 결과로서, 시장 지배적 구도, 즉 도미넌트 디자인(Dominant Design)과 혁신적 제품(Innovative Product)이 창출될 수 있다.

이러한 4가지 요소들이 사이클을 이루면서 발전해 나가는 것이 4세대형 혁신으로서 [도표 1-13]과 같이 표현될 수 있다.

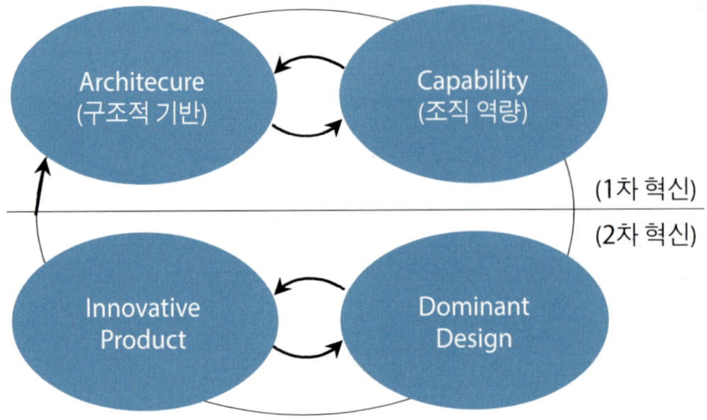

[도표 1-13] 4세대 혁신의 사이클

도미넌트 디자인의 예로서는 WINTEL을 들 수 있다. 컴퓨터는 대략 H/W와 S/W의 결합으로 이뤄지는데, H/W 중에서 가장 기본이 되는 것은 CPU 칩이고, S/W 중에서 가장 기본이 되는 것은 O/S(Operating System)이다.

미국 마이크로소프트사는 PC의 운영체제를, 인텔사는 CPU 칩을 각각 담당하면서 상호 협력을 통해 강력한 시장 지배적 구도를 형성하고 있다. 이를 기반으로 MS사는 윈도우2000, 윈도우XP, 윈도우7, 윈도우10 등의 제품을, 인텔사는 펜티엄 2, 3, 4, 센트리노, 코어 등의 제품을 지속적으로 출시하면서 관련 시장을 석권하고 있다.

과거에 VHS 타입과 베타 Max 타입이 VTR 산업의 도미넌트 디자인이 되기 위해 경쟁을 벌였고, 결국은 VHS 타입이 도미넌트 디자인이 된 바가 있다. 또한 플래쉬 메모리에 있어서 SD카드와 메모리스틱이 역시 도미넌트 디자인이 되기 위해 경쟁을 벌였던 것도 그 대표적인 예라고 할 수 있다.

이와 같이 관련 산업에서 사실상의 표준, 즉 디팩토 스탠다드(de Facto Standard)가 되기 위한 관련 업체들과의 제휴와 연합이 중요한 기업 활동의 하나가 되고 있다.

3.4 경쟁 아키텍처

아키텍처에 대해 상세히 알아보면, [도표 1-14]와 같이 나타낼 수 있다.

우선 거시적으로 경제의 구도가 어떻게 변화하는 가를 살펴보아야 하고, 다음으로는 R&D 프로젝트와 연관된 시장의 구도를 살펴볼 필요가 있으며, 마지막으로는 회사내부의 조직 구도를 갖추어 나갈 필요가 있다.

경제의 아키텍처에 있어 최근의 흐름은 산업사회에서 지식사회로 패러다임이 변화하고 있다는 데에 주목해야 한다.

시장의 아키텍처에 있어서는 고객의 가치를 파악하고, 경쟁과 협력(Coopetition)의 구도를 갖춰나가야 하며, 필요에 따라서는 사실상의 표준인 디팩토 스탠다드가 시장의 구도를 결정짓기도 한다는 사실에 주목해야 한다.

그리고 조직의 아키텍처에 있어서는 지식경영을 위한 학습조직을 운영하고, 기술혁신의 책임자 제도(CInO, Chief Innovation Officer)를 도입하며, 마케팅과 일체

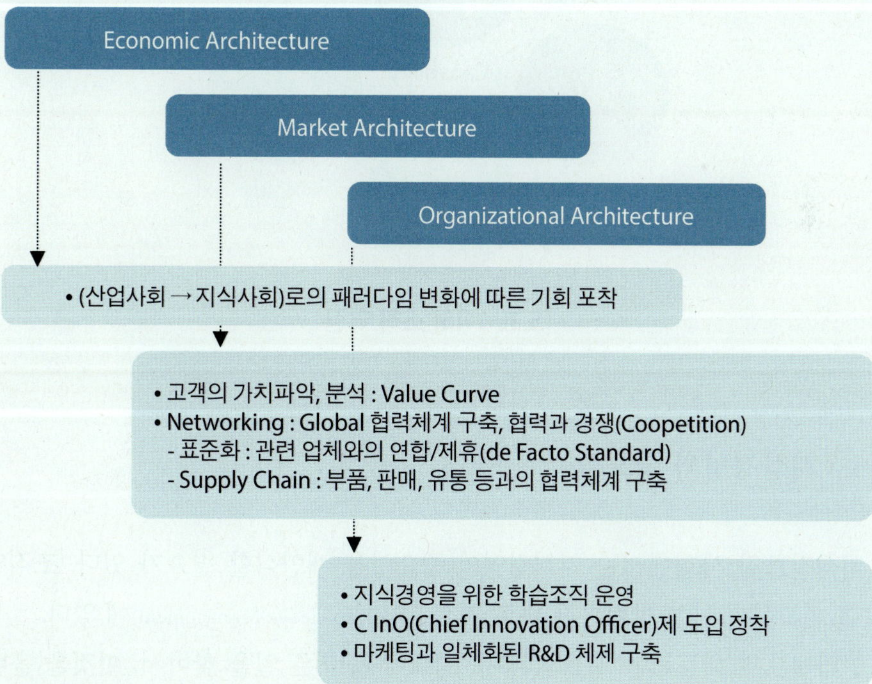

[도표 1-14] 경쟁 아키텍처

화된 R&D 체제를 구축하여야 한다.

3.5 조직 역량

다음은 조직 역량, 즉 Capability에 대해 알아보자.

조직역량을 좌우하는 요소로는 [도표 1-15]와 같이 프로세스(Process), 기술(Technology), 툴(Tools), 인력(People) 등을 들 수 있겠으나, 지식이라는 측면에서 보면 인력만이 유일한 조직역량의 핵심요소가 될 수 있다.

산업사회에서 지식 정보화 사회로 변화하는 지금과 같은 상황에서 인력의 중요성은 더욱더 부각되고 있다.

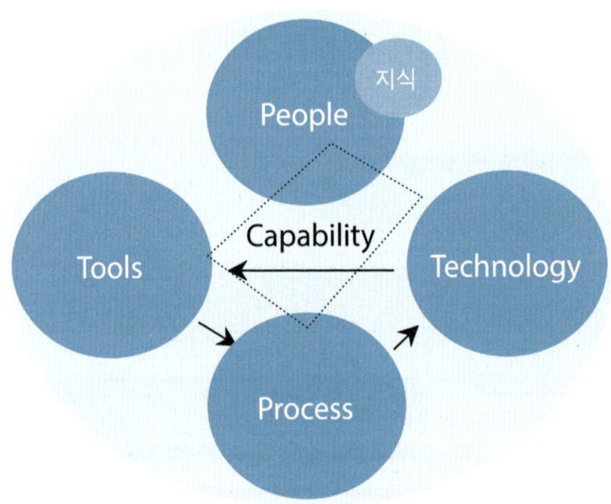

[도표 1-15] 조직 역량

3.6 지식경영의 중요성

지식정보화 사회에서는 지식경영의 중요성을 재인식할 필요가 있다. 조직역량을 제고하기 위한 방법론은 바로 지식경영(Knowledge Management)에 있다.

인터넷으로 대표되는 정보의 홍수 시대에 올바른 일을 찾아서, 이것을 올바르게 수행한다는 것은 그다지 쉽지가 않다. 우선 세상에 산재하여 있는 무수한 데이터 중에서 일종의 필터링(Filtering)을 거쳐 자신에게 유용한 정보를 찾아내는 것이 중요하다. 이렇게 획득된 정보가 지식으로 발전하기 위해서는 이론과 경험이라는 두 가지 요소가 필수적이다. 즉, 같은 정보를 갖고도 이론과 경험의 차이로 인해 유용한 지식이 되기도 하고, 때로는 그 유용성을 인식하지 못한 채 무심코 지나치기도 한다.

따라서 지식사회에 적응하기 위해서는 평소에 이론과 경험이라는 두 가지 요소를 학습조직 운영 등을 통해 갈고 닦을 필요가 있다.

이와 같이 데이터가 지식으로 발전해나가는 과정을 [도표 1-16]에 나타내었다.

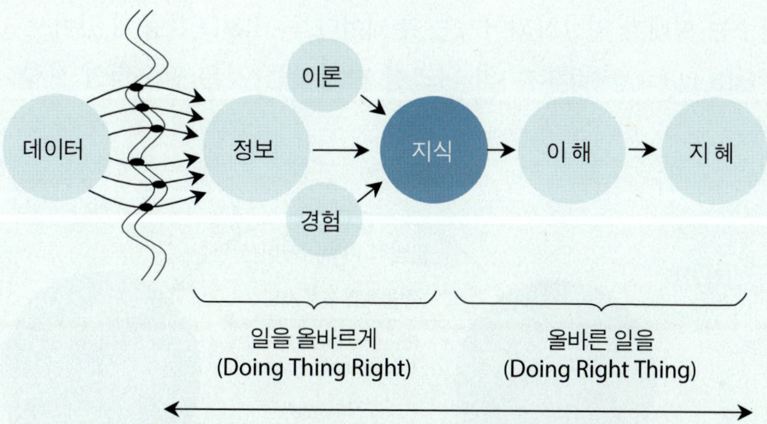

[도표 1-16] 데이터-정보-지식의 변모 과정

CEO 어록　현대는 지식의 반감기

"현대는 지식의 반감기이다. 작년에 익힌 새로운 지식도 올해에는 절반의 효과밖에 볼 수 없고, 내년에는 1/4, 내후년에는 1/8, 결국 아무 쓸모가 없어진다. 아무리 훌륭한 교육을 받은 사람도 3년만 공부를 하지 않으면 그 사람이 가지고 있는 지식은 무용지물이 된다."

- 문국현 / 유한킴벌리 사장 -

해설

지식정보사회에서는 학벌, 학위, 근속연수, 연고, 자격증 보다 훨씬 더 중요한 것이 누가 어떤 지식과 경험을 가지고 있느냐 하는 것입니다.
한편, 지식사회가 진전될수록 경영학 등 실용적 지식의 반감기는 더욱 짧아지고 있습니다. 평생학습이 현대를 살아가는 모든 이에게 필수적일 수밖에 없는 이유입니다.

지식을 효과적으로 습득하기 위해서는 이른바 지식 채널을 잘 갖춰놓아야 한다. 각종 회의, 위원회, 모임 등과 같은 수많은 의사소통의 통로가 바로 지식을 공급하는 채널이라고 할 수 있다.

또한, 요즘은 인터넷과 WWW(Worldwide Web)이 출현함에 따라, 유용하고도 경쟁력 있는 양질의 의사소통이 가능한 막강한 수단이 있으므로, 이를 잘 활용하는 것도 중요하다.

기업과 고객 간의 지식 채널의 경우, [도표 1-17]에서 보는 바와 같이 과거에는 기업이 고객에게 일방적인 커뮤니케이션만 하는 경향이 있었으나, 요즘과 같은 경쟁 시대에는 기업과 고객 간에 쌍방향 커뮤니케이션이 필수적이다.

고객은 기업에게 니즈를 전달하고, 기업은 고객의 니즈를 반영하여 이를 피드백해주는 형태가 일반화되어가는 추세이다. 즉, R&D 활동에 있어서 고객 (현재의 고객이든 미래의 잠재고객이든)의 니즈를 반영하는 것은 필수적인 사항이 되고 있다.

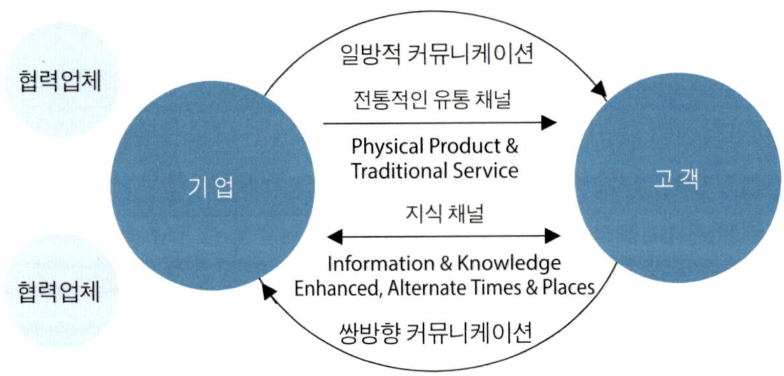

[도표 1-17] 기업과 고객 간의 지식채널

3.7 기술융합 혁신

최근에 다양하게 등장하는 기술혁신의 형태는 바로 융·복합화이다. 이른바 융합(Fusion)형 혁신이라고 하는데, 이는 여러 가지 기술이 조합되어 새로운 형태로 나타나는 것을 의미한다.

이러한 융합 혁신을 위해서는 다양한 기술 분야의 혁신가들이 같이 일하면서 새로운 분야를 창출하는 것이 중요하다. 메카트로닉스, 바이오, MEMS, 나노 등과 같이 최근에 각광받는 많은 기술들이 바로 융합 혁신의 산물들이다.

메카트로닉스의 예를 들면 [도표 1-18]에 나타난 바와 같이 기계공학(Mechanical Engineering)의 전문가 집단과 전기공학(Electrical Engineering)의 전문가 집단이 모여 메카트로닉스라고 하는 새로운 전문가 집단을 형성한 것이다.

또한, 융합 혁신은 단순한 물리적 결합이 아니라, 화학적 결합을 통해 훨씬 큰 시너지 효과를 창출하는 것을 의미한다.

[도표 1-18] 기술융합의 사례 - 메카트로닉스

CEO 어록　기술융합 혁신

"1가지 기술에 의한 혁신은 오래가지 못한다. 제품으로 구현되고 시장으로 전달되는 여러 기술의 조합이 현대 혁신가가 성공적으로 이룰 수 있는 혁신이다. 융합된 제품을 위해서는 여러 혁신가가 같이 일하는 것이 오늘날 필요하다."

- Mike Wiskershen / NASA 연구원 -

해설

메카트로닉스는 기계공학과 전기공학의 융합, 바이오 기술은 유전공학과 생리학의 융합, 나노 기술은 물리학과 역학의 융합으로부터 태동하였습니다.
이는 기존기술의 경계를 극복함으로써 혁신이 일어날 수 있음을 잘 보여주고 있습니다. 융합이란 단순한 기술조합이 아니고 1과 1을 더하면 3이 되는 것을 의미합니다.

CEO 어록 함께 자기

비틀거리던 크라이슬러를 회생시킨 아이아코카는 다음과 같이 말했다.
"제조와 엔지니어링에 종사하는 사람은 꼭 함께 잘 필요가 있다. 그 전에는 이 사람들은 농담도 서로 나누지 않았다." 아이아코카가 크라이슬러에 기여한 것 가운데 하나는 이들 두 그룹을 차량 설계와 제조과정에 함께 있게 만든 것이다.

- 아이아코카 / 크라이슬러 CEO -

해설

생산과 영업, 그리고 개발부서처럼 이해관계가 서로 다른 사람들이 공동 목적을 가지고 협력해서 일할 수 있게 해 주는 것은 조직 전체의 성과 달성을 위해 대단히 중요한 일입니다. 조직론의 대가인 사이몬(Herbert Simon)은 '직원들이 보다 큰 범위의 작업 프로세스를 의식하지 않고, 자신의 업무 목표에만 집중하는 조직은 붕괴하기 쉽다'고 이미 오래전에 타부서 간 협력의 중요성을 갈파하였습니다.

4. 와해성 혁신

4세대 R&D가 지향하는 고객의 가치혁신(Value Innovation)은 궁극적으로 커다란 사업적 성공을 가져다주는데, 이러한 가치혁신의 대표적인 유형인 와해성 혁신(Disruptive Innovation)에 대해 살펴보기로 한다.

4.1 와해성 혁신이란?

와해성 혁신, 또는 파괴적 혁신이라고도 하는 용어는 [도표 1-19]와 같은 'Innovator's Dilemma'라는 책에 등장한다. 하바드 비즈니스 스쿨의 클레이튼 크리스텐슨 교수가 저자로 부제에 "When New Technologies Cause Great Firms to Fail"이라고 나와 있다.

와해성 혁신에서 고려하고자 하는 주요 이슈들은 다음과 같다.

- 기술변화와 사업성공에 관한 혁신적 사고!
- 굴지의 대기업을 위협하는 예측 불가능한 경영환경, 그 딜레마의 열쇠!
- 미래 비즈니스의 표준용어, 와해성 기술!

[도표 1-19] Innovator's Dilemma

R&D 분야의 연구자들은 기존의 방식과는 다른 새로운 것을 추구하는 속성이 있는데, 이들은 당연히 혁신가라고 할 수 있다.

이러한 혁신가들은 R&D 활동의 결과물로서 신기술을 들고나오게 된다. 한편, 대기업들은 기존의 방식을 통해 현재의 시장을 장악하고 있다. 그런데, 혁신가들의 신기술로 인해서 기존 방식이 무너지고, 시장이 재편되면서 대기업은 실패의 길을 걷게 된다.

그 결과 시장을 장악하여 성공하게 된 혁신가는 다음과 같은 고민에 빠지게 된다.

- 시장 장악에 성공한 이 방식을 어떻게 하면 무너지지 않게 잘 지켜나갈 수 있을까?
- 내가 새로운 방식으로 대기업을 무너뜨렸듯이, 또 다른 혁신가가 또 다른 방식으로 나의 방식을 무너뜨리지는 않을까?

결국 또 다른 방식에 의해 무너지지 않으려면, 나의 방식을 나 스스로 무너뜨려야 한다는 딜레마에 빠지게 된다. 따라서 기업들은 성공한 현재의 방식을 지키려 하지 말고, 끊임없이 스스로 혁신을 하여야 하며, 이러한 것을 자기혁신이라고 한다.

4.2 와해성 혁신과 존속성 혁신

와해성 혁신에 상대되는 것으로 존속성 혁신(Sustaining Innovation)이라는 것이 있다. 이는 기존 방식의 틀을 깨지 않고, 그 틀을 존속시키면서 점진적인 혁신을 지향하는 것이다.

대부분의 대기업은 와해성 혁신보다는 존속성 혁신을 선호하는 경향이 있지만, 중소기업이나 특히 벤처기업은 대기업이 장악하고 있는 기존의 방식으로는 경쟁에 한계가 있기 때문에 차라리 새로운 방식에 도전하는 와해성 혁신을 선호하게 된다.

역사적으로 보면 와해성 혁신이 성공한 사례는 거의 모든 산업의 사례에서 찾아볼 수 있다. 전구를 발명하고 이를 보급하기 위해 발전기를 발명한 에디슨(GE의 전신인 에디슨 일렉트릭의 CEO)은 직류(DC) 전기에 막대한 투자를 하고, 이후 소모품인 전구 판매로 막대한 부를 축적하였다. 그러나 크로아티아 출신의 가난한 발명가였던 테슬라는 직류보다 더 안전하고, 더 효율적이며, 더 경제적인 교류(AC) 전기를 발명하여 에디슨의 직류 전기에 대항하였다. 오늘날 인류의 거의 모든 가정은 교류 전기를 사용하고 있다. 에디슨은 왜 교류 전기가 와해성 혁신이 되리라는 것을 간파하지 못한 것일까?

러시아 이민자로 통신기술자였다가 후에 미국 RCA의 사장이 된 데이비드 사노프는 미국에서 '방송의 아버지'로 추앙받고 있다. 그는 라디오 방송에 음악 프로그램을 도입하여 RCA를 업계 정상에 올려놓았고, 세계최초로 TV 방송을 시작하였으며, 또한 그의 꿈이었던 컬러 TV 방송을 실현시킨 인물로도 유명하다. 당시 그가 성공시킨 라디오 방송은 AM 방식이었으나, 이름 없는 개인 발명가인 암스트롱이 FM(Frequency Modulation, 주파수 변조) 방식의 기술을 성공시키게 된다. FM 기술은 혼신이 없고 잡음 없는 선명한 음질을 실현하였으나, 사노프는 이 기술을 거부하고 심지어는 관계기관 로비를 통해 FM 기술을 무력화시키기까지 한다. 그러나, 결국 우여곡절 끝에 라디오 방송에는 FM 기술이 채택되었고 AM 방식은 라디오 방송의 주류에서 밀려나게 되었다. RCA는 FM 기술이 라디오 방송의 와해성 혁신이 되리라는 것을 간파하지 못한 것일까?

교류 전기와 FM 기술이 대기업이 장악하고 있던 직류 전기 방식과 AM 라디오 방송 방식을 와해시킬 수 있었던 것은, 결국 기업 간의 경쟁에서 이긴 것이라기보다는 어떤 것이 고객의 가치를 혁신시킨 것이었나 하는 관점에서 접근하여야 이해될 수 있을 것이다.

한편, 기존 방식을 장악하고 있던 대기업들은 자신들의 방식이 와해될 것이라는 우려를 하면서도, 기존의 방식을 지키려 하다가 결국은 고객에게 외면 받아 와해의 길을 걷게 된다. 그 이유 중의 하나는 스위칭 비용(Switching Cost)에 있다고 할 수 있다. 대기업들은 기존 방식에 이미 많은 투자가 이뤄져 있는 상태이고, 또한 이미 많은 인력이 기존 방식에 전문화되어 있기 마련이다. 따라서 현재의 방식에 연결된 것들을 포기하고, 와해성 혁신의 가능성이 있는 새로운 방식으로 연결하기 위해서는 인력과 투자를 감수해야 하는데, 그 규모가 너무 커서 선뜻 변신하기가 어렵다.

휴대폰이라고는 한 대도 만들어본 적도 없었던 애플이 스마트폰을 들고 나왔을 때, 기존의 음성폰에서 강자였던 대기업들의 대응은 어떠하였는지 살펴볼 필요가 있다. 노키아, 모토롤라, LG전자, 에릭슨 등과 같은 대기업들은 스위칭 비용을 감안할 때 선뜻 스마트폰으로 변신하기가 어려웠을 것이고, 또한 스마트폰을 얕잡아보고 존속성 혁신에만 매달렸다가 오늘날 커다란 낭패를 보고 말았다. 삼성전자의 경우 스마트폰이 지니고 있는 와해성 혁신의 가능성을 간파하고, 그동안 쌓아왔던 애니콜의 스위치를 끊고 갤럭시라는 새로운 스위치에 연결하는 이중고를 감수하였다. 그 결과 스마트폰으로 재편된 핸드폰 시장에서 여전히 강자의 지위를 누릴 수 있게 되었다. 참으로 어렵지만 현명한 결정을 하였다고 할 수 있다.

중국의 휴대폰 업체들은 음성폰 시대에는 약자였지만, 그 스위치가 그다지 강하지 않았기 때문에 스마트폰으로 용이하게 스위치를 연결하여, 오늘날 스마트폰 시장에서 강자로 부상하였다.

위의 사례들에서 살펴본 바와 같이 와해성 원칙에는 일련의 원칙들이 있다.

첫째, 기업의 주 고객들(예컨대 내부의 주요 부서나 인력, 협력업체, 유통업체, 사용자 등)은 와해성 기술에 투자하는 것을 원하지 않는다. 이미 기존의 방식에 많은 전문 인력을 보유하고 전문 설비나 장비가 투자된 상태이기 때문에 와해성 기술로 변화한다는 것은 주 고객들 입장에서는 그다지 달가운 것은 아닐 것이다.

둘째, 와해성 기술은 전혀 새로운 시장을 형성한다. 와해성 기술은 기존의 방식과는 다르기 때문에, 기존 시장에서 기존 기업들과 경쟁하여 시장을 빼앗는 것이 아니라, 새로운 시장을 형성한 후에 기존 시장의 고객들이 이동하도록 하는 특성이 있다.

셋째, 와해성 기술에 관한 시장예측은 항상 "No"로 나온다. 당연한 것이지만 와해성 기술은 이제 막 새로운 시장을 형성하려는 것이므로, 시장조사를 해봐야 기존 방식의 시장만 잡히고 새로운 시장은 없다고 나올 것이다.

넷째, 와해성 기술은 기존의 주력 시장에서 파괴적인 경쟁력이 있다. 와해성 기술로 형성한 새로운 시장이 고객에게 인정받고, 결국 기존 시장에 있던 고객들이 대거 새로운 시장으로 이동하게 되면 기존의 주력 시장은 고객의 이탈로 급격하게 파괴되는 결과를 낳게 된다.

4.3 와해성 혁신의 사례 (HDD와 플래쉬 카드)

HDD는 잘 아는 바와 같이 컴퓨터의 주요 구성품으로서 대용량의 정보를 기록, 저장하는 장치이다. 1956년에 IBM에 의해 최초로 개발된 HDD는 그 크기가 무려 24" 였다. IBM이 내놓은 메인프레임이 최초로 사업적으로 성공한 컴퓨터였는데, 이 메인프레임 컴퓨터에 내장된 HDD는 14" 크기였다.

HDD는 그 이후로도 기술혁신을 거듭하여 크기는 계속 줄어들었으며, 용량은 연평균 35%씩 증가하였다. 용량당 가격도 연평균 20%씩 줄어들었다. 즉, 고객 입장에서 더 나은 HDD가 더 낮은 가격에 지속적으로 제공되면서, 새로운 방식의 HDD는 기존의 방식을 계속 와해시키는 데 성공한 것이다.

HDD는 컴퓨터의 주요 구성품이었기 때문에 컴퓨터 산업의 변천과 그 궤적을 같이 하면서 변화해 나갔는데, [도표 1-20]에 그러한 변천 내역이 잘 나타나 있다.

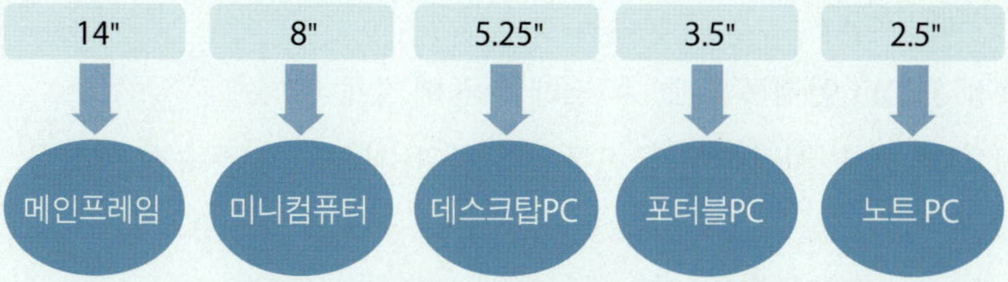

[도표 1-20] HDD와 컴퓨터 산업의 변천

메인프레임이 크게 성공하면서, 14" HDD에서도 성공한 몇 개의 업체가 생기게 되었는데, 이들 업체는 그 이후 이름도 없이 사라져버렸다. 그 이유는 새로운 혁신가가 등장하여 14" HDD보다 크기는 작고 용량은 더 컸으며 가격은 더 낮은 8" HDD를 개발해냈기 때문이다. 기존의 14" HDD 업체들이 제품의 용량이나 기록밀도를 개선하려는 존속성 혁신에 매달려있을 때, 이 혁신가는 제품 개선의 궤적을 와해시키고 HDD 제품을 재정의하는 와해성 혁신에 몰두하였던 것이다.

8" HDD 개발에 성공한 기업은 거대한 메인프레임 시장에서 이미 자리 잡고 있는 14" HDD에 비해 우월한 성능과 가격 경쟁력에도 불구하고, 14" HDD와 동일한 시장에서 경쟁하려하지 않았다. 그것은 대기업인 14" HDD 업체에 비해 제품 경쟁력 이외에는 거의 모든 측면에서 열세이고, 또한 기존의 14" HDD 대기업들이 8" HDD의 도전을 좌시하지 않을 것이기 때문이다. 현명하게도 8" HDD 기업은 당시에 새롭게 태동하고 있는 미니컴퓨터의 가능성에 주목하였고, 미니컴퓨터 업체를 설득하여 8" HDD가 채택되도록 하는데 성공하게 된다. 그 후 많은 고객들이 8" HDD의 우월한 제품력을 인식하게 되면서, 14" HDD에서 8" HDD로 고객이 대거 이동하게 된다. 결국 14" HDD는 고객이 떠남에 따라 와해되었고, 8" HDD는 시장에서 주류로 자리 잡아 대기업으로 성장하게 된다.

여기에서 주목할 점은 와해성 기술은 기존시장이 아닌 신규시장에서 그 가치가 인정된다는 것이다. 기존시장은 기존 방식의 대기업들이 이미 자리를 잡은 상태이기 때문에 와해성 기술이 자리 잡기도 힘들고 심지어는 왜곡되는 경우도 많기 때문이다. 신규시장은 그러한 왜곡이 없이 있는 그대로의 가치를 인정받을 수 있기 때문이다.

성공한 8" HDD 업체들은 그 후 딜레마에 빠지게 된다.

- 8" HDD가 계속 시장에서 굳건한 지위를 유지하도록 존속성 혁신을 지향할 것인가?
- 아니면, 또 다른 혁신가가 등장하여 8" HDD를 와해시킬 것인가?

성공한 8" HDD 업체들은 결국 존속성 혁신을 지향하는 선택을 하게 되는데, 우려했던 대로 또 다른 혁신가가 5.25" HDD 개발에 성공함으로써 8" HDD 업체들은 과거 14" HDD 업체들과 같은 운명에 처하게 된다. 끊임없는 자기혁신만이 기업 생존과 성장의 조건임을 느끼게 해주는 역사적 교훈이다.

오늘날 HDD는 전혀 새로운 도전에 직면하였다. HDD가 아닌 전혀 다른 이종의 기술이 출현한 것인데, 그것은 메모리 반도체를 이용한 플래쉬 카드이다. 플래쉬 메모리는 HDD에 비해 소비전력이 5% 미만이며, 구동장치가 불필요하여 견고하다. 단지 가격이 HDD에 비해 비싼 편이지만 지속적으로 하락하는 추세이다. SSD(Solid State Drive)로 불리는 플래쉬 카드는 여러 개의 플래쉬 메모리를 신용카드 크기로 구현한 것으로, 대용량의 정보 저장이 가능하여 HDD의 기능을 대체할 수 있다. 이미 노트북 시장에서는 플래쉬 카드가 주류로 자리잡았으며, 데스크톱에서도 HDD를 빠르게 잠식하고 있다.

SSD가 HDD를 와해시킨다는 것은 양측 업체에게 있어서는 초미의 관심사가 아닐 수 없을 것이다. 그렇다면 양측 업체는 이러한 와해성 혁신에 대해 어떻게 대응하는지에 대해 살펴볼 필요가 있다.

SSD 업체들은 나노 기술을 지속적으로 발전시켜 나가고 있다. 이로 인해 플래쉬 메모리의 집적도는 더욱 향상되고 있으며, 이는 HDD의 유일한 비교 우위인 가격 경쟁력마저 위협하고 있다.

한편, HDD 업체들은 SSD의 위협에도 불구하고 자사가 이미 보유하고 있는 인적, 물적 자원들을 포기하기가 힘들어, 결국은 이들을 기존의 수익원으로 계속 사용하는 것이 좋다는 판단을 하게 된다. 이러한 대응은 단기적으로 유효한 결정으로 보이지만, 장기적으로는 스스로 자신을 와해시키는 결정이 되고 만다. 이렇게 기존 기업들을 존속성 혁신에 매달리게 하는데 결정적인 역할을 하는 것은 대개 R&D 부문이다. R&D 부문은 속성상 자신들이 오랫동안 축적해 온 기술의 전문성에 제한하려는 경향이 있다.

[도표 1-21]에서 보는 바와 같이 SSD는 반도체 기술 기반의 제품이고, HDD는 정밀기계제어 기술 기반의 제품이다. 사용자 입장에서는 SSD나 HDD나 대용량의 정보저장장치로 인식되지만, R&D 부문에서 보면 이종의 기술로 인식되기 때문에 HDD 업체의 R&D 부문 인력들이 SSD 관련 기술을 개발한다는 것은 사실상 불가능하기 때문이다.

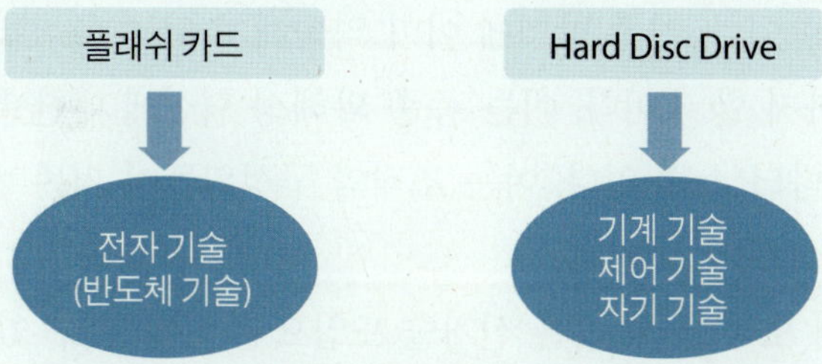

[도표 1-21] SSD(플래쉬 카드)와 HDD의 기술

자동차 기업에서도 마찬가지일 것이다. 전통적인 자동차 기업의 R&D 부문은 오랫동안 엔진 차와 관련된 기술을 축적해왔기 때문에, 연료전지(FC, Fuel Cell) 차나 전기 차가 점차 와해성 혁신으로 다가오더라도 결국은 자신들이 축적해온 기술의 전문성으로만 대응하려할 것이며, 이는 결국 한계에 봉착하는 결과를 낳을 것이다.

4.4 와해성 혁신의 특징

와해성 혁신의 가장 기본적인 특징은 이것이 기회인 동시에 위협일 수 있다는 점이다. 즉, 기존 기업에게는 위협 요인일 수 있지만, 신규 진입 기업에게는 기존 방식에서 벗어나 상향 이동할 수 있는 기회 요인일 수 있다.

기존 기업의 딜레마는 대개 와해성 혁신에 대한 투자를 차단시키는 결론에 쉽게 이르게 된다는 것인데, 그 주요 요인은 다음과 같다.

첫째, 기존 고객들은 대개 기업 내부의 주요 부서나 인력, 협력업체, 유통업체, 기존 방식의 사용자 등을 일컫는데, 이들은 자신들의 이해관계가 얽혀있기 때문에 와해성 혁신이 아닌 존속성 혁신에만 주력하도록 요구한다. 이것은 결국 이 기업을 올바른 방향으로 리드하는 것이 아니라 오도하는 결과를 낳게 된다.

둘째, 재무적 구조이다. 해당 기업은 협력업체나 유통업체들과 더불어 이미 기존 방식에 인적, 물적 투자를 해놓은 상태이므로, 이것을 포기하고 와해성 혁신에 새로이 투자한다는 것은 일견 재무적으로 잘못된 것으로 보일 것이다. 즉, 스위칭 비용이 너무 크면 와해성 혁신에 대한 투자가 차단된다.

셋째, 조직 문화이다. 기존 방식에 이미 익숙해져 있는 조직에 와해성 혁신은 낯설고 두렵기까지 할 것이다. 이는 종종 와해성 혁신에 대한 부정적 인식이나 거부감 등으로 나타날 수 있다. 이는 조직의 구성원들이 기존 방식의 전문가들로 채워져 있기 때문일 것이다.

와해성 혁신의 또 다른 특징은 신기술 도입으로 나타날 수 있는 부정적 영향이 거의 없다는 것이다. 단, 신기술이 기존 시장에 진출하여 잠식하는 것이 아니라 신 시장을 창출할 수 있어야 한다는 것이 전제되어야 한다. 기존 시장에 진출할 경우에는 기존 기업의 대응, 심지어는 방해로 인해 부정적 영향을 받을 가능성이 크다. 반면 신 시장을 창출하여 기존 기업의 대응에서 자유로운 상태로, 기존 시장의 고객을 신 시장으로 이동시키는 것이 유효한 전략이 될 것이다.

끝으로 와해성 기술과 와해성 혁신에는 차이가 있다는 점이다. 와해성 기술이라 하더라도 고객의 가치를 혁신하지 못한다면, 그것은 와해성 혁신이 되지 못할 것이다. 따라서, 기술혁신도 중요하지만 그 기술이 궁극적으로 고객의 가치를 혁신할 수 있느냐가 와해성 혁신의 관건이라고 할 수 있다.

4.5 와해성 혁신의 다양한 사례들

수없이 많은 와해성 혁신의 사례들을 살펴보면, 두 가지의 공통된 특성이 존재한다. 즉, 이종의 기술과 고객의 가치혁신이다.

첫째는 동종의 더 나은 기술이 아니라 기존의 기술과는 다른 이종의 기술이어야 한다는 점이다. 동종의 더 나은 기술로 시장에 진출하면, 기존 기업들이 재반격할 수 있기 때문에 결국 이 시장은 레드오션이 될 수밖에 없을 것이다. 이종의 기술은 기존 기업들이 보유하거나 대응하지 못하는 것이기 때문에 나름대로의 블루오션을 만들 수 있다는 점이다.

둘째는 고객이 기존의 방식에서 느꼈던 가치가 아닌 새로운 가치를 느낄 수 있어야 한다는 점이다. 당연하지만 이러한 새로운 가치는 기존의 가치보다 더 나은 것이어야 한다. 고객의 가치에는 제품이나 서비스의 품질뿐만 아니라 가격이라는 요소도 매우 중요하다.

이러한 관점에서 와해성 혁신에 성공한 다양한 사례들을 살펴보자.

이전에 많은 기업이나 상인 및 개인들은 숫자계산에 주판을 오랜 기간 동안 사용하여 왔다. 그러나 일본 샤프사에 24살에 입사했던 젊은 연구원인 와시즈카 이사무는 입사 4년 만에 전자계산기를 발명하여 사업화에 성공하였다.

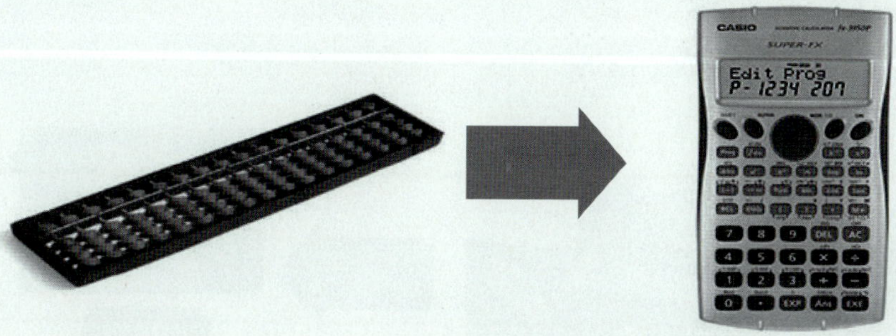

[도표 1-22] 주판을 와해시킨 전자계산기

음악을 듣는 매체로서 과거에 오디오 테이프가 성행했다. 이 시절 일본 소니는 워크맨을 크게 히트시키기도 했으나, 그 후 CD가 등장하면서 오디오 테이프는 와해되었다. 그러나 CD 역시 MP3가 등장하면서 와해되었다.

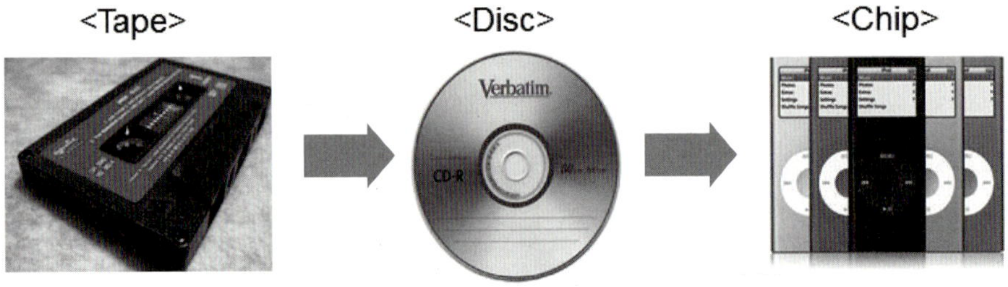

[도표 1-23] 음악 매체의 변천

한때, 미국 필름시장을 90%까지 장악했던 필름업계의 대명사였던 코닥은 디지털카메라의 등장과 함께 와해되고 말았다. 정작 디지털카메라는 코닥이 개발한 것이었으나, 필름 사업이라는 기득권을 지키려고 디지털카메라를 사업화하지 않았다. 이후 디지털카메라의 잠재력을 간파한 전자회사들이 이를 사업화하여 큰 성공을 거두었고, 코닥은 필름카메라 고객의 대거 이탈로 결국 파산의 길을 걸을 수밖에 없었다.

[도표 1-24] 필름카메라와 와해시킨 디지털카메라

이 외에도 OHP(Over-Head Projector)는 빔 프로젝터에 의해 와해되었고, 디스켓과 같은 이동식 저장매체는 USB에 의해 와해되었으며, 시건장치로 사용되는 기계식 열쇠는 디지털 도어록이나 지문인식 시스템 등으로 대체되고 있다.

또한 종이나 책자 형태의 지도는 내비게이션에 의해 와해되었고, 대중교통에 사용하던 회수권이나 토큰은 티머니 카드에 의해 와해되었으며, 소식을 전해주는 수단이었던 편지는 이메일이나 문자메시지에 의해 와해되었다.

에디슨이 말하기를 “천재는 1%의 영감과 99%의 노력에 의해 이루어진다”고 하였다. 99%의 노력은 과거나 현재는 물론 미래에도 필요한 것이지만, 와해성 혁신과 같은 성과를 기대한다면 누가 이 1%의 영감을 발휘할 것인가가 무엇보다 중요하게 될 것이다.

연습문제

1. 기업이 생존하기 위한 원가(C), 가격(P), 가치(V)의 부등식으로서 맞는 것은?

   ① V > P > C　　② C > P > V

   ③ V > C > P　　④ P > V > C

2. 기술경영 (MOT)의 두 가지 주제는 각각 무엇인가?

   (1)　　(2)

3. 다음 중에서 “기술기획”의 이슈로서 적합한 것은?

   ① 과제 완료　　② 기술사업화 전략

   ③ 기술확보 전략　　④ 기술판매

4. 다음 중에서 “기술자산 관리”의 이슈로서 적합하지 않은 것은?

   ① IP 포트폴리오 계획　　② 기술가치평가

   ③ 기술사업화 전략　　④ 벤처 창업

5. 다음 중에서 “기술사업화”의 주요 내용에 속하는 항목은?

   ① 기술확보 전략　　② 과제 포트폴리오

   ③ 프로젝트 관리　　④ 기술가치평가

6. 기술경영의 최종적인 성과를 나타내는 재무적인 지표는 무엇인가?

7. 다음 중에서 R&D의 생산성을 나타내기 위한 Input 요소는 무엇인가?

   ① 특허 출원　　② 특허 등록

   ③ R&D 투자　　④ R&D 성과

8. 다음 중에서 R&D의 생산성을 나타내기 위한 Output 요소는 무엇인가?

① 특허 출원 ② 특허 등록

③ R&D 투자 ④ R&D 성과

9. 다음 중에서 R&D 성과측정의 이슈가 아닌 것은?

① 성과측정 시점 ② 성과측정 부서

③ 성과측정 기간 ④ R&D의 기여율

10. 다음 중에서 R&D생산성의 지표로서 가장 적합한 것은?

① ROI ② EVA

③ NPV ④ IRR

11. 다음 중에서 성과지향형의 R&D가 되기 위해 필요한 활동이 아닌 것은?

① 관련 시장의 Needs를 파악한다.

② 프로젝트 예산을 철저히 관리한다.

③ 연구소와 사업부를 연계시킨다.

④ 개발된 기술의 사업화를 수행한다.

12. 다음 중에서 프로젝트 관리 기법이 발전되기 시작한 R&D는?

① 1세대 R&D ② 2세대 R&D

③ 3세대 R&D ④ 4세대 R&D

13. 다음 중에서 시장/고객과의 통합을 통한 성과지향의 R&D는?

① 1세대 R&D ② 2세대 R&D

③ 3세대 R&D ④ 4세대 R&D

14. 다음 세대별 R&D 중에서 전략형 R&D는 통상 몇 세대 R&D인가?

① 1세대 R&D ② 2세대 R&D

③ 3세대 R&D ④ 4세대 R&D

15. 4세대형 혁신을 이룩하기 위해 필요한 1차 혁신의 2가지 요소는 각각 무엇인가?

(1) (2)

16. 다음과 같은 조직역량의 요소들 중 지식과 가장 밀접한 요소는 무엇인가?

① 인력 ② Tool

③ 기술 ④ 프로세스

17. 정보가 지식으로 바뀌기 위해 필요한 두 가지는 무엇인가?

① 데이터, 경험 ② 데이터, 이론

③ 이론, 경험 ④ 경험, 지혜

18. 세대별 R&D의 변천을 1세대 R&D부터 4세대 R&D까지라고 할 때, 각 세대별 R&D의 특징에 대해 논하시오.

19. 와해성 기술에 대한 다음 설명 중에서 잘못 표현된 것은?

① 기업의 주고객은 와해성 기술투자를 원한다.

② 와해성 기술은 전혀 새로운 시장을 형성한다.

③ 와해성 기술에 관한 시장예측은 항상 'No'로 나온다.

④ 와해성 기술은 기존의 주력시장에서 파괴적인 경쟁력이 있다.

20. 와해성 혁신(Disruptive Innovation)과는 반대로 기존방식의 틀을 유지하려는 점진적인 혁신을 무엇이라 하는가?

21. 다음 중에서 와해성 혁신의 특징을 적합하게 설명한 것은?

① 신규시장보다는 기존시장에서 더욱 가치를 발휘한다.

② 이종의 기술보다는 동종의 기술로 접근하는 것이 더 유효한 전략이다.

③ 존속성 혁신에 비해 그 파급효과는 상대적으로 작다.

④ ①, ②, ③ 모두 와해성 혁신에 대한 적합한 설명이 아니다.

22. HDD(Hard Disc Drive) 기술의 와해성 혁신에 대한 다음 설명 중 잘못된 것은?

① HDD 크기는 14"로부터 시작하여 점점 줄어드는 방향으로 변화해왔다.

② HDD는 기록밀도가 약 35%/년씩 늘어나는 방향으로 변화해왔다.

③ HDD는 용량 당 가격이 약 20%/년씩 올라가는 방향으로 변화해왔다.

④ HDD는 SSD (Solid State Drive)에 의해 와해되어가고 있다.

23. SSD가 HDD를 와해시킬 수 있는 장점에 대한 다음 설명 중에서 잘못된 것은?

① SSD는 HDD에 비해 소비전력이 5% 미만으로 낮다.

② SSD는 HDD와 달리 구동장치가 불필요하다.

③ SSD는 HDD에 비해 제품자체가 견고하다.

④ SSD는 HDD에 비해 용량 당 가격이 싸다.

24. 다음 중에서 와해성 혁신의 사례들에 대한 설명이 잘못된 것은?

① 직류(DC)전기는 교류(AC)전기에 의해 와해되었다.

② 라디오의 FM 방식은 AM 방식에 의해 와해되었다.

③ 음악의 테이프 방식은 디스크 방식에 의해 와해되었다.

④ 우편물의 편지는 이메일에 의해 와해되었다.

25. 다음 중에서 와해성 혁신의 사례들에 대한 설명이 올바른 것은?

① 전자계산기는 주판에 의해 와해되었다.

② 디지털카메라는 필름카메라에 의해 와해되었다.

③ 유압식 굴착기는 증기식 굴착기에 의해 와해되었다.

④ 교통지도는 내비게이션에 의해 와해되었다.

기술완성도 평가 2

제2장 기술완성도 평가

기술이 사업화되어 기업의 목적인 "사업을 통한 이윤추구"에 기여하는 것이 R&D의 궁극적인 목표라고 할 수 있다. 정작 기술개발에 성공하고도 기술사업화에 실패하여 사장되는 기술이 많은 것이 현실이다.

기술이 사업화되기 위해서는 다음 3가지 요건이 충족되어야 한다.

- 기술의 완성도 : 기술개발의 결과물이 과연 사업화로 연계될 수 있을 정도로 충분히 완성된 것인지를 확인해야 한다.
- 사업 주체 : 이와 같이 완성된 기술을 사업화할 역량을 가진 적합한 사업 주체를 찾아야 한다.
- 사업성 분석 : 완성된 기술을 사업 주체가 사업화할 경우, 사업성이 어느 정도 있는지 분석을 해보아야 한다.

이 장에서는 위 세 가지 중에서 첫 번째인 기술의 완성도와 관련하여 다음과 같은 사항들에 대해 알아보기로 한다.

첫째, 기술의 완성도를 확인해보기 위한 요소들은 무엇이며, 이러한 요소들을 평가하기 위한 정형화된 모델은 어떻게 구성되어 있는가?

둘째, R&D의 성과물을 사업이라는 관점에서 평가하기 위해 사용되고 있는 BMO법이란 무엇이고, 그 내용에는 어떤 것들이 있는가?

셋째, 새로운 기술이 완성되고 사업화되는 일련의 과정들에 있어서, 해당 기술은 현재 어느 정도의 기대치를 갖고 있고 어느 시점이 되어야 해당 사업의 주류 기술로 자리 잡을 수 있을 것인가?

1. 기술완성도의 평가 요소

기술의 완성도를 평가하기 위한 요소들에 대해 소개하기로 한다. 또한, 기술 완성도 평가의 2대 요소인 유용성(Utility)과 경쟁성(Competitiveness)의 평가모델을 제시하고, 이에 대한 활용방법을 살펴보기로 한다.

1.1 유용성과 경쟁성

보통 연구자들은 프로젝트가 목표로 했던 기술의 성능 수준을 달성하면, 기술이 완성된 것으로 판단하는 경향이 있다. 그러나 기술의 사업화라는 관점에서 보면, 성능목표 달성 외에도 품질, 신뢰성, 재현성, 경시변화, 수율, 원가경쟁력 등이 종합적으로 확보되어야 사업에 유용한 기술이라고 할 수 있는 것이다.

기술의 유용성에 문제가 있다고 판단될 경우에는 대응방안을 강구하여야 할 것이다. 즉, 아직 충분히 유용성이 확보되지 않은 상황에서 무리하게 기술의 사업화를 추진할 경우, 더 큰 사업 손실을 초래할 수도 있으므로, 이때는 사업화를 포기하거나 사업화 일정을 연기하는 것이 더 바람직한 방안이 될 것이다. 또한, 프로젝트의 목표를 변경한다든지, 대내외의 관련 전문가를 활용하여 부족한 유용성의 부분을 보완하는 등 현실적인 대책 강구가 바람직할 것이다.

기술의 유용성과 함께 기술의 경쟁성을 확인해보아야 한다. 즉, 우선 거시적인 기술의 발전추이를 전망하고, 이어서 자사의 기술과 경쟁사 및 잠재적 경쟁사의 기술수준을 비교해보아야 한다. 특히, 경쟁사의 현재 기술수준이 아닌 미래의 예상 기술수준을 표나 그림 등을 사용하여 비교해야 실질적인 의미가 있을 것이다.

마케팅에 있어서 경쟁은 필연적인 것이며, 경쟁의 핵심은 차별화(Differentiation)라고 할 수 있다. 경쟁자와의 차별화를 위해서는 영업력, 원가경쟁력, 제품력 등 다양한 측면에서의 노력이 필요하겠으나, 핵심기술 즉 Core Technology를 바탕으로 한 제품차별화가 가장 근본적인 차별화 방안이라고 할 수 있을 것이다.

1.2 기술완성도의 평가 모델

해당 기술의 유용성(Utility)과 경쟁성(Competitiveness)을 평가하는 모델로서 TF(Technology Factor) 모델이 있다. 이 모델은 제5장 기술가치평가에서 다시 설명하겠으나, 미국의 컨설팅 회사인 ADL(Arthur D. Little)이 최초로 고안한 것으로

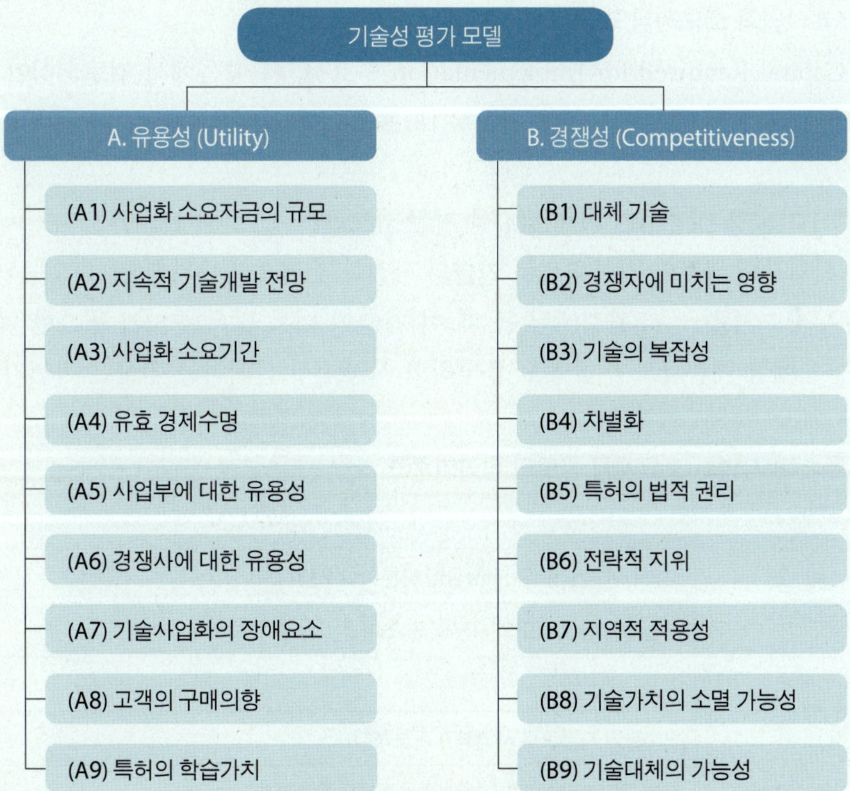

[도표 2-1] 기술성 평가 모델

다우 케미컬(Dow Chemical)사가 이를 적용하여 사용하였으며, 이후 이내비시스(Inavisis)사가 확대 발전시켜온 것이다.

이 모델은 [도표 2-1]에서 보는 바와 같이 유용성의 9가지 평가 항목과 경쟁성의 9가지 평가 항목 등 총 18개 항목으로 구성되어 있으며, 각 항목에 대해서는 기준에 따라 5점 척도로 평가하여 종합하게 되어 있다.

1.3 유용성 평가 기준

유용성의 9가지 항목들에 대한 설명과 5점 척도법에 의한 평가기준을 살펴보기로 한다.

(A1) 사업화 소요자금의 규모

"Capital Required for Implementation"으로서, 이 항목에서 검토되어야 할 사항은 다음과 같으며, 그 평가기준은 [도표 2-2]와 같다.

- 이 기술을 적용하기 위해 필요한 자금 규모는?
- 사업부의 규모와 자본력으로 기술의 사업화에 필요한 투자를 할 수 있는가?
- 투자수익율 (ROI) 관점에서 볼 때 이 기술이 너무 많은 투자가 필요한 나머지, 예상 매출규모가 큼에도 불구하고 시장에서 실패하는 기술은 아닌가?

[도표 2-2] 사업화 소요자금 규모의 평가기준표

점 수	평 가 기 준
-2	사업화에 상당한(Significant) 자본이 소요된다.
-1	사업화에 어느 정도의 자본이 필요하다.
0	
+1	최소한의 자본으로 사업화가 가능하다.
+2	자본 투자가 필요 없다. 현재의 환경에서 사업화가 가능하다.

(A2) 지속적 기술개발 전망

'Ongoing Technology Outlook'으로서, 이 항목에서 검토되어야 할 사항은 다음과 같으며, 그 평가기준은 [도표 2-3]과 같다.

- 이 기술은 앞으로도 계속 유용한 기술인가?
- 앞으로도 계속 추가 R&D가 계획되어 있는가?
- 이미 R&D는 끝났고 더 이상의 기술지원은 없는가?

[도표 2-3] 지속적 기술개발 전망의 평가기준표

점 수	평 가 기 준
-2	이 기술과 관련된 R&D는 이번으로 완료된다.
-1	이 기술과 관련된 R&D는 1년 이내에 완료될 예정이다.
0	사업부(Licensee) 지원 목적의 R&D 계획이 있다.
+1	어느 정도의 R&D가 이어질 계획이다.
+2	이 분야는 계속해서 R&D 지원이 이루어질 것이다.

(A3) 사업화 소요기간

'Time Required for Implementation'으로서, 이 항목에서 검토되어야 할 사항은 다음과 같으며, 그 평가기준은 [도표 2-4]와 같다.

- 완전한 사업화 단계까지 어느 정도의 기간이 소요되는가?
- 기술개발 이후 소비자의 평가/인증/구매까지 어느 정도의 기간이 소요되는가?
- 사업화 소요기간이 길수록 수익성에 대한 확신은 낮아지고, 기술가치는 낮아진다.

[도표 2-4] 사업화 소요기간의 평가기준표

점 수	평 가 기 준
-2	사업부가 기술을 사업화하는데 2년 이상이 소요된다.
-1	사업부가 기술을 사업화하는데 1~2년이 소요된다.
0	
+1	사업부가 기술을 사업화하는데 6개월~1년이 소요된다.
+2	사업부는 6개월 이내에 기술의 사업화가 가능하다.

(A4) 유효 경제수명

'Useful Economic Life'로서, 이 항목에서 검토되어야 할 사항은 다음과 같으며, 그 평가기준은 [도표 2-5]와 같다.

- 평가 대상기술의 유용한 경제적 수명은 몇 년인가?
- 이 기술은 목표 자본수익률(ROE)을 올릴 수 있을 만큼 수명이 긴 기술인가?
- 유효 경제수명은 사업부/경쟁사의 동종/이종 기술과의 경쟁에 의해 결정된다.
- 통상적으로 남은 특허 권리기간에 따라서도 결정된다.

[도표 2-5] 유효 경제수명의 평가기준표

점 수	평 가 기 준
-2	기술의 경제적 수명이 3년 이내이다.
-1	기술의 경제적 수명이 3~5년이다.
0	
+1	기술의 경제적 수명이 5~10년이다.
+2	특허를 포함한 기술의 경제적 수명은 최소 10년이다.

(A5) 사업부에 대한 유용성

'Usefulness to User'로서, 이 항목에서 검토되어야 할 사항은 다음과 같으며,

그 평가기준은 [도표 2-6]과 같다.

- 기술이 사업부의 사업전략과 부합하는가?
- 사업부에 기술 적용에 필요한 인프라가 갖춰져 있는가?
- 사업부는 목표시장 진입이 가능한가?
- 사업부에 이 기술을 적용할 조직이 있는가?
- 기술이 사업부에게 경쟁 우위성(Competitive Advantages)을 가져다줄 것인가?
- 기술이 해당 사업의 수직 계열화에 적합하며, 또한 다른 사업에 파급효과가 있는가?

[도표 2-6] 사업부에 대한 유용성의 평가기준표

점 수	평 가 기 준
-2	사업부는 현 사업 분야에서 이 기술의 가치가 없다고 판단한다.
-1	유사한 기술을 제공할 수 있는 다른 회사들이 많이 있다.
0	
+1	이 기술은 해당 사업부에 경쟁 우위성을 제공하며, 사업부의 기존 인프라를 약간 보완하면 된다.
+2	이 기술은 해당 사업부에 경쟁 우위성을 제공하며, 사업부의 기존 인프라로 해결이 가능하다.

(A6) 경쟁사에 대한 유용성

'Usefulness to Others'로서, 이 항목에서 검토되어야 할 사항은 다음과 같으며, 그 평가기준은 [도표 2-7]과 같다.

- 이 기술 관련 특허는 다른 경쟁사들에게도 유용한 것인가?
- 다른 어떤 경쟁사들이 이 기술을 활용할 수 있는 위치에 있는가?
- 그러한 경쟁사들이 이 기술을 적용하는데 필요한 투자 규모는 어느 정도인가?
- 경쟁사들이 관련 특허를 획득하거나 회피하는데 투자할 의지가 있을 것인가?

[도표 2-7] 경쟁사에 대한 유용성의 평가기준표

점 수	평 가 기 준
-2	이 업계에서 다른 경쟁사들은 이 기술에 대해 관심이 없다.
-1	1~2개 경쟁사가 관심이 있을 가능성이 있다.
0	다른 경쟁사들에 유용할 지에 대해 알려진 바가 없다.
+1	이 기술은 다른 경쟁사들에게도 유용할 것이다.
+2	이 기술은 다른 경쟁사들에게 매우 유용할 것이다.

(A7) 기술사업화의 장애 요소

'Barriers to Commercialization'으로서, 이 항목에서 검토되어야 할 사항은 다음과 같으며, 그 평가기준은 [도표 2-8]과 같다.

- 이 기술을 사업화하는데 어떤 추가적인 기술이 필요한가?
- 언제, 어디서, 그리고 어느 정도의 기술사업화 투자가 필요한가?
- 외부의 어떤 요인들이 기술의 성공적인 사업화를 막는가?

[도표 2-8] 기술사업화 장애 요소의 평가기준표

점 수	평 가 기 준
-2	기술의 사업화를 위해서는 추가적인 R&D와 별도의 공장 및 판매 인력이 필요하다.
-1	기술의 사업화를 위해서는 새로운 시설과 추가적인 기술이 요구된다.
0	
+1	기술의 사업화에 추가적인 기술개발이 필요하다. (1~2년 소요)
+2	기술의 사업화에 장애 요인이 없다. (6개월 이내에 기술적용이 가능)

(A8) 고객의 구매 의향

'Customer Willingness to Pay'로서, 이 항목에서 검토되어야 할 사항은 다음과 같으며, 그 평가기준은 [도표 2-9]와 같다.

- 고객의 자발적인 구매 의향이 있을 것인가?

[도표 2-9] 고객의 구매 의향의 평가기준표

점 수	평 가 기 준
-2	고객은 가격을 낮춰주지 않으면, 이 기술을 채용한 제품/서비스를 구매 하지 않을 것이다.
-1	고객은 이 기술에 대해 기꺼이 지불하지는 않을 것이다.
0	
+1	고객은 이 기술을 채용한 제품/서비스에 어느 정도 지불할 것이다.
+2	고객은 이 기술을 채용한 제품/서비스에 기꺼이 지불할 것이다.

(A9) 특허의 학습가치

'Teaching Value of Patent'로서, 이 항목에서 검토되어야 할 사항은 다음과 같으며, 그 평가기준은 [도표 2-10]과 같다.

- 특허의 학습가치가 크면 노하우나 개발이 덜 필요하고, 또한 특허의 경제적 가치는 높아진다.

[도표 2-10] 특허의 학습가치의 평가기준표

점 수	평 가 기 준
-2	사업부는 기술사업화를 위해 R&D부문의 도움이 필요하다.
-1	사업부는 기술사업화를 위해 R&D부문의 도움이 약간 필요하다.
0	
+1	특허 중에서 몇 개는 학습가치가 높다.
+2	특허의 학습가치가 높으며, 기술적용에 노하우가 필요 없다.

1.4 경쟁성 평가 기준

지금까지 기술의 유용성을 평가하기 위한 9가지 항목들에 대한 설명과 그 평가기준에 대해 살펴보았다. 유용성과 더불어 기술 완성도의 두 번째 요소는 이미 언급한 바와 같이 경쟁성으로서, 지금부터는 경쟁성의 9가지 항목들에 대한 설명과 5점 척도법에 의한 평가기준에 대해 살펴보기로 한다.

(B1) 대체 기술

'Alternative Technologies'로서, 이 항목에서 검토되어야 할 사항은 다음과 같으며, 그 평가기준은 [도표 2-11]과 같다.

- 다른 방식을 채택한 동일하거나 유사한 제품이나 서비스가 존재하는가?
- 동일 시장에서 경쟁이 예상되는 다른 제품이나 다른 방식이 존재하는가?
- 이 기술이 할 수 있는 것을 다른 종류의 기술로 고객이 할 수 있지는 않는가?
- 존재 또는 존재 예상되는 대체기술이 이 기술의 가치를 낮추지는 않는가?

[도표 2-11] 대체 기술의 평가기준표

점 수	평 가 기 준
-2	유사한 해결책을 제시하는 많은 대체기술이 존재한다.
-1	몇 가지의 대체기술이 존재하여 동일한 해결책을 제시한다.
0	대체기술이 존재하지만, 사업부는 이 기술을 채용할 것이다.
+1	몇 가지 대체기술이 존재하지만, 핵심기술은 대체기술이 없다.
+2	이 분야에 있어서는 오늘날 대체기술이 존재하지 않는다.

(B2) 경쟁자에 미치는 영향

'Competitor Impact'로서, 이 항목에서 검토되어야 할 사항은 다음과 같으며, 그 평가기준은 [도표 2-12]와 같다.

- 어느 경쟁자가 이 기술에 영향을 받는가?
- 이 기술은 시장점유율(M/S, Market Share)에 어느 정도의 영향을 미칠 것인가?

[도표 2-12] 경쟁자에 미치는 영향의 평가기준표

점 수	평 가 기 준
-2	주요 경쟁자들의 시장점유율에는 거의 변화가 없을 것이다.
-1	몇몇 경쟁자들은 시장점유율을 잃지 않을 것이다.
0	경쟁자들의 시장점유율에 대한 영향은 이슈가 아니다.
+1	몇몇 경쟁자들은 시장점유율이 낮아질 것이다.
+2	이 기술을 채용한 제품/서비스로 인해 모든 경쟁자들의 시장점유율이 낮아질 것이다.

(B3) 기술의 복잡성

'Complexity of Technology'로서, 이 항목에서 검토되어야 할 사항은 다음과 같으며, 그 평가기준은 [도표 2-13]과 같다.

- 기술이 복잡하다는 것이 얼마나 시장 진입에 장애가 되는가?
- 제품 보증을 꺼려할 정도로 리스크가 존재하는가?

[도표 2-13] 기술의 복잡성의 평가기준표

점 수	평 가 기 준
-2	기술 적용이 쉽고 회피설계도 쉽다.
-1	대부분의 기술이 쉽고 회피하기도 쉽다.
0	
+1	기술이 어느 정도는 회피하기 어려울 정도로 복잡하다.
+2	기술이 복잡하여 회피설계가 어렵다.

(B4) 차별화

'Differentiation'으로서, 이 항목에서 검토되어야 할 사항은 다음과 같으며, 그 평가기준은 [도표 2-14]와 같다.

- 기술이 갖고 있는 독특한 상업적 이점이 어떻게 최종 실제 결과로 나타나는가?
- 고객들이 기꺼이 더 비싼 가격을 지불할 것인가?
- 이 기술이 시장점유율을 높이거나 시장에서의 위치를 강화해줄 것인가?
- 이 기술로 경쟁사와의 차별화가 가능하다면 가치에 긍정적인 영향을 줄 것이다.

[도표 2-14] 차별화의 평가기준표

점 수	평 가 기 준
-2	이 기술은 시장에서의 위치에 부정적인 영향을 줄 것이다.
-1	이 기술은 시장에서의 위치에 약간 부정적인 영향을 줄 것이다.
0	이 기술은 시장에서 높은 가격을 받도록 보장하지는 못할 것이다.
+1	이 기술은 약간 높은 가격의 상업적 이점을 제공할 것이다.
+2	이 기술은 시장에서 높은 가격의 상업적 이점을 제공할 것이다.

(B5) 특허의 법적 권리

'Legal Strength'로서, 이 항목에서 검토되어야 할 사항은 다음과 같으며, 그 평가기준은 [도표 2-15]와 같다.

- 특허권의 강도와 넓이 (Strength and Scope of the Claims)
  · 특허가 사업적 이윤의 근간이 되는 기술적 내용의 핵심을 포함하고 있는가?
  · 특허권을 침해하지 않고 설계하는 것이 얼마나 어려운가?
  · 특허의 차단 효과(Blocking Effect)는 무엇인가?
  · 특허권의 범위가 넓고, 혁신성이 높을수록 가치를 끌어낼 확률이 높다.
- 특허의 방어 능력 (Defensibility of Patents)

· 특허권의 침해 사실이 검출되고 쉽게 증명될 수 있는가?

· 기술이 독특하여 특허로 방어하는 공정이 유일하게 사용될 수 있는 것인가?

- 회피가능성 (Avoidability of Patents)

· 특허권의 침해 없이, 사용가능한 대체기술을 개발하는 것이 어느 정도 가능한가?

· 당신의 특허에 허점은 없는가?

· 나중에라도 채워질 수 있는 것인가?

- 특허의 권리기간 (Remaining Patent Life)

· 특허의 권리기간과 기술의 유효수명과는 관련이 있다.

· 만약 특허의 권리기간이 짧다면 사업에 부정적 영향을 미칠 것이다.

[도표 2-15] 특허의 법적 권리의 평가기준표

점 수	평 가 기 준
-2	특허권이 없다.
-1	특허 권리기간과 기술수명이 일치하지 않는다. 특허권의 범위가 좁고 기술이 독특하지 않다. 특허권의 침해 없이 대체 기술의 개발이 가능하다.
0	
+1	몇 개 특허의 권리기간과 기술수명이 일치한다. 특허권의 범위가 넓고, 기술이 독특하다.
+2	특허 권리기간과 기술수명이 일치한다. 특허권의 범위가 매우 넓고, 기술도 아주 독특하다. 특허권의 침해 사실 적발이 쉬우며 비어있는 허점도 없다.

(B6) 전략적 지위

'Strategic Positioning'으로서, 이 항목에서 검토되어야 할 사항은 다음과 같으며, 그 평가기준은 [도표 2-16]과 같다.

- 이 기술로 회사가 선도적 위치에 오를 수 있는가?

- 이 기술이 보호받지 못한다면, 회사의 경쟁적 지위(Competitive Position)가 손

상 받게 되는가?

[도표 2-16] 전략적 지위의 평가기준표

점 수	평 가 기 준
-2	해당 기술이 기술적 리더십을 제공하지 못한다.
-1	해당 기술이 기술적 리더십을 향상시키지는 못할 것이다.
0	
+1	해당 기술이 리더십 향상에 도움을 준다.
+2	해당 기술이 리더십을 제공해줄 것이다.

(B7) 지역적 적용성

'Geographic Area'로서, 이 항목에서 검토되어야 할 사항은 다음과 같으며, 그 평가기준은 [도표 2-17]과 같다.

- 어느 지역에서 이 기술이 상업적으로 적용 가능한가?
- 기술의 사업화 능력이 어느 지역에 국한되어 있는가, 아니면 세계적인가?

[도표 2-17] 지역적 적용성의 평가기준표

점 수	평 가 기 준
-2	세계시장에서의 판매가 보장되어 있지 않다.
-1	특정 지역에서는 판매가 보장되어 있지 않다.
0	
+1	특정 지역에서는 경쟁을 차단할 수 있다.
+2	유일한 소스로서, 세계시장에서 경쟁을 차단할 수 있다.

(B8) 기술가치의 소멸 가능성

'Obsolescence Potential'로서, 이 항목에서 검토되어야 할 사항은 다음과 같으며, 그 평가기준은 [도표 2-18]과 같다.

- 왜, 언제쯤, 어떻게 이 기술이나 그 후속 기술이 쓸모없게 될 것인가?
- 기술이 쓸모없게 될 가능성이 얼마나 있는가?

[도표 2-18] 기술가치 소멸 가능성의 평가기준표

점 수	평 가 기 준
-2	이 기술은 2년 이내에 쓸모가 없어지게 될 것이다.
-1	이 기술은 2~5년 내에 쓸모가 없어지게 될 것이다.
0	계속되는 기술지원으로, 기술의 수명주기는 이슈가 아니다.
+1	이 기술의 수명은 5~10년으로 추정된다.
+2	이 기술의 수명은 10년 이상으로 추정된다.

(B9) 기술대체의 가능성

'Displacement Potential'로서, 이 항목에서 검토되어야 할 사항은 다음과 같으며, 그 평가기준은 [도표 2-19]와 같다.

- 경쟁자가 이 기술의 대체 기술을 내놓을 것인가? 지금인가, 미래인가?
- 어떤 상황(Circumstances)에서 그렇게 될 것인가?

[도표 2-19] 기술대체 가능성의 평가기준표

점 수	평 가 기 준
-2	설계변경 없이 많은 대체기술이 존재한다.
-1	약간의 설계변경으로 사용 가능한 대체기술이 존재한다.
0	대체기술의 존재 여부가 해당 사업부에게는 이슈가 되지 않는다.
+1	현재는 대체기술이 존재하지 않는다.
+2	현재는 물론 향후 몇 년간 대체기술이 없을 것이다.

1.5 기술완성도의 평가 종합

5점척도법으로 평가된 유용성의 9가지 항목과 경쟁성의 9가지 항목 등 총 18개 항목의 평가결과를 종합하면, 해당 기술의 완성도를 정량적으로 나타낼 수 있다.

기술의 완성도는 해당 기술의 가치를 산정하는 요소로도 사용된다. 이와 관련된 내용은 제5장 기술가치평가에서 상세하게 설명하고 있다.

2. BMO 평가법

사업화를 전제로 한 프로젝트의 결과물인 기술을 정량적으로 평가하는 BMO법에 대해 소개하기로 한다. 또한, BMO법의 구체적인 평가기준과 평가방법의 모델도 함께 살펴보기로 한다.

2.1 BMO법의 기본 개념

BMO법이란 개발 프로젝트의 사업화를 추진할 것인지, 아니면 추진하지 않을 것인지를 판단하는 방법론이다. 이 방법론은 처음에 미국의 Bruce Merrifield 박사가 제안한 것이며, 이후 이를 기업 환경에 맞도록 일본 와세다대학의 大江建(Ohe Takeru) 교수가 개정한 것으로서, 오늘날 미국과 일본의 대표적 기업들이 도입하여 적용하는 방법론이다. BMO라는 이름은 이 방법론을 제안한 Bruce Merrifield 박사와 개정한 오오에 교수의 머리글자를 따서 지은 것이다.

BMO법이 평가의 대상으로 하는 것은 프로젝트의 결과물인 R&D 성과나 여러 아이디어 등이다.

- 프로젝트의 결과물인 R&D 성과의 평가
- 각종 아이디어의 평가
  · Top-Down형 아이디어의 평가(사장이나 경영진의 제안)
  · Bottom-Up형 아이디어의 평가(사내 제안)
  · 외부로부터 얻은 아이디어의 평가(거래처, 컨설턴트 등)

2.2 이상적인 신규사업

BMO법은 R&D의 결과물인 기술의 사업화 아이템이 이상적인 사업 아이템과 비교해 얼마나 다른가를 척도로 평가하는 방법으로서, 이상적인 사업 아이템을 120점 만점이라고 가정하는데, 현실적으로 이러한 사업 아이템은 존재하지 않는다. 이상적인 신규사업의 예는 다음과 같다.

- 다양한 시장 세그먼트(Segment)가 존재하고, 그중 어떤 것을 선택해도 규모가 크며, 5년 후에는 1조원 이상이 되는 사업
- 향후 5년간 CAGR(Compound Annual Growth Rate, 연평균 성장률)이 매년 2배로 성장하고, 모든 지적재산권을 소유하고 있어서 경쟁상대가 아무도 없는 사업
- 다양한 시장 세그먼트에 응용할 수 있고, 새로운 업계가 구축될 가능성도 있으며, 세제상의 우대책도 있는 사업
- 1천억원 정도의 자금이 필요하지만 자사에서 조달 가능하고, 현재 보유하고 있는 판매망/제조설비/기술력으로 모든 것을 조달할 수 있으며, 원자재 역시 특별한 것이 없는 사업

2.3 BMO법의 평가 항목

BMO법의 평가 항목은 크게 2가지로 나누어지는데, 그것은 해당 사업 아이템의 매력도와 그 사업 아이템에 대한 자사의 적합성이다.

매력도는 해당 사업이 지니고 있는 고유의 성격을 나타내는 것으로서, 평가항목은 [도표 2-20]에서와 같이 6개 항목으로 이뤄지며, 60점 만점으로 되어있다.

적합성은 해당 사업에 대해 자사가 얼마나 적합한 역량을 지녔는지를 나타내는 것으로서, 평가항목은 매력도와 같이 6개 항목으로 이뤄지며 60점 만점으로 되어있다.

[도표 2-20] BMO법의 평가 항목

X. 사업의 매력도		Y. 자사와의 적합성	
평가 항목	가중치	평가 항목	가중치
X1 시장규모	10	Y1 자금력	10
X2 성장성	10	Y2 마케팅력	10
X3 경쟁력	10	Y3 제조력	10
X4 리스크 분산	10	Y4 기술력	10
X5 업계의 재구축	10	Y5 원재료 조달력	10
X6 사회적 우위성	10	Y6 매니지먼트 지원	10
계	60	계	60

2.4 BMO법의 평가 절차

1단계로 해당 사업 아이템의 매력도를 우선 평가한다. 6개 항목별로 각각 10점씩 60점 만점으로 평가하며, 평가결과 매력도가 35점 이상인 경우에는 2단계 평가로 들어가고, 35점 미만인 경우에는 사업성이 없는 것으로 결론을 내린다.

2단계로 이와 같이 매력이 있는 사업이 자사에 얼마나 적합한 것인지, 즉 적합성을 평가한다. 적합성도 매력도와 마찬가지로 6개 항목별로 각 10점씩 60점 만점으로 평가하며, 매력도와 적합성의 합계가 80점 이상인 경우에는 3단계 평가로 들어가고, 80점 미만인 경우에는 사업을 보류하거나 재검토하는 것으로 결론을 내린다.

3단계는 사업성(매력도+적합성) 평가 점수를 사업화 성공확률 곡선에 대비시켜 사업화 성공확률을 판단한다.

2.5 매력도의 평가 기준

BMO법의 매력도 평가를 위한 6개 항목의 평가 기준에 대해 살펴보자.

(X1) 시장규모는 [도표 2-21]에서 보는 바와 같이 '사업 참여 5년 후의 추정 시장 규모' 5점과 '투자효율 (ROI)' 5점으로 나눠서 평가한 후, 이 두 가지를 합산한다.

[도표 2-21] 시장규모의 평가 기준

(X1) 시장규모(판매·이익 가능성)

① 사업참여 5년 후의 추정시장 규모

시장규모	1조원 이상	1조원 미만	5천억원 미만	1천억원 미만	1백억원 미만
점 수	5점	4점	3점	2점	1점

② 투자효율(ROI)

ROI	20% 이상	20% 미만	15% 미만	10% 미만	5% 미만	1% 미만
점 수	5점	4점	3점	2점	1점	0점

- 투자가 필요 없을 경우에는 5점
- 해당 사업에 대한 일반적인 ROI가 있을 경우에는 이 값을 사용
- ROI=연평균 이익/평균투자 *평균투자=(투자액+잔존가)/2

(X2) 성장성은 [도표 2-22]에서 보는 바와 같이 '사업참여 5년간 시장의 평균성장률', 즉 CAGR에 따라 평가한다. 단, 기준표에 없는 CAGR인 경우에는 보간법을 사용하여 평가 점수를 산정한다.

[도표 2-22] 성장성의 평가 기준

(X2) 성장성(시장의 성장 가능성)
- 사업참여 5년간 시장의 평균성장률(CAGR)

CAGR	20% 이상	14% 이상	10% 이상
점 수	10점	7점	5점

(X3) 경쟁력은 [도표 2-23]에서 보는 바와 같이 '경쟁사의 대응'이 4점, 'PLC'가 3점, '특허' 등이 3점으로 구성되어 있으며, 각 항목별로 정성적(Qualitative)인 판단 하에 만점과 0점의 범위 내에서 평가 점수를 부여 한 후, 이 세 가지를 합산한다.

[도표 2-23] 경쟁력의 평가 기준

(X3) 경쟁력(경쟁상황 분석)
① 선발기업과 참여예상 기업의 대응력 강도 (4점)
- 선발 기업이 시장을 석권하고 있는 경우에는 0점
② 제품/서비스의 수명 (3점)
- PLC(Product Life Cycle)가 5년 이상 지속될 경우에는 3점
③ 특허나 상표에 의한 방어 (3점)
- 강력한 특허 등이 있으면 3점
- 특허, 노하우, 지적재산권 등이 없는 사업인 경우에는 0점

(X4) 리스크 분산은 [도표 2-24]에서 보는 바와 같이 기준표에 따라 평가 점수를 부여하되, 기준표에 없는 세그먼트인 경우에는 보간법을 이용하여 평가 점수를 산정한다.

[도표 2-24] 리스크 분산의 평가 기준

(X4) 리스크 분산 (시장 세분화에 따른 위험 분산)
- 시장 세그먼트가 다양하면, 한 세그먼트에서 실패해도 다른 세그먼트에서 사업을 전개할 수 있으므로 성장을 지속시킬 수 있음.

시장 세그먼트	5개 이상	3개	1개
점 수	10점	6점	0점

- 가능한 한 시장을 세분화하는 것이 바람직하며, 5년 내 참여할 수 없는 세그먼트는 평가 대상에서 제외함.
- 신규 사업의 초기단계에서는 하나의 세그먼트에 집중해야 함.

(X5) 업계의 재구축은 [도표 2-25]에서 보는 바와 같이 0점, 5점, 10점으로 구분하여 평가 점수를 부여하되, 명확한 상황이 아니면 정성적인 판단 하에 만점과 0점의 범위 내에서 평가 점수를 부여한다.

[도표 2-25] 업계의 재구축의 평가 기준

(X5) 업계의 재구축
- 혁신적 기술/노하우에 의해 업계 재구축을 이룰 가능성
- (제품) 혁신적인 제품을 혁신적인 형태로 제공하는 경우에는 10점
  (서비스) 혁신적인 서비스를 혁신적인 방법으로 제공하는 경우엔 10점
- 이 중에서 하나가 가능하면 5점

(X6) 사회적 우위성 역시 [도표 2-26]에서 보는 바와 같이 0점, 5점, 10점으로 구분하여 평가 점수를 부여하되, 명확한 상황이 아니면 정성적인 판단 하에 만점과 0점의 범위 내에서 평가 점수를 부여한다.

[도표 2-26] 사회적 우위성의 평가 기준

(X6) 사회적 우위성
- 정치/사회/환경/공정거래 등의 문제에 있어서 우위성이 있으면 10점
- 아무 우위성이 없으면 5점
- 문제가 있으면 5점 이하, 불리한 사정이 있으면 0점

2.6 적합성의 평가 기준

지금까지 BMO법의 매력도 평가를 위한 6개 항목의 평가 기준에 대해 살펴보았다. 매력도와 더불어 BMO법의 두 번째 평가 요소인 적합성의 6개 항목별 평가 기준에 대해 살펴보자.

(Y1) 자금력은 [도표 2-27]에서 보는 바와 같이 0점, 5점, 10점으로 구분하여 평가 점수를 부여하되, 명확한 상황이 아니면 정성적인 판단 하에 만점과 0점의 범위 내에서 평가 점수를 부여한다.

[도표 2-27] 자금력의 평가 기준

(Y1) 자금력 (투자규모 및 자금조달) - 막대한 자금을 회사가 투자할 수 있는 경우에는 10점 - 수십억원 규모의 적은 자금이나 회사가 투자하지 않을 경우에는 5점

(Y2) 마케팅력과 (Y3) 제조력은 [도표 2-28]에서 보는 바와 같이 정성적인 판단 하에 만점과 0점의 범위 내에서 평가 점수를 부여한다.

[도표 2-28] 마케팅력 및 제조력의 평가 기준

(Y2) 마케팅력(현재의 마케팅력과의 적합성) - 기존의 마케팅력으로 시장개척이 가능하면 10점 - 새로운 판매망을 개척하고 경영팀도 새로 확보하여 교육시켜야 하면 0점 (Y3) 제조력 (현재의 시설/인력/노하우와의 적합성) - 기존의 제조력을 그대로 사용 가능하면 10점 *특히 PLC가 짧은 경우 - 전혀 없는 경우에는 0점 - 서비스 업종의 경우에는 경영 노하우, 경영 거점, 인재 적합성 등이 중요

(Y4) 기술력과 (Y5) 원자재 조달력도 역시 [도표 2-29]에서 보는 바와 같이 정성적인 판단 하에 만점과 0점의 범위 내에서 평가 점수를 부여한다.

[도표 2-29] 기술력 및 원자재 조달력의 평가 기준

(Y4) 기술력 (현재의 기술/서비스 기획력과의 적합성)
- 신제품을 개발하고, 그것을 고객 니즈에 따라 다양화하고 개선할 수 있는 능력
- 새로운 기획과 서비스를 제공할 수 있는 기획력 및 지속력

(Y5) 원재료 조달력 (원자재/부품/제품 조달력, 서비스업의 경우 정보 입수력)
- 필요한 양질의 원자재/부품을 싼 가격에 충분히 확보할 수 있는가를 평가
- 서비스업의 경우 고객정보, 신용정보를 확보할 수 있는가를 평가

(Y6) 매니지먼트 지원은 [도표 2-30]에서 보는 바와 같이 경영자의 충분한 지원 여부에 따라 5점과 0점의 범위 내에서 평가 점수를 부여하고, 사업추진자의 유무에 따라 역시 5점과 0점의 범위 내에서 평가 점수를 부여하여 합계를 낸다. 사업추진자에 대한 평가의 경우 4점 이하면 사업추진이 곤란하다고 했으므로, 결국 신규사업은 겸직시키지 말고 전담해야 한다는 것을 알 수 있다.

[도표 2-30] 매니지먼트 지원의 평가 기준

(Y6) 매니지먼트 지원(사업에 대한 경영자의 충분한 지원)
① 경영자의 충분한 지원 (5점)
- 회사 비전과 사업영역에 부합하며, 경영자가 필요 자원/인력 등을 지원
② 강력한 사업 추진자의 유무 (5점)
- 사업을 추진할 전담 인재가 있으면 5점
- 강력한 인재라도 겸업을 하면 4점 이하 *4점 이하면 사업추진이 곤란

2.7 사업화 성공확률

지금까지 살펴본 매력도와 적합성의 평가기준에 따라, 12개 항목을 평가한 후에 이를 전부 합하면, BMO 평가에 의한 사업성(매력도+적합성)의 평가 점수를 도출해낼 수 있을 것이다.

BMO 평가에 의한 사업성 점수에 따라 해당 사업 아이템의 성공확률을 추정해볼 수 있는데, [도표 2-31]은 사업성 평가 점수와 성공확률의 관계를 곡선으

로 나타내었다. 이 곡선에서 보는 바와 같이 사업성 평가점수가 80점 이상인 경우에 사업화를 추진하는 것이 바람직하다.

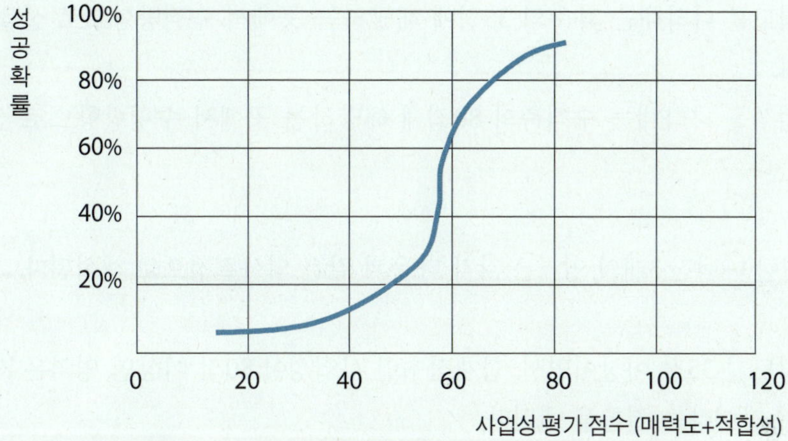

[도표 2-31] 사업성 평가 점수에 따른 사업화 성공확률

2.8 사업화 추진 결정

우선 해당 사업의 매력도가 35점 이상인 경우에 사업화 추진을 긍정적으로 검토하되, 사업성(매력도+적합성)이 80점 이상인 경우에 한해 사업화를 추진하는 것으로 결정한다. 미국기업의 경우 이와 같은 조건에서의 사업화 성공률은 대략 80% 정도의 수준이라고 한다.

이와 같은 사업화 추진 결정을 도표로서 나타내는 방법이 있는데, 이는 [도표 2-32]에 나타나 있는 바와 같이 다이아몬드 형의 차트를 구성하는 것이다.

이 다이아몬드 차트는 모두 3개의 축으로 구성되어 있는데, 매력도를 나타내는 좌축과 적합성을 나타내는 우축 및 합계점수인 사업성을 나타내는 수직축 등이다. 매력도를 나타내는 좌축은 0점부터 60점까지 표시되어 있고, 적합성을 나타내는 우축도 역시 0점부터 60점까지 표시되어 있으며, 합계점수인 사업성을 나타내는 수직축은 0점부터 120점까지 표시되어 있다.

이처럼 구성된 다이아몬드 모양의 도형은 다음과 같은 기준에 의해 3개의 영역으로 나누어지게 된다.

- 매력도를 나타내는 좌축의 35점에 해당하는 곳에서 수직방향으로 선을 긋는다.
- 사업성을 나타내는 수직축의 80점에 해당하는 곳에서 수평방향으로 선을 긋는다.

이처럼 나눠진 3개의 영역은 각각 다음과 같은 의사결정으로 해석된다.

- 매력도가 35점 이상이면서, 합계점수인 사업성이 80점 이상인 영역은 '사업화 추진'이라는 결론을 내린다.
- 매력도가 35점 이상이지만, 합계점수인 사업성이 80점 미만인 영역은 '조건부 추진 또는 재검토'라는 결론을 내린다.
- 매력도가 35점 미만인 영역은 '사업화 추진하지 않음'이라는 결론을 내린다.

이 중에서 '조건부 추진 또는 재검토'의 영역은 매력도는 있지만 적합성이 부족하다는 뜻인데, 이는 해당 기업의 노력에 따라 적합성을 올릴 수 있는 가능성이 있기 때문에 사업화 추진을 포기하지 말라는 뜻이기도 하다.

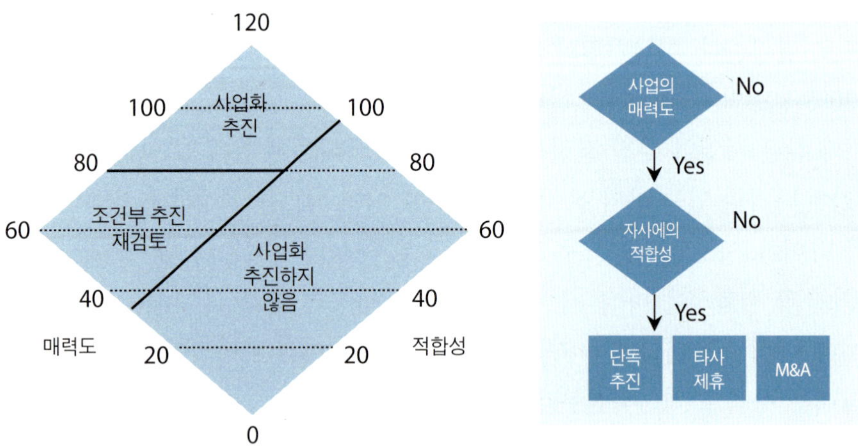

[도표 2-32] 사업화 추진결정을 위한 다이아몬드 차트

반대로 매력도가 35점 미만인 사업은 적합성이 매우 높아서 합계점수인 사업성이 80점 이상이 되더라도 사업화를 추진하지 않는 것이 좋다는 뜻이 된다. 즉, 사업 아이템에 대해 적합성보다는 매력도가 훨씬 중요한 요소임을 나타내고 있다.

실습2-1 ABC사의 White LED 사업 (BMO법 실습)

ABC사의 연구소에서는 2016년 말 3년간의 개발 끝에 White LED의 개발을 완료하였다. 홍길동 수석과 5명의 연구진이 38억 원을 들여 개발한 이 White LED의 사업화를 추진하기 위해 우선 사업성을 평가해보기로 하였다.
White LED는 광원으로서 다음 같은 3가지의 용도가 있다.

1) LCD용 Back Light의 CCFL을 대체할 수도 있고,
2) 플래시의 전구로도 사용할 수 있으며,
3) 또한 일반 조명기기로도 사용이 가능한 성능까지 구현되었다.

White LED는 ABC사의 새로운 전자부품 사업으로 커다란 기대를 모으고 있는 바, White LED를 BMO법에 의해 평가해보고, 그 결과에 따라 이 사업을 추진할 지, 보류할 지를 결정해야 하는 상황이다.

BMO법 평가에 있어 White LED 사업의 매력도와 관련한 조사 내용은 다음과 같다.
LCD용 Back Light 시장은 2017년에 2,500억 원 규모로서 매년 20%의 고성장이 기대되며, 플래시용 전구 시장은 2017년에 5,000억 원 규모이나 연평균 시장성장률은 5%로서 비교적 안정적이다. 한편, 일반 조명기기로는 아직 원가경쟁력이 확보되지 않아 추가적인 개발이 필요하며, 실제 상용화까지는 5년 이상이 더 소요될 전망이다.
따라서, 우선 LCD용 Back Light와 플래시용 전구를 대상으로 사업을 전개하기로 하였는데, 이를 위해서는 총 250억 원의 투자가 소요된다. 이 투자금액은 사업부에서 투자심의를 거쳐 조달하기로 하였다.
현재로서는 이 사업에 대한 투자수익률(ROI)을 정확히 파악하기가 어렵지만, 광원 사업과 관련된 기존 업체들의 ROI 실적을 조사해본 결과 평균 17% 수준인 것으로 파악되었다.
선발업체인 PQR사는 최근에 시장에 진입하였으며, 그 외에 XYZ사도 1년 후에는 이 시장에 추가로 진입할 전망이다.
이 제품의 PLC(Product Life Cycle)는 7년 정도로 예상되며, 기본 특허는 2013년에 만료되었고, ABC사가 보유한 개량특허는 경쟁사가 보유한 관련 특허와 Cross License할 수 있을 정도의 수준이다.
현재의 LCD용 Back Light에 사용되는 CCFL이나 플래시용 전구에 비해 White LED는 수명이 반영구적이라는 측면에서 LCD 업체나 플래시 업체와 같은 세트 업체들에 혁신적인 부품으로 받아들여질 것으로 기대되며, B2B 형태의 사업이 될 것이다.
특히 LCD용 Back Light의 경우, 기존의 CCFL이 환경오염 물질인 수은을 함유하고 있어서,

선진국에서는 환경보호를 위한 법적규제의 움직임이 있으며, 이는 점차 세계적으로 확산될 것으로 전망된다. 이러한 법적규제는 2016년경부터 가시화될 것으로 예상하고 있다.

마찬가지로, White LED 사업의 적합성과 관련한 조사 내용은 다음과 같다.
본 사업은 기존의 마케팅 채널을 그대로 활용하여 전개할 수 있는 반면, White LED의 생산을 위해서는 기존 라인의 일부개조와 생산인력의 추가적인 보충이 필요하다.
생산에 필요한 원재료의 안정적 확보를 위해서는 기존 거래선 외에, 2~3개의 업체를 확보할 필요가 있다.
또한, 현재의 개발팀은 그대로 유지하여, White LED 제품의 새로운 Application 개발은 물론, 기존제품도 지속적으로 보완개발하기로 하였다.
경영진은 White LED 사업이 ABC사의 고부가가치 업체로의 변신에 크게 기여할 것으로 판단하여 전폭적인 지원을 해주기기 했다.
이를 위해 해당 사업부에 이사급을 팀장으로 20명 규모의 신규 사업팀을 구성하여 본격적인 사업화를 추진할 계획이다.

(실습1) 매력도 및 적합성 평가
먼저 White LED 사업에 대해 위에 나타나 있는 매력도 관련 조사 내용을 바탕으로 [도표 2-21] ~ [도표 2-26]에 나타나있는 평가 기준에 따라, 6개 항목에 대해 10점 만점으로 평가한다.
또한, 적합성과 관련한 조사 내용을 바탕으로 [도표 2-27] ~ [도표 2-30]에 나타나 있는 평가 기준에 따라, 6개 항목에 대해 10점 만점으로 평가한다.
매력도와 적합성의 총 12개 항목별 평가기준에 따라, White LED 사업에 대한 분석 내용을 각 항목별로 10점 만점으로 평가하여 보자.
매력도 6개 항목과 적합성 6개 항목 등 총 12개 항목에 대한 평가가 완료되면, 평가점수를 다음에 나와 있는 [도표 2-33]의 빈칸에 기입한다.

[도표 2-33] BMO법 실습 템플레이트 1 (매력도/적합성)

X. 사업의 매력도		Y. 자사와의 적합성	
X1 시장규모		Y1 자금력	
X2 성장성		Y2 마케팅력	
X3 경쟁력		Y3 제조력	
X4 리스크 분산		Y4 기술력	
X5 업계의 재구축		Y5 원재료 조달력	
X6 사회적 우위성		Y6 매니지먼트 지원	

위 템플레이트 빈칸에 기입될 각 항목별 평가 점수는 정답이 없음을 명심해야 한다. 결국 평가는 사람이 하는 것이므로, 평가자의 주관에 따라 어느 정도의 차이는 있을 것이다. 단지, 평가를 함에 있어서 우선적으로는 BMO법의 항목별 평가 기준에 따라 점수를 부여하되, 평가 기준만으로는 명확한 점수를 부여할 수 없을 경우에 한해서 평가자의 주관적인 견해에 따라 점수를 결정해야 한다.

(실습2) 다이아몬드 차트 작성 및 의사결정

평가 결과와 사업화 추진 여부에 대한 최종 결론을 [도표 2-34]에 나와 있는 왼쪽 표의 빈칸에 기입하고, 오른쪽의 다이아몬드 차트에 해당 사업 아이템의 평가 위치를 표시한다.

(BMO 평가결과)

- White LED 사업성 : _____점
  - · 사업의 매력도 : _____점
  - · 자사와의 적합성 : _____점
- 사업성공 확률 : ______
- 최종 결론 : ________________

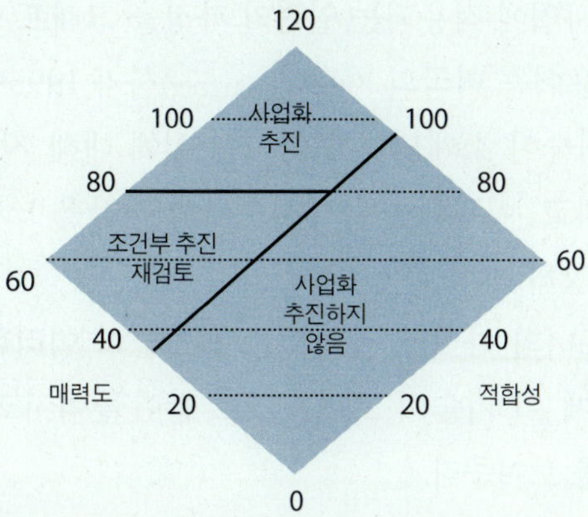

[도표 2-34] BMO법 실습 템플레이트 2 (다이아몬드 차트)

3. 신기술의 하이프 사이클

R&D 활동을 통해 확보한 신기술은 해당 기업으로 하여금 많은 기대를 하게 하는데, 이 기술이 과연 어느 정도의 가치가 있는 것인지 살펴보고 평가할 필요가 있다. 또한, 이 기술이 언제쯤 사업화가 가능하게 될 것인지 역시 기업의 관심사항이 아닐 수 없을 것이다. 신기술이 지니고 있는 특성, 즉 하이프 사이클(Hype Cycle)에 대해 살펴보기로 하자. 우선 Hype라는 단어는 일반적인 광고에서와 같이 과대/과장/허위 등의 뜻을 담고 있는데, 기업들이 신기술에 대해 실제보다 과도한 기대를 하게 된다는 의미이다.

3.1 하이프 사이클이란?

하이프 사이클은 특정 기술이 완성되고, 사업주체에 의해 채택이 되며, 더 나아가 사업에 적용되는 일련의 과정을 그래프 형태로 나타낸 것이다.

이 용어는 미국의 가트너(Gartner)사가 1995년부터 사용해온 것으로서,

신기술이 소개되면 초기에는 이에 대해 지나친 열광, 즉 하이프하는 현상이 발생하고, 이후에는 상대적으로 실망감을 느끼는 현상이 전형적으로 발생한다고 주장하였다.

가트너의 하이프 사이클은 신기술이 이러한 하이프 현상을 극복한 후, 어떻게/언제 이 기술이 보편적으로 받아들여지고 또한 실질적인 이익을 가져다주는지를 보여준다.

연구소에 의해 신기술이 소개되면 기업은 이 신기술이 바로 사업화가 되어 이익을 가져다줄 것으로 기대하겠지만, 가트너의 조사/분석에 의하면 신기술이 소개되더라도 이것이 보편화될 때까지는 통상적으로 5~8년이 소요된다고 한다. 심지어 어떤 기술은 보편화될 때까지 10~20년이 걸리는 경우도 있다.

가트너의 하이프 사이클은 홈페이지(www.gartner.com)의 Research > Research

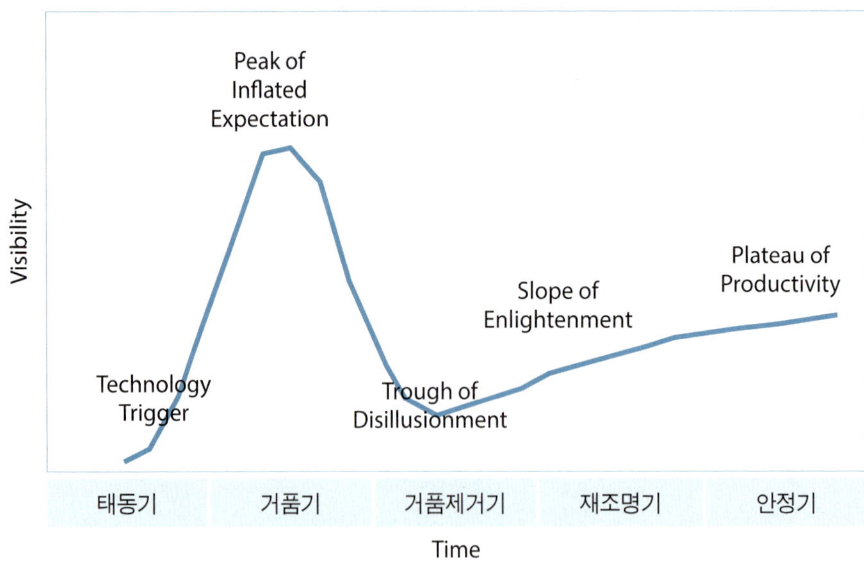

[도표 2-35] 하이프 사이클의 기본적인 형태

Methodologies > Gartner Hype Cycle 메뉴를 통해 상세한 내용을 확인해볼 수 있다.

하이프 사이클의 기본적인 형태는 [도표 2-35]와 같으며, 이는 신기술이 5가지의 단계를 거치는 사이클에 따라 변화하는 모습을 보여준다.

3.2 하이프 사이클의 5가지 단계

하이프 사이클은 [도표 2-35]에서 보는 바와 같이 5가지의 단계로 나눠지는데, 각 단계별 특징은 다음과 같다.

[1단계] 태동기 (Technology Trigger)

기술 촉발로, 잠재적 기술이 관심을 받기 시작하는 시기이다. 초기 단계의 개념적 모델과 미디어의 관심이 대중의 관심을 불러일으킨다. 상용화된 제품은 없고 사업적 가치도 아직 증명되지 않은 상태이다.

[2단계] 거품기 (Peak of Inflated Expectation)

부풀려진 기대의 정점으로, 초기의 대중성이 일부의 성공적 사례와 다수의 실패 사례를 양산해낸다. 일부 기업이 사업에 실제 착수하지만, 대부분의 기업은 관망한다.

[3단계] 거품제거기 (Through of Disillusionment)

환멸 단계로, 실험 및 구현이 결과물을 내놓는 데 실패함에 따라 관심이 시들해진다. 제품화를 시도한 주체들은 포기하거나 실패한다. 살아남은 사업주체들이 소비자들을 만족시킬만한 제품의 향상에 성공한 경우에만 투자가 지속된다.

[4단계] 재조명기 (Slope of Enlightenment)

계몽 단계로, 기술의 수익 모델을 보여주는 좋은 사례들이 늘어나고 더 잘 이해되기 시작한다. 2~3세대 제품들이 출시되면서 더 많은 기업들이 사업에 투자

하기 시작한다. 보수적인 기업들은 여전히 유보적인 입장을 취한다.

[5단계] 안정기 (Plateau of Productivity)

생산성 안정 단계로, 기술이 시장의 주류로 자리 잡기 시작한다. 사업자의 생존 가능성을 평가하는 기준이 명확해진다. 시장에서 성과를 거두기 시작한다.

하이프 사이클의 상세 단계는 [도표 2-36]과 같다.

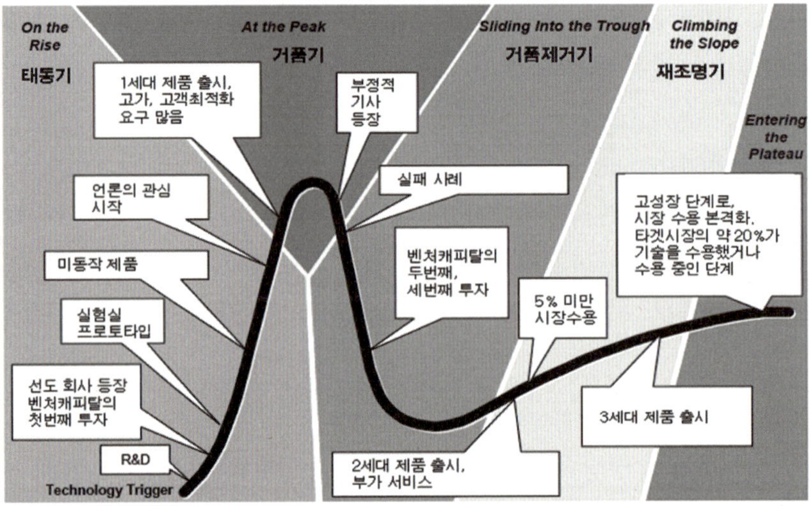

[도표 2-36] 하이프 사이클의 상세 단계

3.3 하이프 사이클의 종류

가트너는 매년 7월경에 여러 산업/기술 분야별로 올해의 하이프 사이클을 발표하는데, 최근에 발표한 내용을 보면 그 분야는 약 110개에 이른다. 각 분야별 하이프 사이클 자료는 해당 분야의 하이프 사이클 도표와 여기에 등장하는 신기술들에 대한 평가내역이 담긴 보고서 한 부로 구성되어 있으며, 이는 유료(약 2천달러)로 제공된다.

가트너가 제공하는 산업/기술 분야 110개는 [도표 2-37]과 같다.

Advertising
Analytic Applications
Application Architecture
Application Development
Application Infrastructure
Application Security
Application Services
Automotive Electronics
Automotive Demand & Supply Chain Tech.
Bank Operations Innovation
Big Data
Broadcasting and Entertainment
Business Continuity Management & IT Disaster Recovery Management
Business Intelligence and Analytics
Business Process Management
Business Process Services & Outsourcing
Cloud Computing
Cloud Security
Cloud Services Brokerage
Communications SP Infrastructure
Communications Service Provider Operations
Consumer Devices
Consumer Goods
Consumer Market Research, 2013
Consumer Services and Mobile Applications
Consumer Technologies
Contact Center Infrastructure
Content and Social Analytics
Content Management
CRM Customer Service and Support
CRM Marketing Applications
CRM Sales
Data and Collaboration Security
Data Center Power and Cooling Technologies
Digital Banking
Digital Marketing
Discrete Manufacturing and PLM
E-Commerce
Education
Embedded Software and Systems
Emerging Energy Technologies
Emerging Technologies
Enterprise Architecture
Enterprise Information Management
Enterprise Resource Planning (ERP)
Financial Services Payment Systems
Future of Money
Governance, Risk & Compliance Technologies
Green IT
Green IT and Sustainability in China
Green IT and Sustainability in India
Healthcare Payers
Healthcare Provider Application/Analytic/System
Healthcare Provider Technologies & Standards
Human Capital Management Software
Human-Computer Interaction
ICT in Africa / ICT in China / ICT in India
Identity & Access Management Technologies
Imaging and Print Services
Information Infrastructure
Infrastructure Protection
In-Memory Computing Technology
Internet of Thing
IT Infrastructure and Outsourcing Services
IT Operations Management
Legal & Regulatory Information Governance
Life Insurance
Life Sciences
Master Data Management
Media and Entertainment
Media Industry Publishing
Mobile Device Technologies
Multi-enterprise Solutions
Networking and Communications
Open Banking
Open-Source Software
Operational Technology
P&C Insurance
Performance Management
Platform as a Service (PaaS)
Privacy
Process Manufacturing and PLM
Procurement
Real-Time Infrastructure
Regulations and Related Standards
Retail Technologies
Semiconductors & Electronics Technologies
Server Technologies
Smart City Technologies and Solutions
Smart Government
Smart Grid Technologies
Social Software
Software as a Service
Solar Energy
Storage Technologies
Strategic Business Capabilities
Supply Chain Execution
Sustainability
Telecommunications Industry
Telemedicine
Transportation
Unified Communications and Collaboration
Utility Industry IT and Business Processes
Utility Industry Operational Technologies
Vehicle-Centric ICT
Virtualization
Web Computing
Wireless Devices, Software and Services
Wireless Networking Infrastructure

[도표 2-37] 하이프 사이클의 110개 분야 목록

3.4 분야별 하이프 사이클

가트너의 110개 분야에 대해 하이프 사이클을 전부 다 살펴볼 수는 없겠지만, 몇 개 분야의 하이프 사이클에 대해 살펴보기로 한다.

[도표 2-38]에 미디어/엔터테인먼트 분야의 2013년 하이프 사이클이 나와 있다. 하이프 사이클 그래프 상에 이 분야와 관련된 여러 기술들의 위치가 표시되어있고, 또한 기호로 표시된 심볼이 나타나있다.

여기에서 기호는 해당 기술이 안정기(Plateau)에 도달할 때까지 걸리는 시간을 나타내는데, 그 의미는 다음과 같다.

○ 2년 이내

● 2~5년

● 5~10년

▲ 10년 이상

ⓧ 안정기에 도달하지 못하고 소멸

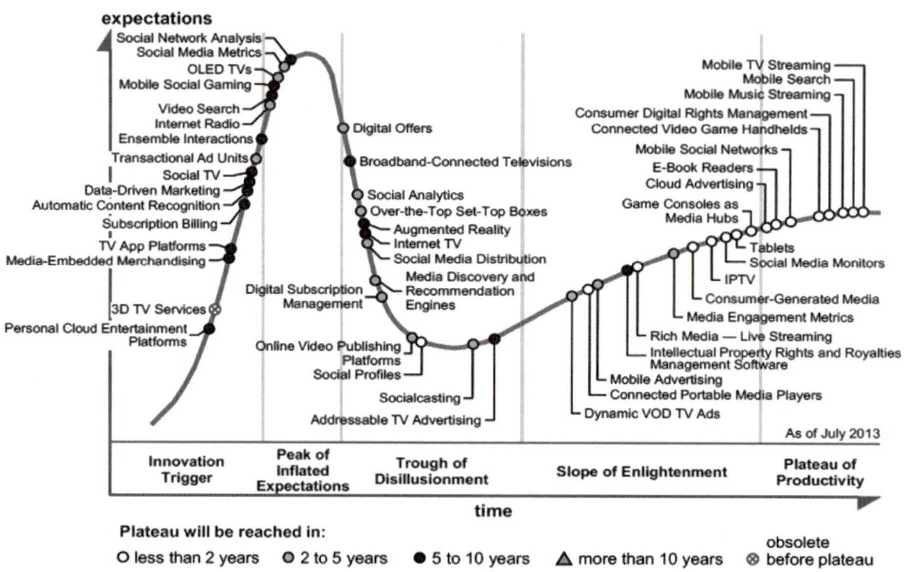

[도표 2-38] 미디어/엔터테인먼트의 하이프 사이클 (2013년)

기업의 기술경영자 관점에서는 태동기~거품기에 있는 기술들에 특히 유념할 필요가 있다. 즉, 기대치가 올라가는 기술들에 대해 과도한 기술인력 확보나 투자가 수반될 가능성이 많다는 점이다. 이는 거품기~거품제거기에 기대치가 내려가면서 해당 기술인력과 투자를 줄이려 하게 되는데, 이는 그리 수월하지가 않을 것이며 또한 일부 부작용을 낳기도 한다. 따라서 기술경영자들은 태동기~거품기의 기술에 어느 정도 투자할 것인가에 대해 매우 신중한 검토를 해야 할 것이다.

기술경영자가 유념해야할 또 하나는 해당 기술이 안정기에 접어드는 시점까지는 지속적으로 R&D 투자를 해야 한다는 점이다. 즉, 해당 기술이 안정기(Plateau)에 도달할 때까지는 기술개발이 지속되어야 하며, 그에 따른 기술사업화의 성과는 이후에 기대해야한다는 점이다. 경우에 따라서는 안정기에 도달하는 시점이 '▲ 10년 이상'인 경우의 기술은 일반적인 기업 입장에서는 투자하기가 곤란하다고 판단할 수도 있을 것이다.

[도표 2-39]에는 3D 프린팅 분야에 대한 하이프 사이클이 나와 있는데, 예전에는 신흥 기술(Emerging Technology) 분야의 한 가지 기술이었으나, 이 기술이 점차 확대됨에 따라 별도의 분야로 독립하게 되었다.

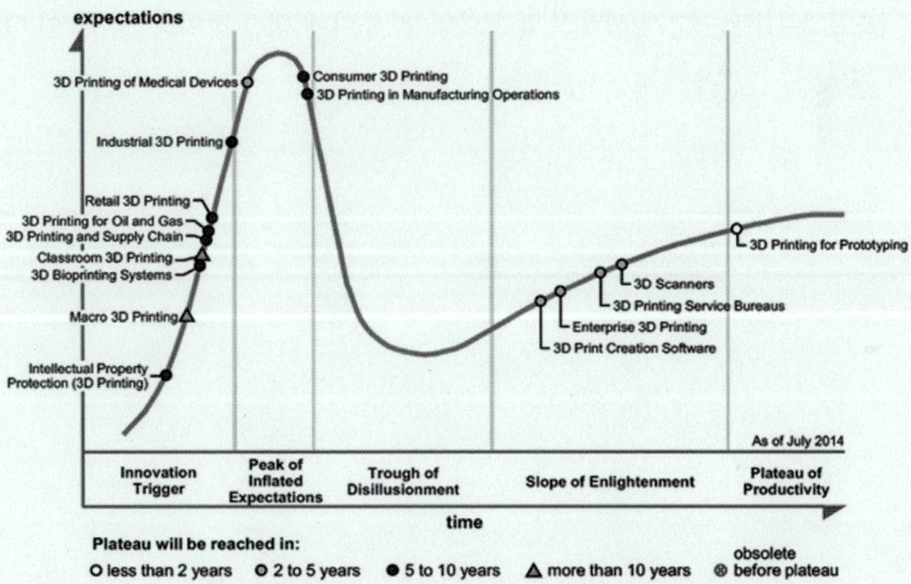

[도표 2-39] 3D 프린팅의 하이프 사이클 (2014년)

[도표 2-40]에는 반도체 및 전자 분야에 대한 하이프 사이클이 나와 있다.

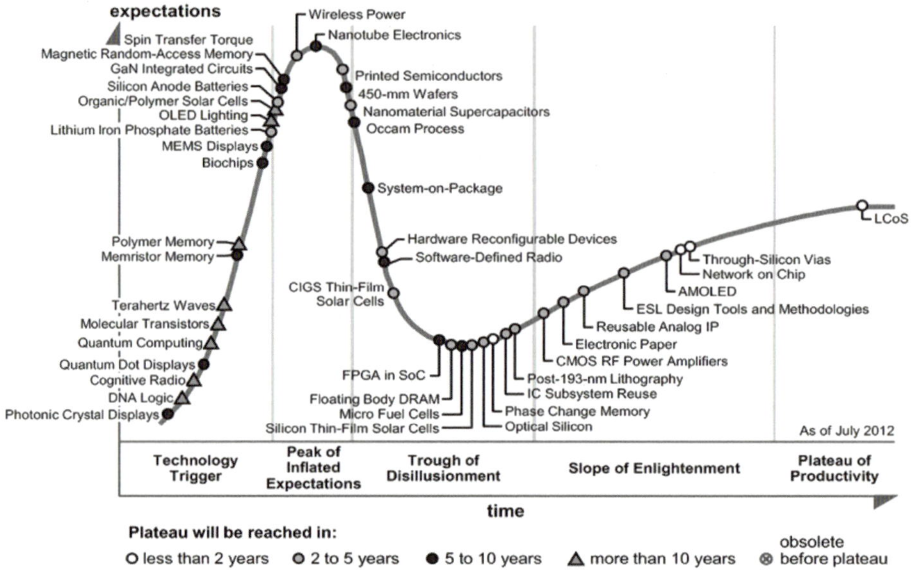

[도표 2-40] 반도체 및 전자의 하이프 사이클 (2012년)

[도표 2-41]에는 고객 서비스 및 모바일 앱 분야에 대한 하이프 사이클이 나와 있다.

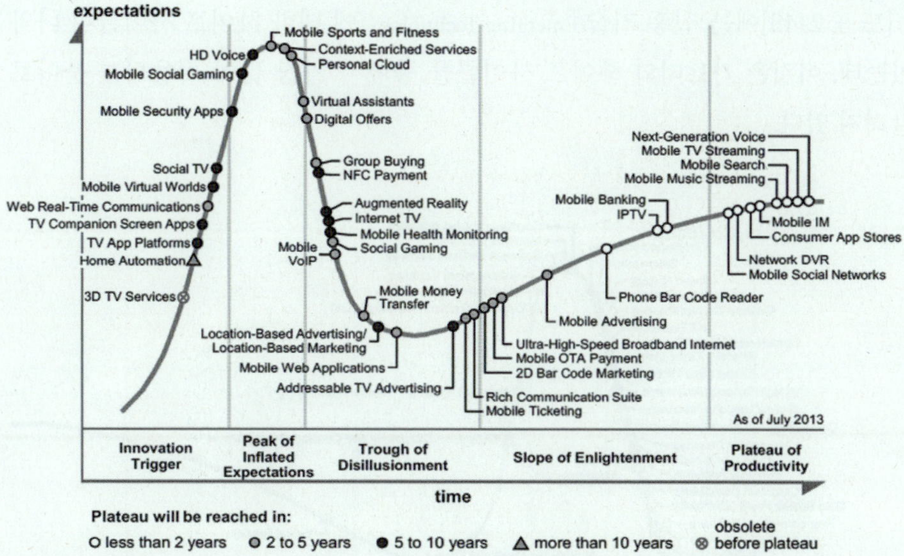

[도표 2-41] 고객 서비스 및 모바일 앱의 하이프 사이클 (2013년)

[도표 2-42]에는 소셜 S/W 분야에 대한 하이프 사이클이 나와 있다.

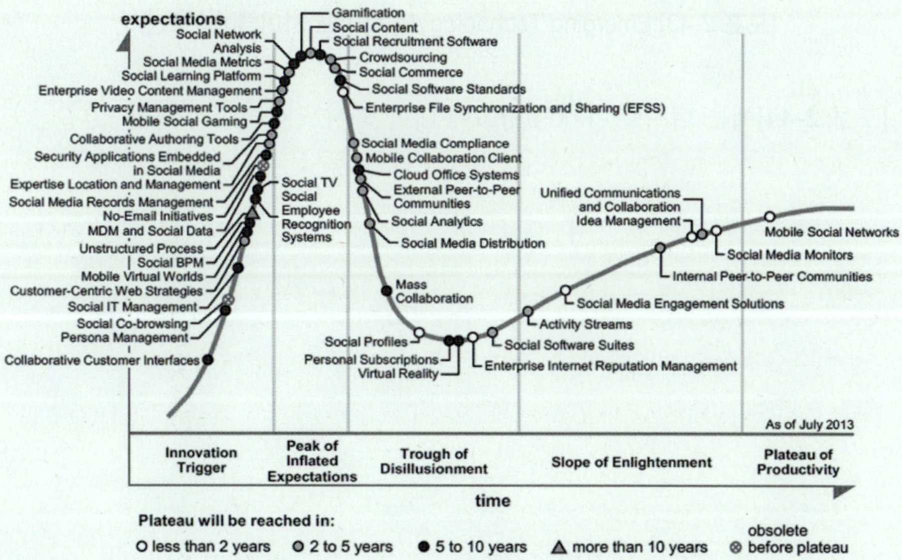

[도표 2-42] 소셜 S/W의 하이프 사이클 (2013년)

[도표 2-43]에는 신흥 기술(Emerging Technology)에 대한 하이프 사이클이 나와 있는데, 이것은 가트너의 하이프 사이클들 중에서 가장 많이 활용되는 분야로 알려져 있다.

[도표 2-43] Emerging Technology의 하이프 사이클 (2016년)

[도표 2-44]에는 디지털 마케팅/광고에 대한 하이프 사이클이 나와 있다.

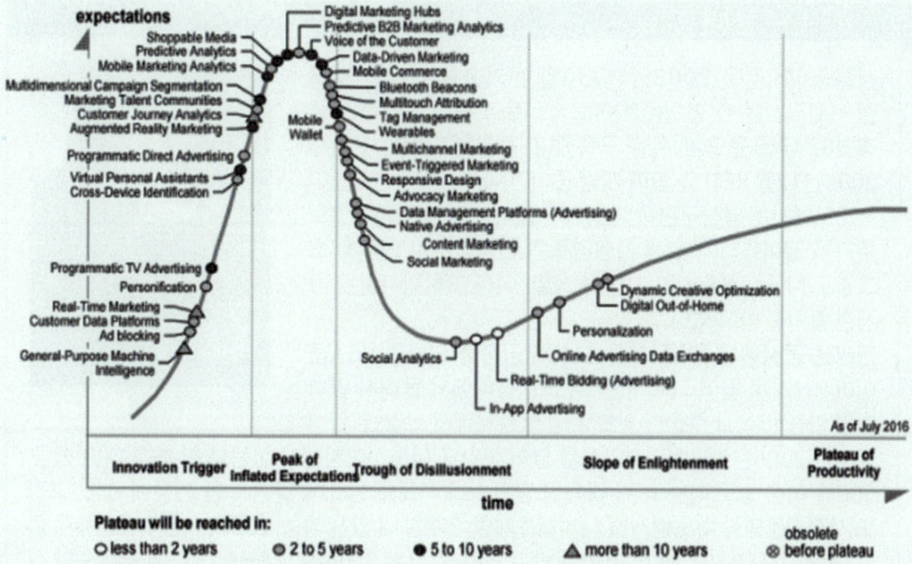

[도표 2-43] Digital Marketing & Advertizing의 하이프 사이클 (2016년)

3.5 과대/과장/허위 기술의 국내외 사례

신기술이 실체 이상으로 과대/과장되는 경우는 흔히 발생하지만, 그 정도가 심하여 허위인 경우에는 그 부작용이 매우 심각하게 나타난다.

다음의 [사례2-1]은 SMPD(Single-carrier Modulation Photo Detector)라는 기술로서 과대/과장을 넘어 허위로 판명되면서, 바이오 기술과 관련하여 커다란 물의를 일으킨 바 있는 황우석 박사 사건과 더불어 큰 부작용을 낳은 사례이다.

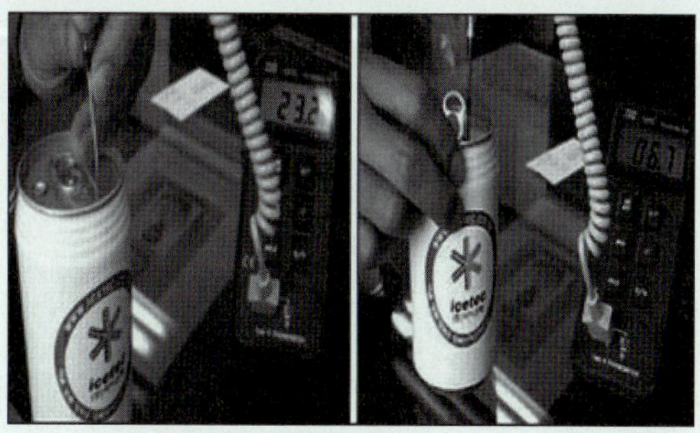

국내의 아이스텍이라는 기업이 2005년에 개발한 냉각캔은 기술로서는 성공적이었다. 캔 내부의 일부 공간에 압축된 냉매가 있어, 이를 개봉하면 냉매 가스가 빠져나가면서 캔 음료의 온도를 낮춰주게 되는 원리이다(23.2도에서 개봉

사례2-1 SMPD 기술

서울중앙지검은 2008년1월30일 신기술을 개발한 것처럼 허위공시를 한 혐의(증권거래법 위반)로 코드닥 등록사인 플래닛82 대표 윤모(48)씨를 구속했다. 검찰에 따르면 윤씨는 2004년12월 KETI 와 함께 개발 중이던 나노이미지센서칩이 저조도에서는 영상구현이 가능하지 않다는 점을 확인하고도 주가를 끌어올리기 위해 금융감독원 전자공지시스템에 '초고감도 나노CMOS 이미지센서 개발' 이라고 허위사실을 공시한 혐의를 받고 있다.

윤씨는 공시에서 "기존 표준 CMOS 공정을 이용한 VGA급 이미지센서로 빛이 거의 없는 저조도 상태에서 플래시 없이 촬영 가능하다"고 주장한 것으로 검찰 수사에서 드러났다.

윤씨는 2006년9월에도 시연회를 열어 고감도 나노이미지센서 상용화 칩 최초 개발 성공, 500배 이상 감도'라는 허위 내용을 담은 보도자료를 발표해 일간지 등 언론매체에 "고감도 사진 · 동영상 나노센서칩 세계최초개발, 3개월 내 양산 가능, 2007년 본격 양산체제 돌입" 등의 기사가 실리게 한 혐의도 받고 있다. 검찰은 이 이미지 센서칩이 다른 제품보다 성능이 좋지 않은데도 시연회에서 다른 카메라들에만 적외선 차단 필터를 장착해 상대적으로 자사제품이 우수한 것처럼 보이도록 속임수를 썼다고 설명했다. 윤씨는 이를 통해 플래닛82 주가를 주당 1,650원에서 46,950원까지 끌어올려 2005년11월부터 2006년4월까지 22명의 차명으로 보유하고 있던 주식을 팔아 358억 원 상당의 부당이득을 챙겼다고 검찰은 덧붙였다.

후 6.7도로 떨어짐).

오늘날 맥주/커피/청량음료 등과 같은 많은 캔 음료가 사용되고 있는데, 이는 병 음료에 비해 가볍고 안전하며 캔의 재활용성도 높아 자판기 등에도 널리 활용되고 있다. 냉각캔 기술은 분명히 고객의 가치를 혁신하는 것으로서 많은 주목을 받았다.

그러나, 냉각캔은 기술적 성공에도 불구하고 사업화에는 실패하였다. 제품의 원가가 너무 높아서 고객 입장에서는 구매하기가 어려운 수준이라는 것이 결정적인 요인이었다. 고객의 구매로 이어지기 위해서는 가치도 중요하지만 가격도 중요하다는 평범한 진리를 깨닫게 해주는 사례이다.

세계적으로 200여명의 과학기술자들이 개발에 매달리는 기술 중의 하나가 무한동력모터이다. 이것은 자연법칙에 위배되어 실현이 불가능하다고 여겨짐에도 불구하고, 만약 개발이 된다면 그 파급효과가 워낙 무궁무진하기 때문에 많은 사람이 무모한 도전을 하고 있는 것이다. 만약 이 기술이 개발에 성공한다면 인류의 에너지 문제를 영원히 해결해주는 엄청난 결과가 될 것이다.

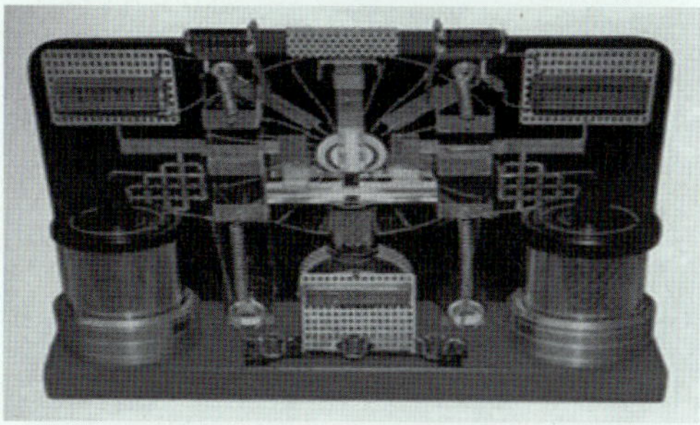

연구와 개발의 차이점을 살펴보면, 연구는 과학적 이론을 정립하는 것이고 개발은 기술적 구현을 추구하는 것이다. 무한동력모터는 과학적 이론으로는 설명할 수 없는 것을 그저 기술적으로 구현해보겠다는 것에 지나지 않는다. 따라서 개발은 반드시 연구의 토대 위에서 진행되는 것이 바람직할 것이다.

에너지 관련 기술은 다른 분야보다도 유독 허위인 경우가 많다. [사례2-2]도 그중의 하나인데, 2011년에 물이 불로 변하는 기술을 세계 최초로 상용화하였다는 ㈜에너지마스터의 발표는 결국 허위 기술로 판명되었다. 이 기술 역시 에너지 보존의 법칙에 위배되기 때문에 100%가 넘는 448%의 에너지 효율이라는 것은 구현이 불가능한 것이었다. 그럼에도 불구하고 수백억 원이 넘는 투자자금이 이 기업에 몰려들었다. 그러나 결국 이 기술은 허위에 의한 사기임이 드러나면서 비극적 결말을 낳고 말았다.

사례2-2 에너지마스타

㈜에너지마스타(회장 조길제)라는 중소기업에서 에너지 효율 448%를 내는 수소보일러/수소자동차를 개발했다며 전국을 상대로 대리점을 모집하고 있다.

'수소보일러로 355L의 물을 30분 동안 가열했더니 24.4℃의 물이 45.2℃로 올라 열효율이 448%가 되고, 입력전기에너지 1,650Kcal로 수소/산소 혼합가스를 발생시켜 연소시켜 나온 출력에너지가 7,396Kcal'라는 자신들의 근거를 바탕으로 '물이 불로 변화는 기술을 세계 최초로 상용화했다'고 밝혔다. 하지만 이 말은 '에너지 보존 법칙' 때문에 사실이 될 수 없다.

170억 원 정도가 ㈜에너지마스타에 입금되고 별도의 거액투자자를 모집하고 있는 것으로 알려졌으나, 2011년 8월 25일 창원지방법원 제4형사부는 ㈜에너지마스타 대표 조모 씨에게 징역 6년(배상금 10억 원)의 중형을 선고했다.

이 기술 역시 과학적 이론에 위배된다는 점을 인식했다면, 이와 같은 소동은 초기부터 막을 수 있었을 것이다.

국외의 사례를 몇 가지 살펴보도록 하자. [사례2-3]은 일본에서 발생한 허위 기술에 관한 것으로 일본판 황우석 사건이라고도 불린다. 미국 사이언스 지와 더불어 세계 최고의 과학저널인 영국 네이처 지에까지 실린 STAP 세포 기술은 바이오 분야의 엄청난 난제를 너무도 간단하게 해결하였다는 점에서 각광을 받았다. 또한, 이 기술을 개발한 사람이 경력도 일천한 젊은 여성 연구원이어서 더욱 주목을 받게 되었다.

과학기술자들은 흔히 첨단(Cutting Edge)에서 활동을 하기 때문에, 이들의 기술적 허위는 쉽게 드러나지 않는 경향이 있다. 그러나 시간이 흐르고 많은 검증을 거치면서 결국은 허위 사실이 드러나게 되고, 그에 따른 부작용은 감당하기 어려운 수준이라는 점을 명심해야할 것이다. 과학기술자에게도 윤리의식이 필

사례2-3 STAP 만능 세포

2014.1월 30세의 일본 여성 과학자 오보카타 하루코가 개발한 만능 세포 'STAP(Stimulus Triggered Acquisition of Pluripotency, 자극야기 다능성 획득) 세포' 논문이 세계적인 과학저널 '네이처'에 게재됐다. 연구팀은 쥐의 비장에서 채취한 백혈구의 일종인 림프구를 약산성 용액에 30분 정도 담갔다가 배양하면 수일 후에 만능세포가 만들어진다고 설명했다.

그러나, 일본 이화학연구소는 이후 기자회견을 열고 혁신적인 만능세포로 평가받는 '자극야기 다능성 획득(STAP)세포' 논란에 관한 중간 조사결과를 발표하면서 STAP세포 관련 논문을 사실상 철회한다고 밝혔다.

세계 과학계를 흥분하게 했던 혁신적인 연구성과가 불과 두 달도 안돼 희대의 사기극으로 막을 내렸다. 일본판 '황우석 사건' 등으로 불린 이번 일로 인해 일본 과학계도 큰 타격을 받게 됐다.

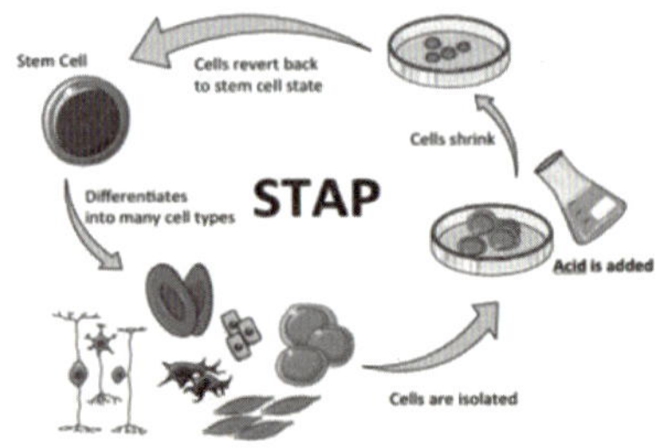

요하다는 목소리가 높아가고 있다.

또 다른 국외 사례 중의 하나는 [사례2-4]에서 보는 바와 같이 2016년 미국에서 발생한 혈액검사기 테라노스 기술이다.

여자 저커버그라고 불리는 엘리자베스 홈즈는 혈액 몇 방울로 70여 가지의 질병을 진단할 수 있는 테라노스 기술을 개발했다고 발표하면서 큰 주목을 받았고, 이 기업의 가치는 4백만 달러에서 90억 달러로 치솟게 된다.

이를 의심한 언론과 당국에 의해 테라노스는 허위 기술로 판명되면서 이 기업과 젊은 CEO는 함께 나락으로 떨어지고 말았다.

사례2-4 혈액검사기 테라노스

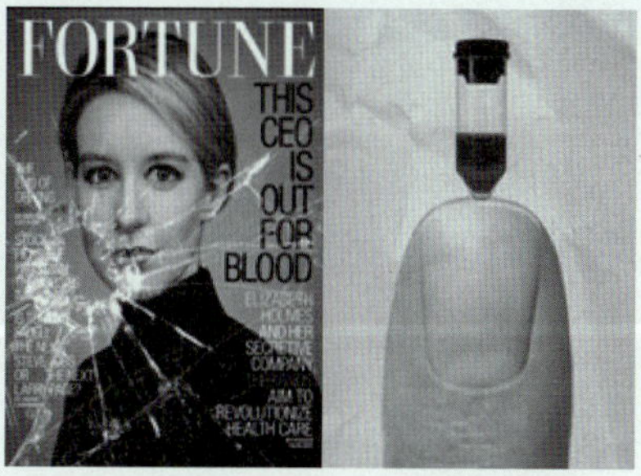

혈액진단 테라노스는 실리콘밸리에서 가장 주목받던 스타트업이었다. 알약 크기의 채혈 용기만 있으면 혈액 몇 방울로 70여가지 질병을 진단한다는 기술은 혁신 그 자체였다.
테라노스의 기업가치는 몇 년 사이 4백만 달러에서 90억 달러로 치솟았고, 창업자 엘리자베스 홈즈는 여자 저커버그라 불리며 주목을 끌었다.

2015년10월 월스트리트 저널이 핵심기술에 의혹을 제기했고 미국 보건당국이 감사에 나섰다. 기술력이 과장됐다는 감사결과가 나오면서 당국은 2016년3월 테라노스에 연구소 면허취소 및 최고경영자 경영 중단을 통보했다.

"뚜렷한 매출도 없는 테라노스가 6억 달러(6800억 원) 순이익을 올린 임상관련 업체 퀘스트 다이그노스틱보다 기업가치가 큰 건 잘 이해가 되지 않는다. 풍부한 유동성을 바탕으로 '묻지마 투자'가 이어졌다." (이코노미스트, 2015년10월)

"왜 의학적 배경이 전혀 없는 19세 젊은이가 다른 바이오 회사가 해내지 못한 것을 해냈다고 했을 때 아무도 자세히 들여다보지 않았을까. 앞으로도 더 많은 이야기가 나오고 이야기를 믿는 사람들에게는 더 많은 충격이 생길 것이다."

연습문제

1. 다음 중에서 기술 완성도 Check의 요소로 볼 수 없는 것은?

① 목표 성능　　② 신뢰성
③ 기술개발비　　④ 원가 경쟁력

2. 기술의 완성도를 평가하는데 사용되는 두 가지 요소는 무엇인가?

(1)　　(2)

3. 다음 중에서 유용성 평가의 세부 항목으로 부적합한 것은?

① 사업화 소요자금의 규모　　② 기술의 대체 가능성
③ 사업화 소요 기간　　④ 유효한 경제적 수명

4. 다음 중에서 경쟁성 평가의 세부 항목으로 부적합한 것은?

① 대체 기술　　② 차별화
③ 유효 경제 수명　　④ 경쟁자에게 미치는 영향

5. 다음 중에서 BMO법과 관련이 없는 항목은?

① 오오에 교수　　② Bruce Merrifield
③ 사업화 추진 판단　　④ 경제성 분석

6. 다음 중에서 매력도의 평가 항목이 아닌 것은?

① 시장규모　　② 시장 성장성
③ 기술력　　④ 업계의 재구축

7. 다음 중에서 적합성의 평가 항목이 아닌 것은?

① 자금력 ② 마케팅력

③ Risk 분산 ④ 매니지먼트 지원

8. BMO법에서 사업의 매력도(60점 만점)가 몇 점 이상일 때, 사업화 추진을 검토할 수 있는가?

① 30점 이상 ② 35점 이상

③ 40점 이상 ④ 45점 이상

9. BMO법의 매력도와 적합성의 합계 점수가 얼마여야 사업화 추진이 가능한가?

10. 다음 중에서 BMO 평가 절차 상 가장 처음에 해야 할 것은?

① 매력도 평가 ② 적합성 평가

③ BMO 점수 합산 ④ 다이아몬드 차트

11. 다음과 같은 BMO평가결과 중에서 사업화를 추진해야 할 것은?

① 매력도 40, 적합성 35 ② 매력도 40, 적합성 45

③ 매력도 35, 적합성 40 ④ 매력도 30, 적합성 55

12. 다음과 같은 BMO평가결과 중에서 사업추진을 보류해야 할 것은?

① 매력도 40, 적합성 30 ② 매력도 30, 적합성 50

③ 매력도 30, 적합성 45 ④ 매력도 40, 적합성 50

13. BMO 평가 결과 매력도가 30점, 적합성이 60점으로 나왔을 경우의 의사 결정 사항은 무엇인가?

14. 사업성 평가에 사용되는 BMO법의 다이아몬드 차트를 그리고, 차트의 구성 요소들에 대해 설명하시오.

15. 신기술의 Hype Cycle에 대한 다음 설명 중에서 잘못된 것은?
① Hype Cycle이라는 용어는 미국의 SRI에서 처음 사용하였다.
② 신기술이 보편화되려면 통상적으로 5~8년은 소요된다.
③ 특정기술이 완성-채택-사업화되는 일련의 과정을 그래프 형태로 나타낸 것이다.
④ 신기술 소개의 초기단계에는 지나친 열광, 이후에는 상대적 실망 과정을 거치게 된다.

16. 다음 중에서 신기술의 Hype Cycle에 마지막에 나타나는 단계는 무엇인가?
① Trough of Disillusionment ② Plateau of Productivity
③ Technology Trigger ④ Peak of Inflated Expectation

17. 다음 중에서 신기술에 대한 부정적 반응이 나타나기 시작하는 단계는 무엇인가?
① Trough of Disillusionment ② Plateau of Productivity
③ Technology Trigger ④ Peak of Inflated Expectation

18. 신기술의 Hype Cycle에서 "신기술이 Mainstream으로 채택될 때까지 걸리는 시간"을 무엇이라고 하는가?

19. 다음 중에서 새로운 산업혁명을 촉발할 것으로 기대되는 신기술은 무엇인가?
① 4G 무선기술 ② e-Ink / Digital Paper
③ 3D 프린팅 ④ 무한동력모터

20. 다음의 신기술들 중에서 과대/과장 기술이지만 허위기술로 보기 어려운 것은?
① KETI가 개발하고 플래닛82가 사업화한 SMPD(고감도나노이미지센서) 기술
② 아이스텍이 개발한 냉각캔 기술
③ 무한동력모터 기술
④ 일본 이화학연구소가 개발한 만능세포(STAP) 기술

기술사업화 방안 3

제3장 기술사업화 방안

기술이 사업화되기 위해서는 1) 기술의 완성도, 2) 사업 주체, 3) 사업성 분석 등 3가지 요건이 충족되어야 한다고 기술한 바 있으며, 제2장에서는 이 3가지 요건 중에서 '기술의 완성도'를 평가하는 방법론에 대해서 알아보았다. 즉, 기술의 '유용성'과 '경쟁성'을 5점척도법으로 평가하는 방법, 그리고 '매력도'와 '적합성'을 평가하여 사업화 추진여부를 결정하는 BMO법에 대해 살펴보았다.

이 장에서는 이와 같이 완성된 기술로 사업화를 추진하는 전반적인 방안들에 대해 살펴보고자 하며, 구체적으로 다음 6가지 사항들을 알아보고자 한다.

첫째, 기술이 사업화되는 유형은 어떠한 것들이 있으며, 특히 기술의 사업화 시나리오를 어떻게 가져갈 것인가에 대해 알아본다.

둘째, R&D 프로젝트는 기술사업화를 전제로 하여 수행할 필요가 있는데, 이에 대한 벤치마킹으로서 선진기관인 미국 SRI의 프로젝트 NABC 제도에 대해 살펴본다.

셋째, 기술을 사업의 형태로 표시하는 방법론 중의 하나로서 사업모델(Business Model)에 대해 살펴보고, 이에 대한 성공/실패 사례들을 살펴본다.

넷째, 기술을 직접 사업화하지 않고 제3자를 통해 사업화를 추진하는 경우, 즉 기술이전 및 기술판매를 하는 경우에 대해 살펴본다.

다섯째, 기술의 사업화를 위해 공공기관의 승인 취득이나 사업자금의 확보를 위한 제출 목적으로 사업계획서를 준비해야 할 상황이 발생할 수 있는데, 이를 위해 사업계획서의 구성 및 작성 방법 등에 대해 알아본다.

여섯째, 기술의 사업화를 구체적으로 추진하는 단계, 즉 기술사업화의 4단계 프로세스에 대해 살펴보도록 한다.

1. 기술사업화의 유형

기술사업화를 전제로 한 R&D, 즉 사업개발(R&BD)에 대해 살펴보고, 기술이 사업화되는 다양한 유형들을 소개하기로 한다.

1.1 사업개발

기술사업화는 제1장에서 알아본 바와 같이 기술경영의 2대 주제 중 하나이다. 즉, [도표 3-1]에서 보는 바와 같이 기술개발을 통해 확보한 기술자산을 사

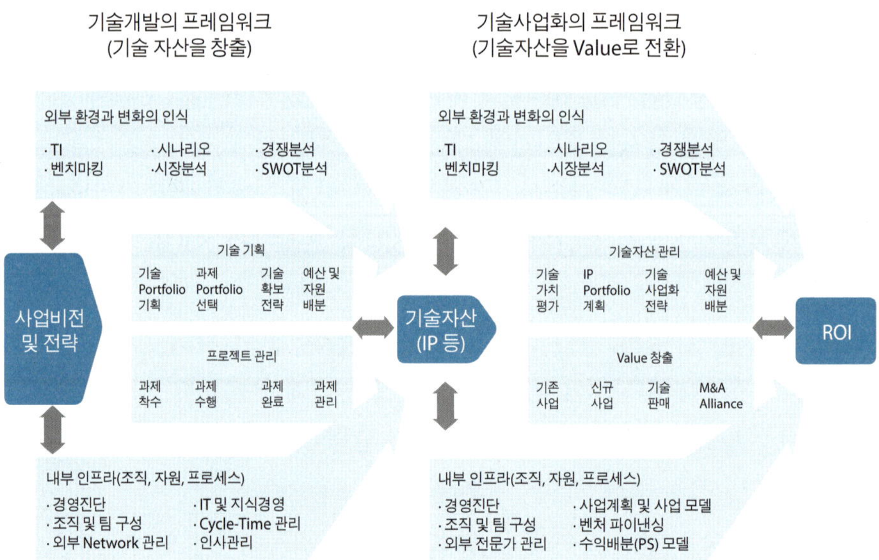

[도표 3-1] 기술개발과 기술사업화의 프레임워크

업화를 통해 성과를 내도록 하는 활동이 바로 기술사업화인 것이다.

이것은 다른 말로 R&BD(Research & Business Development), 즉 사업개발이라고도 부르는데, 제1장에서 소개한 바 있는 4세대 R&D와 같은 개념이다.

R&BD, 즉 사업개발에 대해 살펴보자.

사업개발은 [도표 3-2]에서 보는 바와 같이 5단계의 프로세스를 거쳐 완성되는데, 1단계는 R&D에 대한 투입이 이루어지는 것이다. 즉, R&D 프로젝트에 인력과 투자를 투입하는 것이다. 2단계는 주어진 자원으로 기술개발 활동을 수행하여 기술자산을 창출하는 것이며, 3단계는 확보된 기술자산을 사업화할 주체, 즉 리시빙 시스템(Receiving System)에 기술을 전해 주는 것이다. 4단계는 기술사업화를 통해 성과, 즉 매출/이익 등의 Outcome을 창출하는 것이다. 마지막으로 5단계는 창출된 사업적 성과를 다시 R&D 활동을 위한 투자로 피드백 해주는 것이다.

이러한 전체적인 과정을 요약하면, money를 기술개발 활동을 통해 기술로 바꾸고, 이 기술을 기술사업화 활동을 통해 다시 MONEY로 바꾸는 활동이 된다. 결국 R&D투자의 money에 비해 사업적 성과의 MONEY가 더 커야 의미 있는 사업개발이 되는 것이다. 즉, +ROI가 나와야 R&D의 생산성이 유지될 수 있는 것이다.

연구소에는 꿈(Dream)이 있어야 한다. 또한, 이 꿈은 반드시 기술사업화를 통해 실현(True) 되어야 진정한 R&BD, 즉 사업개발이라고 할 수 있을 것이다.

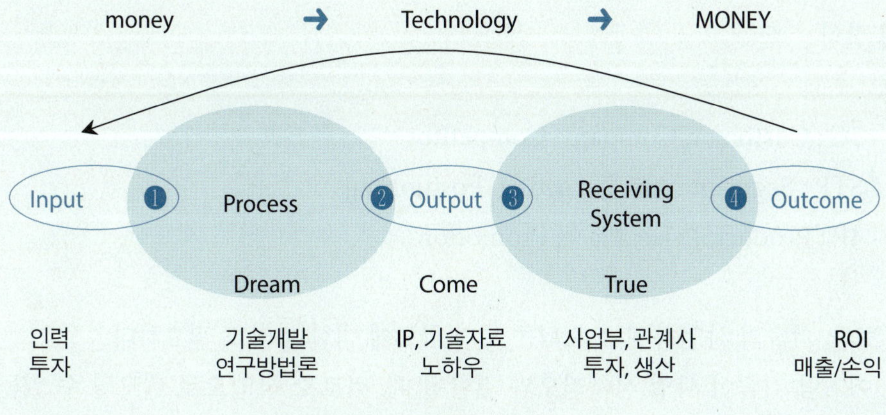

[도표 3-2] 사업개발의 5단계

1.2 기술이 사업으로 변모되는 과정

그렇다면, 기술이 어떻게 사업으로 변모될 수 있을까? 즉, 기술사업화가 어떻게 이뤄지는 지에 대해 알아보도록 하자.

기술사업화를 위해서는 두 가지가 필요한데, 그것은 바로 [도표 3-3]에 나타나 있는 바와 같이 프로젝트의 결과물인 기술, 그리고 사업시나리오이다.

[도표 3-3] 기술이 사업으로 변모되는 과정

먼저 프로젝트의 결과물인 기술은 특허나 기술자료, 또는 노하우의 형태를 띠고 있는데, 우선은 이러한 기술들이 사업화될 수 있는 수준까지 확보되어 있는지를 확인해 봐야 한다.

두 번째는 사업 시나리오인데, 해당 기술이 사업화될 경우, 관련된 시장에 대한 조사는 물론, 마케팅 차원에서의 3C 분석과 STP 전략 및 4P 계획 등이 있어야 한다.

- 3C : Customer, Company, Competitor
- STP : Segmentation, Targeting, Positioning
- 4P : Product, Price, Place, Promotion

또한, 기술의 사업화에 소요되는 투자 규모에 대한 파악도 필요하다.

이처럼 기술이 사업 시나리오와 결합될 때, 비로소 사업으로 변모될 수 있는 것이며, 그 결과로서 일정한 사업가치가 생기게 된다.

사업가치란, 시장규모에 시장점유율(Market Share)을 적용하여 산정한 매출액에서 원가를 뺀 것, 즉 해당 사업의 손익을 말한다. 구체적인 사업가치 산정방법은 제4장에서 상세히 설명하도록 하겠다.

1.3 기술사업화의 유형

기술사업화는 통상적으로 기업 내부의 사업부를 통해 이뤄지게 되는데, 이와 같은 유형은 "자체 사업화"이다. 그러나 이 외에도 다양한 유형의 기술사업화가 있다.

이와 같이 기술사업화의 다양한 유형을 사업화의 스펙트럼이라고 하는데, 여기에는 Fee for Service, 라이센싱, 스타트업(Start-up), 인큐베이션, 자체 사업화 등이 있으며, 이와 같은 기술사업화의 스펙트럼은 [도표 3-4]에 잘 나타나 있다.

해당 기술을 개발용역의 개념, 즉 개발원가 수준의 가치로 인정하여 사업 주체에 제공하는 것을 Fee for Service라고 한다. 또 다른 형태인 라이센싱은 타 기업에 해당 기술을 제공하고 이에 대한 대가로서 매출액의 일정 규모인 기술료를 받는 방법이다. 많은 기술벤처 기업들이 선호하는 유형으로서, 대부분은 기술벤처가 대기업을 상대로 기술 라이센싱을 하는 것이다.

이와 같이 Fee for Service나 라이센싱을 통해 기술사업화를 추진하는 유형

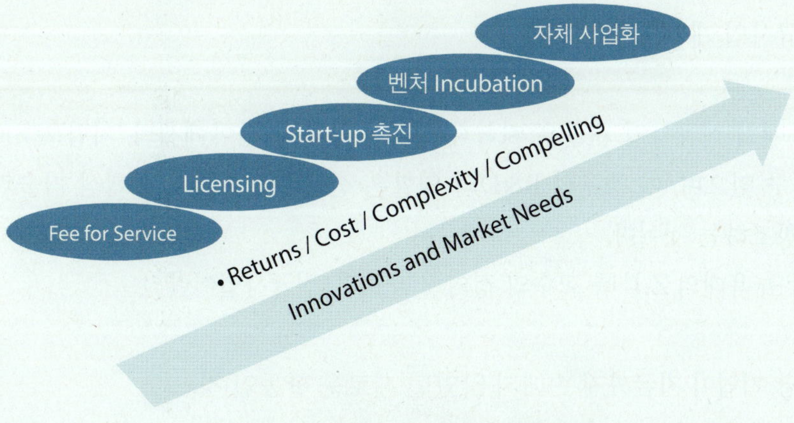

[도표 3-4] 기술사업화의 스펙트럼

은 궁극적으로 기술개발만 하고 기술사업화는 스스로 할 수 없는 경우이다. 이는 사업에 대한 Risk를 회피할 수 있다는 장점이 있지만, 기술의 가치실현이 매우 제한적이라는 한계가 있다.

이와는 달리 해당 기술의 사업화를 위해 스핀오프(Spin-off)하여 창업 및 사업화하도록 하는 스타트업 방법이 있다. 경우에 따라서는 벤처가 자생력을 가질 때까지 회사 내에서 일정기간 지원해주는 인큐베이션을 추가하기도 한다. 물론 가장 적극적인 기술사업화의 유형은 한 기업이 기술개발한 결과물을 그 기업이 기술사업화까지 하는 '자체 사업화'가 될 것이며, 이는 우리나라 대부분의 기업들이 가장 선호하는 적극적인 기술사업화의 유형이 되고 있다.

이와 같은 형태로 기술을 사업화하는 유형들이 진전될수록 비용도 점점 많이 소요되는 등 리스크가 커지는 경향이 있으나, 반대로 기대성과도 더욱 커지는 특징이 있다. 즉, 기술사업화의 유형에 있어서도 "고위험, 고수익(High Risk, High Return)" 이라는 원칙이 적용된다는 사실이다.

1.4 신규사업 개발

일반적으로 R&D의 미션은 다음과 같이 두 가지로 나눌 수 있다.

· 기존사업의 경쟁력 강화
· 신규사업 개발

이중에서 신규사업 개발은 지식과 경험이 부족한 분야에서의 '기업'(起業)이라고 할 수 있으며, 이 경우의 R&D의 역할은 신규사업에 필요한 핵심 기술과 제품을 창조하는 것이다.

미국 뉴욕대의 Z.블록 교수의 정의에 따르면, 신규사업이란

· 해당 기업이 지금까지 손대지 않았던 새로운 활동인 것
· 기존사업보다 불확실성이 높은 것

· 기존사업보다 높은 실패와 손실의 리스크 가능성을 동반한 것이다.

따라서 신규사업이 기존사업과 다른 점은 새로운 인력의 확보 및 양성과 조직체제의 구축을 통해 기존사업을 확대하거나 또는 전혀 새로운 사업 분야를 만드는 것이다.

1.4.1 신규사업 분야

신규사업의 개발은 미래 성장분야에서의 싸움으로, 사업기회가 많고 사업규모도 클 것으로 기대되는 분야이지만, 반대로 많은 기업이 표적으로 삼고 있는 분야이다. 최근에 치열한 경쟁으로 인해 기술혁신의 속도가 빠른 분야로서는 평판표시판(Flat Panel Display), 배터리, 저장 장치(Storage Device) 등을 예로 들 수 있다.

21세기의 유망 성장분야로는 정보, 통신, 건강, 의료, 바이오, 환경, 에너지 등을 들 수 있는데, 미래 산업의 경쟁은 M/S의 싸움이 아닌 시장창출이 중요한 열쇠라고 할 수 있다. 즉, 블루오션(Blue Ocean)과 같은 시장개발 (Market Development)이 관건이 될 것이다.

또한, 시장에 진출하는 것은 쉽지만 사업에 성공한다는 것은 근본적으로 차원이 다르다는 것을 인식할 필요가 있다.

1.4.2 신규사업 개발의 유형

신규사업 개발에는 2가지 유형이 있는데, 기술개발 선행형(Technology Push)과 사업기획 선행형(Market Pull)이다.

기술개발 선행형은, 유망한 기술이 창출되면 이 기술을 바탕으로 사업화를 추진해보자는 형태의 R&D 활동이다. 그러나 이와 같은 기술개발 선행형은 기술개발자가 "가능한 것"이나 "하고 싶은 것"을 중심으로 R&D를 수행함으로써, 결국은 해당 기업의 사업전략과 일치하지 않게 될 우려가 있다.

반면, 사업기획 선행형은, 사업분야를 미리 정해놓고 이에 필요한 기술의 확보를 추진하는 형태의 R&D 활동이다. 그러나 이와 같은 사업기획 선행형은 기존사업의 주변적 사업 분야이거나, 가지치기 식의 발상이 될 우려가 있다.

한 통계조사에 의하면, 성공한 사업들을 분석해본 결과 80%는 사업기획 선행형에서 기인했고, 20%는 기술개발 선행형에서 기인하였다고 한다. 따라서 기술사업화의 성공률을 높이기 위해서는 기술개발 선행형보다는 사업기획 선행형으로 R&D 활동을 하는 것이 더 바람직하다고 할 수 있다.

사례3-1　제록스의 오피스제품 사업

미국 제록스사는 1959년 창설 이래 보통종이복사기(PPC) 사업으로 급성장을 지속해 왔으나, 1970년대에 들어서면서 '미래의 오피스'를 목표로 한 종합 정보시스템기기 회사로 변신을 시도하였다.
제록스가 추진한 3가지 전략은 다음과 같았다.

- 오피스 정보시스템 구축에 필요한 기기를 생산하는 기업의 인수
- 오피스 정보설계에 관한 기술 습득을 위해 PARC 설립
  *PARC (Palo Alto Research Center)
- 사업추진을 위한 오피스제품사업부의 설치

그러나 어느 것 하나 제대로 추진되지 못하였다. 그 후 전자 타이프라이터, 프린터 등의 신제품이 나온 것을 계기로 '미래의 오피스'에 모든 기기를 제공하려던 전략을 수정하였으며, 1985년에는 문서의 작성/보관/복사/전송/검색과 관련한 'Document Company'로 전략을 전환하였다.
'미래의 오피스'전략이 통하지 않은데 대해 다음과 같은 여러 문제점들이 지적되었다.

- 범위가 넓어서 초점이 맞춰지지 않았다.
- 복사기 사업으로 성장한 회사의 전통적인 기업문화와 오피스시스템 시장과의 사이에는 격차가 있다.
- 오피스제품사업부는 기존제품의 연장선상에서 신제품을 개발하는 것으로 되어 있지만, PARC는 커다란 한계돌파(Breakthrough)를 추구하고 있었다.

(시사점) 이러한 여러 문제 중에서 보다 중요한 것은 '영역을 정의하는 문제'이며, 가장 중요한 점은 제록스의 전통적 사업인 복사기사업의 전략적 위치가 '미래의 오피스'의 영역에 명확하게 되어있지 않았다는 것이다.
관계자들이 공통적으로 사업영역의 정의를 이해하고 나서 구체적인 행동으로 옮겨야 하는데 잘 이루어지지 않았다. 그것은 기존사업에서 형성된 기업문화 및 기업체질과 깊은 관련이 있다.
전자 타이프라이터나 프린터의 개발이 제록스의 전략을 'Document Company'로 수정하게 하였는데, 구체적인 기술과 제품이 사업영역을 정하였다는 것이다.

경우에 따라서는 “앞으로 어떤 사업을 추진할 것이다.”라는 사업기획을 제시하기보다는 “무언가 좋은 기술 시드(Seeds)를 제공해 달라.” 라고 R&D에 막연하게 요청하는 경우도 있다. 즉, 예를 들어서 멀티미디어 기술과 같이 기술개발 선행형도 있는데, 이와 같은 기술개발 선행형의 경우에는 “이 기술로 고객에게 어떻게 새로운 가치를 제공할 것인가?”라는 점을 명확히 할 필요가 있다.

사례3-2 鐘淵화학공업의 태양전지 사업

일본 鐘淵(카네가부치) 화학공업은 1970년대 후반 전자분야로 진출한다는 방침을 결정했고, 성장이 예상되는 α-Si(비정질 실리콘) 태양전지에 주목하였다. 지금까지의 사업과는 전혀 다른 분야인 태양전지를 1984년에 사업화하고자 하였다.
우선 계기가 된 것은 大阪(오사카)대학 濱川(하마카와)교수의 기초연구에서 도출된 성과로 당시로는 획기적인 光電 변환효율을 실현하였다. 카네가부치 화학공업은 오사카대학에 연구원을 파견하였고, 이러한 획기적인 연구결과를 사업화로 연결시키기로 했다.
(시사점) 전자분야라고 하는 신규사업 영역에 진출한다는 방침을 결정하고, 그중에서 가장 유망하다고 생각한 ‘α-Si 태양전지’라는 아주 구체적인 제품을 목표로 정하여 R&D 방향을 설정하였다. 사업 분야가 정해지면, R&D에서 가장 고민하는 것은 어떤 제품을 개발할 것인가이다.

1.4.3 신규사업의 요건

신규사업은 고객 관점은 물론 기업 관점에서도 일정한 요건을 갖춰야 성공할 수가 있다.

고객의 관점에서는, 해당 신규사업이 새로운 가치를 창출하는 것이어야 한다. 즉, 기업이 고객을 만족시켜줄 수 있는 독자적인 사업이어야 하며, 그 기업의 강점을 충분히 활용할 수 있는 것이어야 한다는 것이다.

기업의 관점에서는, 해당 신규사업이 기업의 사업구조 전환과 기업혁신에 이바지할 수 있어야 한다. 즉, 신규사업이 그 기업의 사업구조를 재조정할 수 있어야 하고, 기존사업과의 시너지 효과를 창출할 수 있어야 하며 결과적으로는 주(Main) 사업을 강화시킬 수 있어야 한다. 다시 말하면, 신규사업 개발이란 기업의 핵심 기술(Core Technology)를 활용하여 새로운 사업을 창출하는 것이고, 이것이 기존사업을 강화시키고 재활성화하는 데에도 도움을 주는 것이다.

> **사례3-3 브리지스톤의 진동/소음 기술**
>
> 일본 브리지스톤사의 핵심 기술(Core Technology) 중 하나가 '진동/소음 제어 기술'이다. 이 기술은 원래 타이어 사업을 위한 핵심 기술의 하나로 발전하여 확립된 것이다.
> 그러나 이 기술을 기초로 차량용 방진고무, 서스펜션 사업과 선박용 방현재(防舷材) 사업, 더 나아가 방음사업, 내진(耐振), 제진(制振) 사업으로 발전하였다.
> 이와 동시에 다각화 사업을 통하여 발전한 "진동/소음 제어기술"이 타이어 기술을 강화시키고 건축용품 사업에로의 사업 다각화로 연결되는 시너지 효과를 가져왔다.
> 자사의 경영자원을 활용하면서, 기존사업을 강화하는 데도 이바지하는 다각화 전략의 사례이다.

2. 프로젝트 NABC

선진사 벤치마킹 차원에서 기술사업화를 전제로 한 프로젝트관리 기법인 '프로젝트 NABC'에 대해 살펴보기로 한다. 프로젝트 NABC는 선진기관인 미국 SRI(Stanford Research Institute)에서 사용하고 있는 프로젝트관리 제도이다.

2.1 사업개발을 전제로 한 기술개발

기술개발과 사업개발에는 근본적인 차이점을 있다. 우선 기술개발은 프로젝트를 통해 기술목표를 달성하고자 하는 노력이다. 즉, "무슨 기술을 어떻게 개발할 것인가"로서, What과 How의 관점에서의 활동이다.

이에 반해, 사업개발은 고객/시장에게 가치를 제공하거나 제안하려는 노력이다. 즉 "누구에게 왜 이러한 것을 제공하여야 하는가"로, Who와 Why의 관점에서의 활동이다.

현실적으로 살펴보면, 정작 기술개발에는 성공하고도 사업개발에 실패하여 사장(死藏)되는 프로젝트가 빈발하고 있다. 따라서, 초기부터 사업개발의 관점에서 프로젝트를 검토하고 진행하려는 제도와 노력이 필요하다고 하겠다. 즉,

사업개발을 전제로 한 기술개발이 성공의 필수조건이 되는 것이다.

사업개발을 위한 선진기업의 노력을 살펴보자.

삼성전자의 경우 2000년대 초부터 MDC, 즉 Market Driven Company를 지향하고 있다. "Our salary is paid by Customer, not by Company"라는 모토 아래 고객/시장 지향의 활동을 전개하고 있다.

미국 듀폰(DuPont)사의 경우 T&BD, 즉 Technology & Business Development를 지향하고 있다. 기술을 확보하고, 이것을 다시 자사의 사업으로서 개발하려는 노력을 기울이고 있다.

오늘날 많은 선진 기업들이 기존의 R&D형에서 R&BD형, 즉 4세대 R&D로의 혁신적인 변화를 추구하고 있는 것이 현실이다.

2.2 프로젝트 NABC 개요

미국의 SRI에서는 성공적인 기술개발을 위해, 모든 프로젝트를 NABC, 즉 Needs-Approach-Benefit-Competition이라고 하는 네 가지 측면에서 검토하고 있으며, 또한 엘리베이터 피치(Elevator Pitch)라는 독특한 제도를 운영하고 있다.

NABC는 고객(Customer)과 경쟁자(Competitor)를 지속적으로 분석하여, 궁극적으로는 자사(Company)의 성과에 크게 기여하는 프로젝트가 되도록 노력하는 것이다.

NABC에는 고객과 자사 및 경쟁자 등 이른바 3C의 요소가 전부 나타나는데, 이는 결국 R&D 프로젝트에 마케팅의 3C를 반영시킨 이른바 '마케팅 R&D'의 전형적인 유형이라고 할 수 있다.

정리하면, 프로젝트 NABC는 고객 또는 시장의 요구사항을 만족시키기 위해, 경쟁사 대비 우위의 이익을 제공하려는 SRI의 독자적인 접근방식인 것이다.

2.3 프로젝트 NABC의 접근방법

NABC는 [도표 3-5]에 나타나있는 바와 같이 Needs, Approach, Benefit, Competition의 순서대로 항목별 질문사항에 대해 스스로 답해보는 것이다.

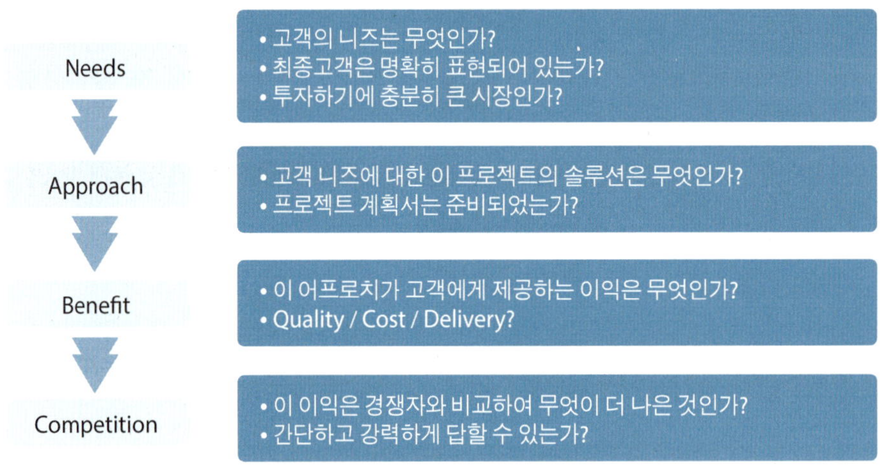

[도표 3-5] 프로젝트 NABC의 접근방법

이와 같은 질문사항에 답할 수 있는 내용으로 구성하여 작성된 프로젝트 NABC는 반복해서 업데이트해 나가야 한다.

즉, NABC는 프로젝트 초기의 아이디어를 구체화해 나가는 과정에 있어서 유용하고도 필수적인 수단이 될 수 있지만, 이러한 NABC를 프로젝트 수행중은 물론 완료 후에도 지속적으로 반복하여 업데이트해 나가야 한다. 이는 프로젝트가 진전됨에 따라, 고객의 니즈나 경쟁자의 상황 및 기술적 어프로치 방법 등이 변화하거나 새롭게 등장하기 때문이다.

2.4 엘리베이터 피치 제도

NABC는 프로젝트를 간단명료하게 표현하는 방법론이기도 한데, 이를 위하여 엘리베이터 피치라는 독특한 제도가 있다.

엘리베이터 피치란, 일반적으로 고층 빌딩에서 엘리베이터를 타고 오르내리는데 걸리는 2분 내외의 시간을 의미한다. 즉, 프로젝트에 대한 핵심적인 내용을 NABC에 입각하여 간단명료하게 설명할 수 있어야 한다는 개념이다.

[도표 3-6] 엘리베이터 피치

SRI에서는 내부의 프로젝트에 대한 NABC 자료뿐만 아니라, 대외용 설명자료, 예를 들면 IR (Investor Relationship, 투자설명회)에도 활용하고 있다.

NABC는 결국 훌륭한 프레젠테이션을 위한 수단이다. 유명한 미국 컨설팅 회사인 맥킨지에서도 컨설턴트의 양성 수단으로 엘리베이터 피치를 이용하고 있다고 한다.

사례3-4 LCD용 BLU

ABC전자 중앙연구소의 프로젝트 중에서 LCD용 BLU(Back Light Unit)라고 하는 과제에 대한 NABC의 작성 사례이다.
LCD는 지속적인 가격하락 추세에 따라, 원가절감이 요구되고 있으며, LCD의 구성부품 중 고가의 부품인 BLU의 원가절감에 대한 니즈가 많다. BLU가 고가인 이유는 BLU에 프리즘 시트 2매가 쓰이는데, 이 프리즘 시트는 미국업체가 고가로 독점 공급하기 때문이다.
따라서 이러한 BLU의 원가절감 니즈에 대한 어프로치로서 프리즘 시트를 제거하고, 홀로그램이라고 하는 독자구조의 신방식으로 대체를 추진하고자 하는 것이다.
이에 따른 결과로서 BLU 원가 30% 절감이 기대되며, 이는 결국 LCD 사업의 경쟁력 강화로 이어질 것으로 기대된다.

LCD용 BLU 프로젝트의 NABC

- Needs
  - LCD의 가격하락에 따라 주요 부품인 BLU에 대한 원가절감 요구
  - BLU의 구성부품 중에서 큰 비중을 차지하는 외자부품인 프리즘 시트(Prism Sheet)를 대체할 독자적인 경쟁력 확보가 필요

- Approach
  - 프리즘 시트를 제거하고 독자구조의 신 방식으로 대체([도표 3-7] 참조)
  - 핵심기술(설계/Fab/복제) 보유
- Benefit
  - ABC전자 LCD 사업의 원가 경쟁력 강화
  - ABC전자의 BLU 신규사업 참여를 지원 (BLU시장 : 2015년 기준 79억$ 규모)
- Competition
  - 자사와 3개 경쟁사가 개발하는 방식에 대한 경쟁력 비교
  - 비교 항목은 휘도, 편광, Uniformity, 컬러, 가격경쟁력 등

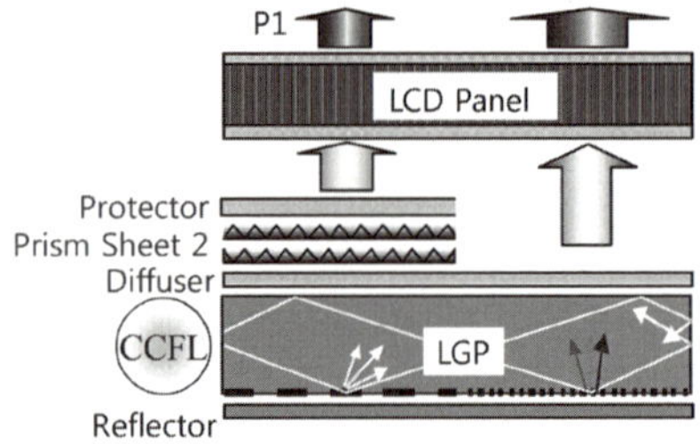

기존방식	Hologram 방식
4 Sheet	1 Sheet

[도표 3-7] ABC전자 BLU의 독자구조

[도표 3-8] 소형 LCD용 BLU의 경쟁력 비교

경 쟁 사		Philips	Omron	CNRC	ABC 전자
적용방식		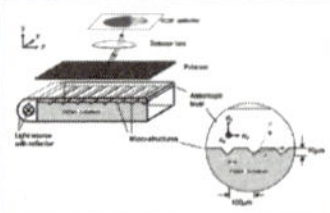	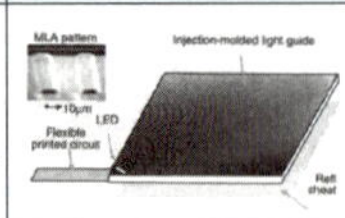	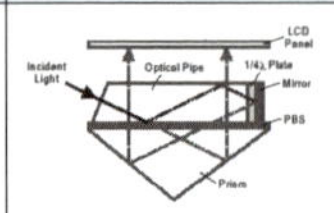	
성능	휘 도	?	◎	◎	◎
	편 광	◎	●	◎	○
	Uniformity	△	●	△	○
	컬 러	?	△	△	△
	가격경쟁력	●	◎	●	◎

◎ Excellent, ○ Good, △ Average, ● Bad

- Current Status
  - R&D 관련 미팅 실시로 컬러 분산, 휘도 등 잠재문제 도출 및 대책 수립
    * 현재 1.8" Color 개선용 R,B 패턴 테스트 진행 중
  - 소형(1.8"~2.2") 제품의 사업화 추진을 위해 ABC전자 사업부에 5명의 연구원 파견 및 기술이전
    * 현재 시작(試作) 금형 1차 사출 후 금형 수정 중
  - 향후 일정
    * 표시품질 개선 등 잔여 문제점 개선 후, 인증 샘플 제출 및 라인업(Line-up) 실시 예정

프로젝트 NABC는 종종 NABC+로도 사용되는데, 여기서 (+)는 NABC 이외에 추가적인 항목을 나타낸다. 각 기업의 특성에 따라, NABC 외에 추가적으로 검토해야 할 항목 중 많이 사용되는 것은 IP(특허), D(Differentiation, 차별화 요소), CS(Current Status, 현재 상태) 등이 있는데, 이 중에서 가장 많이 사용되는 + 항목으로는 CS를 들 수 있다.

[사례3-4]에서도 NABC 다음에 CS를 나타냈는데, 이는 NABC로 설명한 프로젝트가 현재 기획 단계인지, 진행 단계인지, 완료 단계인지, 또는 사업화 추진 단계인지 등을 나타내게 된다.

3. 사업모델

기술적 아이디어를 사업의 형태로 표현하는 방법 중의 하나로서, 사업모델(Business Model)에 대해 살펴보기로 한다. 후반부에서 언급되겠으나 특허라는 관점에서는 사업방법(Business Method)으로도 불린다.

3.1 사업모델의 개요

Business Model 또는 Business Method를 약칭하여 BM이라 하며, 이는 기술적 아이디어를 사업의 형태로 구체화한 모델이며, 일반적으로는 도식화하여 표현한다.

사업모델은 [사례3-5]에서 보는 바와 같이 미국 델(Dell)사의 독특한 PC 판매 방식을 계기로 주목을 받기 시작하였다.

사례3-5 미국 델 사의 사업모델

미국 델의 사업모델, 즉 독특한 판매방식을 살펴보자. 지금은 보편화된 주문형 PC 사업이지만, 당시에는 획기적인 사업 아이디어로 각광을 받은 바 있다.
즉, 델은 PC에 대한 주문을 받고 난 뒤에 신속하게 상품을 생산하여, 간접 유통하지 않고 고객에게 직접 판매하는 방법을 사용하였다.
즉, 생산에서 유통까지 부품공급자나 공장에 정보 네트워크로 긴밀하게 연결한 SCM(Supply Chain Management)을 활용하여 단기간에 PC를 납품할 수 있었고, 재고도 최소한으로 줄일 수 있었다.
제품가격의 저렴화, 신제품 투입 사이클의 단축, 납품시간의 단축, 고객 요구에 부응하는 상품개발의 용이성뿐 아니라 가격경쟁과 고객만족도에 기여할 수 있다는 점에서 높은 평가를 받고 있는 사업모델이다.

사업모델의 속성을 보다 용이하게 파악하기 위해 [사례3-6]의 내용을 살펴볼 필요가 있다. 이 글은 Joan Magretta가 2002년5월에 하버드 비즈니스 리뷰(HBR, Harvard Business Review)에 기고한 것으로서, 성공적인 사업모델이 되기 위해서는 사업모델 자체의 논리성과 수익성이 동시에 충족되어야 한다는 점에 유념해야 할 것이다.

사례3-6 인터넷 붐과 사업모델

성공적인 사업모델이 되기 위해서는 사업모델 그 자체의 논리성과 수익성이 동시에 충족되어야 하며, 경쟁우위를 확보하기 위한 전략으로서 차별화가 중요함을 역설하고 있다.
사업모델(BM)은 인터넷 붐과 함께 가장 유행한 단어 중 하나였다. 그것은 Michael Lewis가 말했듯이 "모든 종류의 어설픈 계획서(Half-baked Plan)를 훌륭한 것으로 미화시킨 것"이었다. 회사는 전략이나 특별한 역량이나 심지어는 고객도 필요로 하지 않았다.
필요로 하는 모든 것이라고는 잘못 정의된, 미래에 있어서 어느 정도는 무모한 이익을 약속한 웹 기반(Web-based)의 사업모델뿐이었다. 투자자, 기업가, 경영진 등 많은 사람은 환상(Fantasy)을 구매했고, 또한 이를 소각했다. 피할 수 없는 반작용으로서, 사업모델의 개념은 닷컴(.com) 부속물 그 자체처럼 빠르게 철 지난 일시적 유행(Fashion)이 되어 버렸다.
이는 부끄러운 일이다. 많은 자본이 잘못된 사업모델에 투자된 것이 사실이지만, 잘못은 사업모델의 개념에 있었던 것이 아니라 사업모델에 대한 왜곡과 오용에 있었다. 훌륭한 사업모델은 새로운 벤처 사업이든 기존 사업이든 간에 모든 성공적 조직에 여전히 매우 긴요하다.

3.2 사업모델의 조건

성공적인 사업모델의 조건이란, 경영학자인 피터 드러커 교수가 제시한 다음과 같은 질문에 대해 답하는 것과 같다고 할 수 있다.

· 고객은 누구인가?
· 고객의 가치는 무엇인가?
· 이 사업에서 어떻게 돈을 벌 것인가?
· 적정한 가격으로 가치를 어떻게 고객에게 전달할 것인가를 설명하는 기초적인 경제 논리는 무엇인가?

사업모델이 우선 성공하기 위해서는 기존의 대안들보다 더 좋은 방법임을 보여줘야 하며, 이것이 검증되면 기존의 사업방식들이 바뀌기도 하고, 결국은 차세대의 사업표준이 되기도 한다.

위에서 언급한 사업모델과 관련한 사례로서, [사례3-7]와 같이 성공한 사업모델도 있고, [사례3-8]와 같이 실패한 사업모델도 있는데, 성공과 실패의 주요 차이점은 고객 관점에서의 가치 창출 여부에 있음을 알 수 있다.

사례3-7 아메리칸 익스프레스의 여행자 수표

아메리칸 익스프레스(American Express)의 사장인 J.C.Fargo는 신용장을 현금으로 전환하는데 큰 어려움을 겪었다. 그는 돌아오는 길에 "아메리칸 익스프레스의 사장인 내가 그 정도로 애를 먹었다면, 평범한 여행자가 직면할 어려움을 생각해 보라. 이에 대해 뭔가 조치가 취해져야만 한다."라고 생각했다. 아메리칸 익스프레스가 한 것은 '여행자 수표'를 만든 것이었다. 그 혁신으로부터 훌륭한 이야기 (Good Story)의 요소를 모두 갖춘 강력한 사업모델이 등장했다.

여행자들은 여행자수표를 적은 비용으로 교환하여, 분실이나 도난의 걱정이 없는 편안한 마음과 매우 널리 활용됨으로써 편리하게 구매할 수 있었다. 상인들도 중요한 역할을 하였는데, 그들은 아메리칸 익스프레스가 보증한 수표였기 때문에 이를 수용하였고, 이를 통하여 더 많은 고객을 끌어들일 수 있었다.

아메리칸 익스프레스는 고객들이 여행자 수표에 대하여 현금을 항상 사전에 지불하였기 때문에 리스크가 전혀 없었으며, 고객에게 이자 한 푼 없는 돈을 오랫동안 은행에 자신들의 명의로 저축하였고, 더구나 여행자 수표의 일부는 현금화되지 않고 회사에 여분의 수익이 되기도 하였다.

사례3-8 온라인 식료품 사업과 쌍방향 TV

(온라인 식료품 사업)

온라인 식료품상(Grocers)은 우선 마진이 매우 적었으며, Webvan과 같은 온라인 상인들은 마케팅, 서비스, 배송 및 기술에 대해 새로운 비용을 발생시켰다. 한편 고객들은 오프라인 상점에서보다 온라인에서 구매한 식료품에 대해 더 많은 지불을 하려고 하지 않았기 때문에, 수학적 계산이 도저히 맞춰질 수 없었다. 전자상거래 첫 번째 물결을 탄 많은 벤처는 기초적인 사업수지에 결함이 있었기 때문에 실패했던 것이다.

(쌍방향 TV)

1990년대 Silicon Graphics는 쌍방향 TV 개발에 수억 달러를 투자하였지만, 그것을 발명한 엔지니어들처럼 기술에 매료된 실제 고객들을 발견할 수 없었다. 결국 이와 같은 모델은 고객 행동에 대한 잘못된 가정 위에서 구축되었기 때문에 실패했던 것이다.

3.3 사업모델의 검증

성공적인 사업모델이 될 수 있을 지를 판단하기 위해서는 일련의 검증이 필요한데, 그 방법론으로서 다음과 같이 Narrative Test와 Number Test라는 2가지 테스트를 해볼 필요가 있다.

· Narrative Test : 이야기 테스트로서 논리성에 대한 검증이다. 즉, "사업모델에 대한 설명이 논리적으로 이치에 맞는가?"하는 측면에서 검토해보는 것이다.

· Number Test : 숫자 테스트로서 수익성에 대한 검증이다. 즉, "사업모델이 손익측면에서 수지가 맞는가?" 하는 측면에서 검토해보는 것이며, 이를 수익모델(Profit Model)이라고도 한다.

최근 각광을 받고 있는 MPEG4(Moving Picture Expert Group 4)라는 기술에 대한 사업모델에 대해 [사례3-9]를 통해 살펴보도록 한다.

⊙ 사례3-9 MPEG4 기술의 Business Model

많은 현대인이 사용하는 모바일 기기, 즉 휴대폰, PDA, MP3플레이어 등은 융복합화에 힘입어 다양한 정보를 처리해주고 있다.
휴대폰의 경우, 과거 음성정보만을 처리해주던 데에서 벗어나, 문자 메시지나 영상은 물론 방송 콘텐츠나 DVD 콘텐츠 등 다양한 정보를 처리해주고 있다. 바야흐로 디지털 멀티미디어의 시대인데, 이러한 다양한 디지털 정보의 문제점은 그 정보량이 막대하여 이를 그대로 통신망에 흘려보낼 수 없다는 점이다.
즉, 멀티미디어 정보를 압축하여 전송하고, 이를 수신한 후에 다시 복원해주는 기술, 즉 MPEG4 기술이 필수적이다. MPEG4 기술을 활용하여 다양한 멀티미디어 기술을 인코딩하는 관련 사업 아이템들도 부상하게 될 것이고, 또한 수신된 인코딩 정보를 디코딩해 주는 관련 칩 사업도 활성화될 것이다.
이처럼 MPEG4라는 기술로서 가능한 사업 아이템들의 모델을 [도표 3-9]와 같이 도식화하여 표현하면, 훌륭한 사업모델이 될 수 있을 것이다.

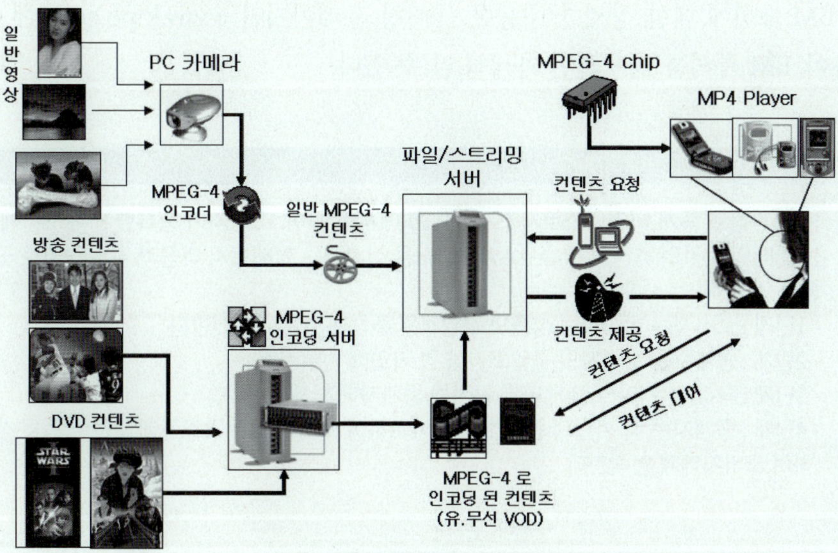

[도표 3-9] MPEG4 기술의 사업모델

3.4 BM 특허

BM 특허란, Business Method 특허의 약자로서 사업 아이디어가 컴퓨터 및 네트워크 등의 통신기술과 결합된 영업 방법의 발명에 대해 허여된 특허를 말하며, 인터넷이나 전자상거래 관련 특허의 주요 유형이 되고 있다.

BM이 특허가 되기 위한 요건은 다음과 같다.

- 순수한 영업 방법만은 특허대상이 아니며, H/W 같은 기술적 수단과 결합된 형태로 청구되어야 한다.
- 이미 공개된 영업방법을 컴퓨터 기술을 이용하여 자동화한 것에 불과한 경우는 진보성이 없는 것으로 특허대상이 아니다.
- 기존/신규 영업방법을 컴퓨터로 구현함에 있어, 통상의 기술수준을 넘어선 기술을 이용한 경우에 BM 특허가 가능하다.

BM 특허에 대한 상세한 내용은 특허청 홈페이지인 www.kipo.go.kr에 접속하여, BM 특허를 검색하면 자세히 알 수 있다.

사례3-10 역경매 BM 특허

인터넷 상의 중개 비즈니스로서 [도표 3-10]에서와 같이, 소비자가 등록한 구매조건에 맞는 판매업자 간의 경쟁인 Reverse Auction을 실시하는 형태로서 다음과 같은 단계로 구성되어 있다. (미국특허 제5,794,207호)

- 1단계 : 소비자는 희망하는 상품의 구입조건을 중개자에게 송신한다.
- 2단계 : 중개자는 소비자의 구입조건을 각 기업에 전달한다.
- 3단계 : 각 기업은 이 조건에 따른 견적을 중개자에게 제시한다.
- 4단계 : 중개자는 각 기업의 견적조건을 비교하여 소비자의 희망조건에 맞는 상품을 선택하여 소비자에게 연락한다.

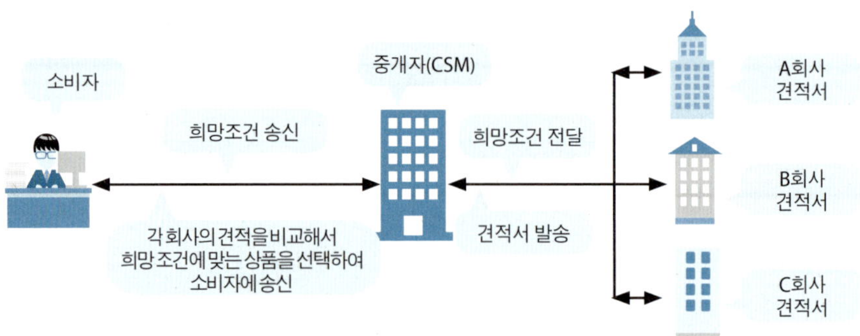

[도표 3-10] 인터넷 상의 중개 비즈니스

실제 BM 특허의 주요 사례를 살펴보면, [사례3-10]의 역경매(Reverse Auction)나 [사례3-11]의 금융 비즈니스 등을 들 수 있다.

사례3-11 금융 비즈니스 BM 특허

금융 비즈니스와 관련한 BM 특허로서 [도표 3-11]에서와 같은 유형이며, 주요 특허는 다음과 같다.

- 금융 비즈니스 발명에 관한 소프트웨어 발명 (공동 출자한 투자신탁을 운영관리하기 위한 테이터 처리 시스템, 1998년, SFG그룹)
- 전자화폐를 이용한 금융기관-개인 간 거래방법을 출원하여 주요 선진국에서 특허 획득 (1996년, 시티은행)

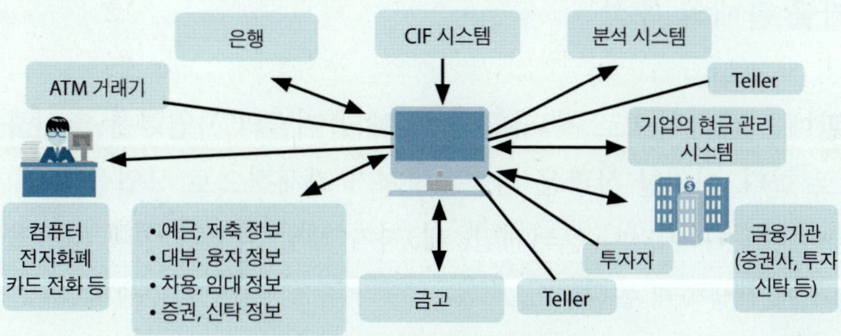

[도표 3-11] 금융 비즈니스 BM

4. 기술이전 및 기술판매

기술사업화의 방안 중에서, 자체적으로 사업화할 여건이 안돼 제3자에게 기술을 이전하는 경우, 즉 기술판매에 대해 살펴보기로 한다. 기술판매의 조건은 해당 기술의 이전 형태를 결정해야 하는 문제와, 이에 대한 대가로서 기술료를 결정해야 하는 문제 등 크게 2가지 이슈가 있다.

4.1 기술 판매의 목적

기술판매는 궁극적으로 제3자를 통해 해당 기술의 사업화를 추진하는 것을 목적으로 한다. 이러한 상황은 기술개발자가 자체적으로 사업을 추진할 수 있는 역량이 없거나 여건이 안되지만, 제3자가 해당 사업의 실행 역량을 가지고 있는 경우에 발생하게 된다.

기술판매는 기술개발자에게는 해당 기술의 개발비용을 회수할 수 있는 기회가 된다. 이때 개발비용이라고 하는 것에는 해당 기술을 확보하는데 소요된 직접 기술개발 투자비뿐만 아니라, 간접비와 해당 기술과 관련된 기초연구 및 주변 기술 관련 투자비도 추가로 고려되어야 한다.

여기에서 명심할 것은 기술판매자(Licensor)와 기술구매자(Licensee)는 공동운명체라는 사실이다. 기술이전이 원활하고도 충분히 이뤄지고, 또한 기술의 사업화가 성공적으로 실현될 수 있도록 양자가 함께 노력하여 최대한의 사업가치를 이끌어내야 한다.

4.2 기술판매 계약

기술판매 계약은 다음과 같이 3단계를 거쳐 이뤄지게 된다.

1단계는 사업주체(Receiving System)의 발굴로서, 해당 기술을 사업화하기에 가장 적합한 사업부를 발굴하여 선정하는 것이다. 기술사업화에 적합하다고 판단되는 사업주체가 복수로 존재할 경우에는 가급적 사업규모가 큰 사업주체를 선정하는 것이 더 바람직하다.

2단계는 사업주체와의 기술판매 협상을 진행하는 것이다. 기술판매 협상 시에는 가급적 기술담당, 사업담당, 계약담당 등 최소 3명이 팀을 이뤄 진행하는 것이 바람직하다. 기술판매 협상은 결국 계약조건을 결정하는 것인데, 이는 양자 간에 주고받을(Give & Take) 사항을 협의하는 것이라고 할 수 있다. 기술판매자는 기술구매자에게 제공할 기술자산을, 기술구매자는 기술판매자에게 제공할 기술료의 형태와 조건을 제시하여야 한다.

3단계는 계약서를 작성하는 것으로서, 2단계에서 양자 간에 협의한 내용을 종합 정리하여 계약서의 형태로 표현하게 된다.

4.2.1 기술이전

기술판매를 위해 기술을 제공하는 방식, 즉 기술이전(Technology Licensing)은 [도표 3-12]에서 보는 바와 같이 소유권 이전과 실시권 허여로 나눌 수 있다. 소유권 이전은 기술판매자가 특허권을 포함한 기술자산의 소유권을 기술구매자에게 넘기는 것이다. 이에 반해, 실시권 허여는 기술판매자가 특허권을 포함한 기술자산의 소유권을 유지하되, 기술구매자에게는 이를 사용할 수 있는 권리를 허여하는 것이다.

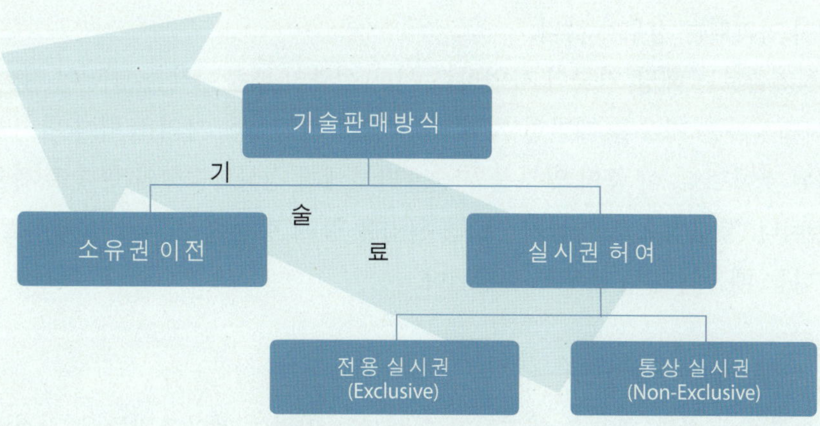

[도표 3-12] 기술이전의 형태

실시권을 허여하는 경우에도, 전용 실시권(Exclusive)으로 할 것이냐, 또는 통상 실시권(Non-Excusive)으로 할 것이냐를 결정해야 한다. 전용 실시권은 하나의 사업주체에게만 해당 기술의 실시권을 허여하는 것인데 비해, 통상 실시권은 여러 사업주체에게 해당 기술의 실시권을 허여하는 것이다. 그러나, 통상 실시권보다는 전용 실시권으로 기술판매 계약이 이루어지는 것이 일반적이다.

이 외에도 실시권 허여에 있어 지역적 제한을 두는 경우가 있다. 즉, 해당 기술로 사업을 전개하는 지역을 국내로 한정하기도 하고, 국외의 일정 지역을 추가하기도 하며, 또는 지역에 대한 제한을 두지 않기도 한다.

이와 같은 지역적 제한과는 별도로 사업적 제한을 두는 경우도 있다. 즉, 해당 기술로 사업을 전개할 경우 사업 영역을 한정하여, 그 사업 영역 이외에는 해당 기술을 사업에 활용하지 않도록 제한하는 방식이다.

4.2.2 기술료

기술료(Royalty)는 보통 다음 2가지의 형태로 구성된다.

- 선불금 : IDP(Initial Down Payment)
- 경상기술료 : RR(Running Royalty)

일반적으로 기술판매자는 선불금 위주로, 기술구매자는 경상기술료 위주로 기술료의 조건이 결정되기를 원하지만, 대개는 경상기술료의 형태로 기술료의 조건이 협의되는 경우가 많다.

경상기술료는 해당 기술의 사업화로 인한 성과의 배분이라는 측면이 강하다. 즉, 사업성과는 기술을 개발한 자와 이 기술을 사업화한 자의 노력이 합쳐져서 실현된 것이므로, 이 중의 일부를 기술개발자에게 경상기술료의 형태로 제공하는 것이다. 통상적으로 경상기술료는 사업을 통해 실현한 이익의 일정 %로 하기보다는 매출액의 일정 %로 결정된다.

4.2.3 계약조건의 결정

기술판매에 대한 계약을 체결하기 위해서는 일련의 계약조건들을 결정하여

명문화하여야 하는데, 여기에는 계약 기간, 기술이전 방식, 기술료 지불 방식, 비밀유지 조항 등은 물론 해약 조건에 대한 내용도 포함되어야 한다.

계약 기간은 해당 사업 아이템의 PLC (Product Life Cycle, 제품수명주기)를 고려하여 정해지는 것이 일반적이며, 계약 기간이 완료된 후에는 양자 간의 협의에 따라 연장계약을 별도로 체결하게 된다.

기술이전을 할 때는 특허권의 내용이나 각종 기술자료 등의 제공은 물론, 노하우 등 기술전수를 위해 교육을 실시하거나, 기술개발자들이 일정기간 기술사업화를 위해 사업부에 파견 나가는 경우도 있다.

기술료의 경우에는 지불주기를 결정해야 하는데, 보통은 매 분기나 매 반기 또는 매년의 형태를 취하고 있다.

비밀유지(NDA; Non-Disclosure Agreement) 조항은 대개 기술판매자보다는 기술구매자가 요구하는 경우가 많은데, 이는 해당 사업자가 경쟁자에게 사업전략의 노출을 꺼리기 때문이다.

해약조건은 해당 기술의 사업화가 기대했던 대로 진행되지 않을 경우에 대비하여, 기술판매자의 입장에서 일종의 퇴로를 확보해놓는 것이다. 해약조건에 해당하는 상황이 발생하면 이를 정상화하도록 노력하되, 그렇지 못할 경우에는 즉시 계약을 해지하고 새로운 기술사업화의 주체를 찾아 다시 기술판매 계약을 추진할 필요가 있다.

4.3 계약의 사후관리

기술판매 계약을 체결한 이후, 기술판매자 입장에서는 몇 가지 사후관리할 사항이 있는데, 그것은 기술자산 중에서 특허권을 유지하고, 기술의 사업화 추진상황을 파악하며, 기술료를 청구하는 것 등이다.

기술판매자가 실시권을 제공한 경우, 계약 기간 동안 특허 등의 지적재산권을 유지할 수 있도록 특허를 등록하고 연차료를 납부하여야 한다.

또한, 기술구매자가 기술이전 이후에 해당기술의 사업화를 제대로 추진하고 있는지를 확인하여, 필요시 추가적인 기술지원을 실시해 주도록 한다. 정상적으로 사업화가 추진되어 매출이 발생할 경우 이를 확인하여야 한다.

매출이 발생하여 매출액 실적이 발생하면, 이를 근거로 계약조건에 따라 기술료를 산정하여 청구하여야 하며, 최종적으로는 기술료가 제대로 입금되었는지를 확인하여야 한다.

5. 사업계획서

기술사업화의 계획을 정리한 자료인 사업계획서에 대해 알아본다. 사업계획서를 작성하는 목적과 작성원칙은 물론, 작성절차에 대해 알아보고, 각종 용도별 사업계획서의 구성내용에 대한 사례들을 살펴본다.

5.1 사업계획서 개요

사업계획서란 해당 기술의 사업화와 관련된 제반 사항들을 객관적이고 체계적으로 작성한 자료를 말한다. 사업계획서에는 통상적으로 사업의 개요, 시장의 구조적 특성, 고객의 성격 구성, 시장 확보 및 마케팅 전략, 제품/서비스의 기술적 특성, 생산시설, 입지조건, 생산계획, 수익전망, 투자의 경제성, 소요자금 규모 및 조달계획, 차입금 상환계획, 조직/인력 계획 등의 제반 사항이 포함되어 있다.

사업계획서의 작성 효과로는 사업의 성공 가능성을 높여주고, 계획적인 사업화로 사업화 기간을 단축해 주며, 투자자 및 고객의 관심을 끌거나 그들을 설득하기 위한 자료로 활용할 수 있다는 점 등을 들 수 있다.

사업계획서는 다음과 같은 원칙을 바탕으로 작성되어야 한다.

· 충분성과 자신감을 바탕으로 작성되어야 한다.
· 객관성이 결여되어서는 안 된다.
· 사업의 핵심내용을 강조하여 부각시켜야 한다.
· 제품 및 기술성 분석은 전문용어보다는 단순하고 보편적인 용어로 구성해야 한다.
· 자금계획은 정확하고 실현 가능성이 있어야 한다.
· 사업의 잠재적 문제점과 발생 가능한 위험요소에 대한 점검이 필요하다.

5.2 사업계획서의 작성 절차

사업계획서의 작성은 [도표 3-13]에 나타나있는 것처럼 총 7단계의 절차를 거쳐 완성된다.

1단계는 기본방향을 설정하는 것으로서, 사업계획서의 작성목적에 따른 방향을 설정하는 것인데, 주요 목적으로는 사업성의 검증 및 구체화, 사업화 자금의 조달, 생산을 위한 공장 설립의 인허가 등이 있다.

2단계는 사업계획서 작성양식의 확인으로서, 사업계획서 작성의 목적이나 제출기관 등에 따라 다른 것이 일반적이다.

3단계는 사업계획서 작성계획의 수립으로서, 시장성 및 판매전망은 영업부문이, 자금조달 및 운영은 재무부문이, 제품 및 기술성은 사업부문이 각각 담당하는 형태로 역할을 분담하여 작성하는 것이 일반적이다.

4단계는 사업계획과 관련된 자료의 준비로서, 사업계획서 작성에 필요한 자료 및 첨부서류 등을 준비하는 것이다.

5단계는 사업계획서의 작성양식을 결정하는 것으로서, 특정양식이 없는 경우에 한하며, 정해진 양식이 있는 경우에는 그 양식을 그대로 사용하여야 한다.

6단계는 사업계획서의 작성으로서, 전체적인 흐름은 손익계산서의 형태를 중심으로 하여 작성해 나가는 것이 일반적이다.

(1단계) 기본방향 설정

- 목적에 따른 방향 설정
- 사업계획서 작성의 목적
  • 사업성 검증 및 구체화
  • 자금조달
  • 인허가 (공장설립 등)

⬇

(2단계) 양식의 확인

- 목적 및 제출기관에 따라 차이

⬇

(3단계) 작성계획 수립

- 시장성 및 판매전망 : 영업부문
- 자금조달 및 운영 : 재무부문
- 제품 및 기술성 : 사업부문

* 창업자 작성 or 전문기관 의뢰

⬇

(4단계) 관련 자료 준비

- 사업계획서 작성에 필요한 자료 및 첨부서류 등을 준비

⬇

(5단계) 양식의 결정

- 특정양식이 없는 경우

⬇

(6단계) 사업계획서 작성

- 손익계산서 중심으로 작성

⬇

(7단계) 편집 및 제출/보고

- 표지, 모양 등의 편집도 중요
- 설명 및 질의응답에 대한 준비 (내용에 대한 충분한 숙지가 필요)

[도표 3-13] 사업계획서의 작성 절차

7단계는 사업계획서의 편집 및 제출/보고로서, 표지나 모양 등의 편집도 중요하며, 설명 및 질의응답에 대한 준비도 필요하다. 사업계획서를 브리핑해야 할 경우에는 계획서의 내용에 대한 충분한 숙지가 필요하다.

5.3 사업계획서의 형태

사업계획서의 형태(Form)는 용도에 따라 다르며, 표준 사업계획서는 존재하지 않는다. 또한, 사업의 목적에 따라 내용을 가감하여야 하며, 분량도 임의로 조정할 수 있다. 사업계획서는 용도에 따라 크게 2가지로 나눌 수 있는데, 내부용 사업계획서와 외부용 사업계획서가 그것이다.

5.3.1 내부용 사업계획서

내부용 사업계획서는 자신의 사업계획을 나름대로 구체화하여 수립하고, 이를 동업자나 판매처 등과의 관계에 활용할 목적으로 작성하는 내부 용도의 사업계획서이다. 내부용 사업계획서의 구성 및 주요 내용은 [도표 3-14]와 같다.

[도표 3-14] 내부용 사업계획서의 구성 및 주요 내용

구분	주요 내용
현 황	• 회사개요, 업체연혁, 창업동기 및 향후계획
조직/인력 현황	• 조직도, 대표/경영진/종업원, 주주 • 인력구성의 강약점
시장성 및 판매 전망	• 시장 현황, 업계 및 경쟁사 현황, 시장규모 및 M/S • 판매실적 및 판매계획
기술 현황/계획	• 제품의 내용, 기술현황, R&D투자 및 개발계획
생산/시설 계획	• 시설현황, 생산 공정도, 최근 생산실적 • 원/부자재 조달 상황, 시설투자 계획
재무계획	• 최근 주요 재무상태 및 영업실적 • 차입금 현황, 소요자금 및 조달계획
기 타	• 사업추진 일정계획

5.3.2 외부용 사업계획서

외부용 사업계획서는 자금조달이나 인허가 등을 위해 외부 관계기관에 제출하는 용도의 사업계획서로서, 이와 관련된 몇 가지 사례를 살펴보기로 하겠다.

[도표 3-15] 외부용 사업계획서 (창업조성자금 지원신청용)

용 도	• 창업조성자금 지원신청 (중소기업진흥공단)
주요내용	• 대표자 이력, 창업동기 및 사업전개 방안, 기업체 연혁, 주주 현황, 종업원 현황 및 고용계획 • 제품의 용도와 특징, 주요 경쟁업체 현황, 제품의 시장전망, 제품의 수요전망, 판매경로 및 방법 • 시설계획, 생산 및 판매계획, 원부자재 사용 및 조달계획, 생산 공정도, 공해처리계획, 공장소재지 약도 • 자금운용 및 조달계획 • 사업추진 일정계획
기 타	• 첨부서류 - 사업자등록증 사본 - 산업재산권 (특허/실용신안) 및 신기술 보유관련 서류

창투사나 금융기관을 대상으로 사업자금 지원을 신청하기 위한 사업계획서는 [도표 3-16]에서 보는 바와 같은 내용으로 구성되어 있다.

[도표 3-16] 외부용 사업계획서 (사업자금 지원신청용)

용 도	• 사업자금 지원신청 (창투사, 금융회사)
주요내용	• 회사 현황 - 개요, 지원요청 내용, 연혁, 사업장 입지조건, 주식분포, - 경영진/기술진/종업원, 조직도, 관계회사, R&D, 조업 • 사업 소개 - 사업 개요, 제품, 시장성 및 판매 전망, 기술성 - 생산 및 판매계획, 소요자금 및 조달계획 (증자계획 포함) • 재무 계획 - 재무 상황 : 자산/부채/자본 현황, 금융기관 대출 현황 - 재무 추정 : (추정)대차대조표, (추정)손익계산서, 자금조달 및 운용계획표 (Cash Flow)
기 타	• 보증 및 담보계획, 계획사업 추진일정

중소기업진흥공단 등의 기술개발 자금지원을 신청하기 위한 사업계획서는 [도표 3-17]에서 보는 바와 같은 내용으로 구성되어 있다.

[도표 3-17] 외부용 사업계획서 (기술개발자금 지원신청용)

용 도	• 기술개발자금 지원 신청 (중소기업진흥공단 외)
주요내용	• 회사 현황 - 연혁, 대표자 이력, 인력 현황, 주요 생산품 개요 - 시설현황, 기술개발 • 기술개발 사업계획 - 사업 내용, 연구 목표, 개발 효과, 국제수준 비교 - R&D인력 구성, 개발 공정도, 개발사업 추진계획 • 투자 계획 - 소요자금 총괄표, 소요자금 명세 • 공장 소재지 약도
기 타	• 최근2년 재무제표, 사업자등록증 사본, 공장등록증 사본 최근3개월 소득세징수액 집계표, 카타로그/설계도면 외

6. 기술사업화 프로세스

기술의 사업화를 추진하기 위한 구체적인 프로세스에 대해 알아보도록 한다. 또한, 기술사업화 프로세스의 4단계인 사업기회 파악, 사업개발, 사업전개, 성과확산 등에 대해 살펴보고, 각 단계에서 진행해야 할 구체적인 업무들을 살펴보도록 한다.

6.1 기술사업화의 핵심 요소

기술을 사업화하기 위해서는 여러 가지 요소들이 필요하다. 이들 중에서 가장 핵심이 되는 요소는 [도표 3-18]에 나타나 있는 5가지이다. 즉, 사업화 조직, 사업적 가능성, 사업모델, 기술적 가능성, IP(특허) 등 5가지 핵심요소가 있어야

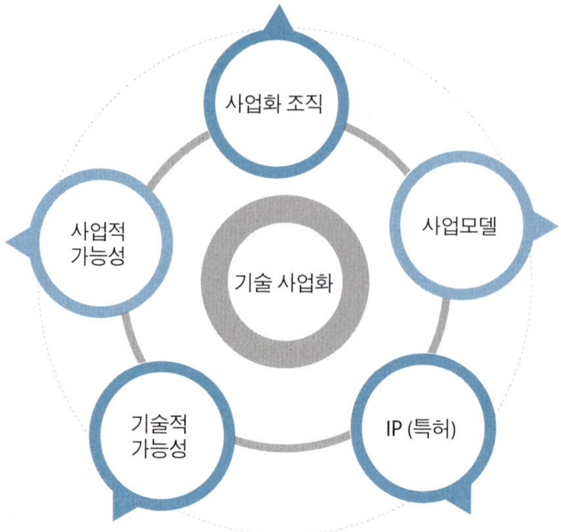

[도표 3-18] 기술사업화의 핵심 요소

해당 기술의 사업화 추진이 가능하다고 할 수 있을 것이다.

기술사업화의 5가지 요소에 대해 요소별로 구체적인 내용을 살펴보도록 한다.

1) 사업화 조직

기술사업화를 위해서는 이를 추진할 조직을 구성해야 하는데, 가장 중요한 구성원은 사업화 팀장일 것이다. 팀장을 중심으로 팀원들이 필요한데, 이외에도 이들의 활동을 지원해줄 후원자를 확보하는 것이 바람직하다. 또한, 팀원들만으로 기술사업화를 추진할 충분한 역량의 확보가 어려울 때는 외부의 파트너나 컨설턴트를 활용할 필요가 있다.

2) 사업적 가능성

해당 아이템에 대한 사업적 가능성을 확인해볼 필요가 있는데, 이를 위해서는 고객을 정의하고, 시장으로 진입하기 위한 채널을 확인해야 하며, 경제적인 가능성 및 사업가치 등을 고려해보아야 한다.

3) 사업 모델

사업적 가능성이 있는 여러 대안 중에서 최종적으로 선정한 사업 아이템에 대해 구체적인 사업 모델을 살펴보아야 한다. 즉, 사업화에 필요한 기술이 경제성을 유지할 수 있을 것인지를 확인해보고, 해당 시장에 대해 분석해보아야 하며, 사업과 관련된 라이센스 여부도 확인해 보아야 한다. 또한, 자금조달 및 현금흐름(Cash Flow)을 포함한 재무분석도 해볼 필요가 있다.

4) 기술적 가능성

해당 기술의 명세를 작성한 후, 이 기술이 실용적 목적에 부합할 수 있는 지를 확인해보고, 프로토타입(Prototype)을 통해 기술이 제대로 구동될 수 있을 지도 확인해보아야 한다. 또한, 이 기술로 구현될 제품의 원가를 분석해보고, 사업화에 필요한 인프라와의 적합성도 확인해보아야 한다.

5) IP (특허)

해당 기술과 관련된 특허들의 위치와 권리청구범위(Claims)를 파악하고, 이들에 대한 진입장벽을 확인하여야 한다. 또한, 영업비밀(Trade Secret)도 확인해볼 필요가 있다.

6.2 기술사업화의 프로세스

기술사업화의 5가지 핵심 요소들에 대해 파악하고 나면 해당기술의 사업화를 추진하여야 하는데, 이는 다음과 같이 4단계의 프로세스로 이뤄져있다.

- 1단계 : 사업기회 파악
- 2단계 : 사업 개발
- 3단계 : 사업 전개
- 4단계 : 성과 확산

이와 같은 4단계의 기술사업화 프로세스를 구체적으로 나타내면, [도표 3-19] 및 [도표 3-20]과 같다.

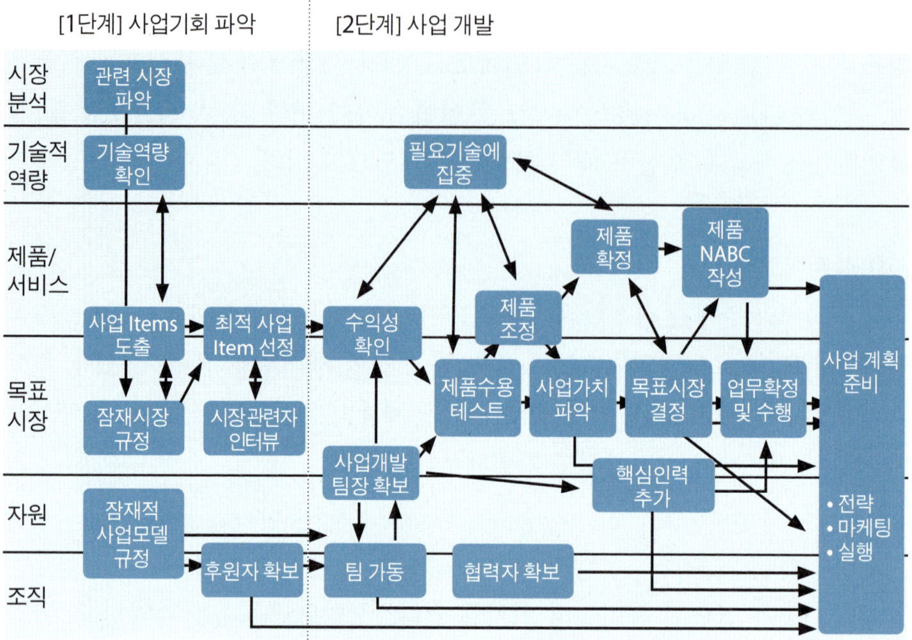

[도표 3-19] 기술사업화의 프로세스 (1,2단계)

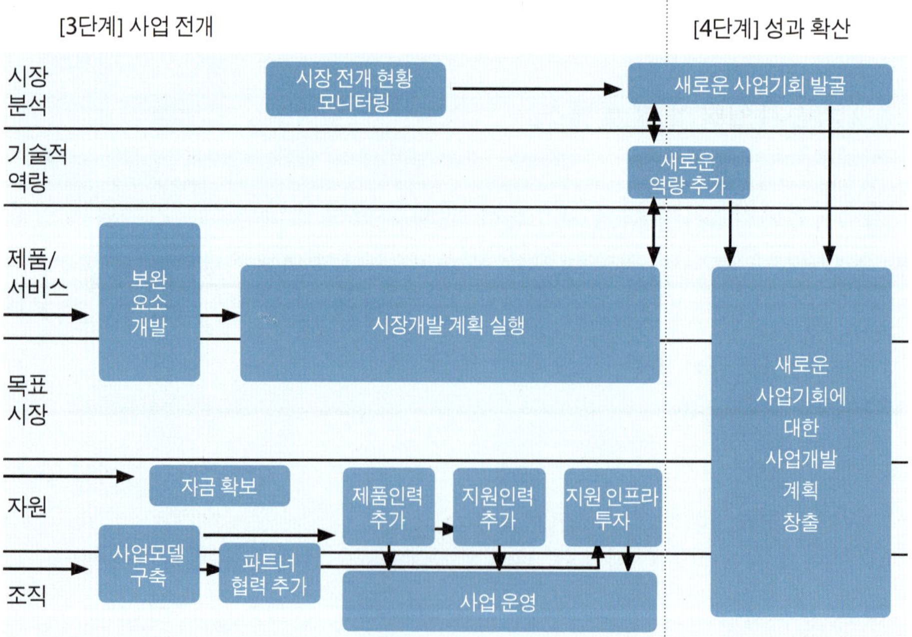

[도표 3-20] 기술사업화의 프로세스 (3,4단계)

[1단계] 사업기회 파악

기술사업화 프로세스의 1단계는 사업기회를 파악하는 것으로서, 여기에 포함되는 여러 가지 항목들에 대해 구체적인 활동내역을 살펴보기로 한다.

1) '관련시장 파악'에는 다음과 같은 활동들이 포함된다.
- 해당 기술에 대해 전반적인 시장규모를 분석한다.
- 시장을 세그멘테이션하되, 각 세그멘트별로 고객, 경쟁자, 규모 등을 파악한다.
- 관련 기술의 추이를 파악한다.

2) '기술역량 확인'에는 다음과 같은 활동들이 포함된다.
- 개발된 기술이나 특정 툴(Tool)과 같이 현재 보유하고 있는 역량들을 파악한다.

3) '사업 아이템 도출'에는 다음과 같은 활동들이 포함된다.
- 사업 아이템별로 평가를 실시한다.
- 사업성과나 사업가치 등과 같은 평가기준을 설정해놓는다.

4) '잠재시장 규정'에는 다음과 같은 활동들이 포함된다.
- 시장의 니즈를 파악하여, 잠재시장의 범위를 좁힌다.
- 시장선정의 기준을 마련하여, 잠재시장을 선별한다.
- 해당 기술의 실현 가능성이 높을 것으로 판단되는 1~2개의 목표시장을 선택한다.

5) '잠재적 사업모델 규정'에는 다음과 같은 활동들이 포함된다.
- 여러 가지의 가능성에 대해 검토한다.
- 사업목적에 대해 각 모델별로 찬반양론을 평가한다.
- 하나의 사업모델, 또는 사업모델의 조합을 선택한다.

6) '최적 사업 아이템 선정'에는 다음과 같은 활동들이 포함된다.

- 평가결과를 분석하고, 설정된 선정기준에 따라 최적 사업 아이템을 선정한다.

[2단계] 사업개발

기술사업화 프로세스의 2단계는 사업개발로서, 여기에 포함되는 여러 가지 항목들에 대해 구체적인 활동내역을 살펴보기로 한다.

1) '필요기술에 집중'에는 다음과 같은 활동들이 포함된다.

- 기술역량을 사업 아이템 및 제품과 연계시킨다.
- 기술역량을 정의하고, 담당자를 선정한다.
- 기술역량 담당자와 업무계획을 수립한다.

2) '수익성 확인'에는 다음과 같은 활동들이 포함된다.

- 기술사업화의 성과를 평가할 담당자를 결정한다.
- 분석된 사업성과를 상세히 기록한다.

3) '제품수용 테스트'에는 다음과 같은 활동들이 포함된다.

- 신제품의 성능 및 이점에 대해 시장 관련자들의 의견을 수렴한다.
- 시장 관련자들이 신제품에 대해 관심을 갖는 지를 파악한다.

4) '제품 조정'에는 다음과 같은 활동들이 포함된다.

- 사업개발자나 사업부 등의 관점에 따라 제품을 수정한다.
- 불확실성이 클 경우에는 사업 아이템에 대해 재점검한다.

5) '사업가치 파악'에는 다음과 같은 활동들이 포함된다.

- 사업가치 창출의 가능성을 파악하기 위해 재무적인 분석을 실시한다.
- 제품/시장 테스트와 고객 반응에 대한 결과를 종합한다.
- 예상되는 자금과 소요 자원을 추가로 고려한다.

6) '제품 확정'에는 다음과 같은 활동들이 포함된다.

- 최종적인 제품을 서술한다.
- 그 동안의 조사, 분석을 통해 파악된 결과를 상세히 기록한다.

7) '목표시장 결정'에는 다음과 같은 활동들이 포함된다.

- 시장에 대해 파악된 결과를 검토한다.
- 목표시장 선정의 기준을 마련하고, 1~2개의 목표시장을 선정한다.

8) '제품 NABC 작성'에는 다음과 같은 활동들이 포함된다.

- 시장의 Needs, Application, Benefit, Competition을 정의한다.
- 어떻게 시장 니즈를 만족시키고 베네핏을 제공하는지를 구체화한다.

9) '업무확정 및 수행'에는 다음과 같은 활동들이 포함된다.

- 가치제안(Value Proposition)을 실시한다.
- 출시를 결정하고, 제품/서비스를 제공한다.

10) '사업개발팀장 확보'에는 다음과 같은 활동들이 포함된다.

- 최적의 팀장을 선정하기 위한 평가표를 마련한다.
- 팀장에 대한 예비 목표 및 관련된 보상 기준을 마련한다.
- 시장지향적인 후보자들을 조사하고 접촉한다.
- 후보자들을 정한 후, 인터뷰를 통해 최종적으로 팀장을 결정한다.

11) '팀 가동'에는 다음과 같은 활동들이 포함된다.

- 사업개발팀을 구성하고 가동한다.
- 성과를 평가하고, 경제적 가치를 구체화한다.
- 제공할 신제품을 검토해보고, 필요시에는 제품기술에 적절한 수정을 해 나간다.

12) '협력자 확보'에는 다음과 같은 활동들이 포함된다.

- 시장진입의 포인트 및 핵심역량을 가진 협력자들을 파악한다.
- 선정된 시장에 가장 적합한 협력자들의 순위를 결정한다.
- 이들과의 협력에 따른 매출과 운영비용을 추정한다.

13) '핵심인력 추가'에는 다음과 같은 활동들이 포함된다.
- 사업에 필요로 하는 역량을 정의하고, 후보자들을 결정한 후, 팀에 합류 시킨다.
- 필요한 자원을 동원하기 위해 계약, 동업, J/V 등을 추진한다.

14) '사업계획 준비'에는 다음과 같은 활동들이 포함된다.
- 최종적인 사업모델을 선택하고 확정한다. 이 사업모델은 당초의 사업 모델과는 다를 수도 있다.
- 시장진입 전략, 마케팅, 사업운영, 팀원 구성 등을 포함시킨다.
- 재무적인 분석을 포함시킨다.

[3단계] 사업 전개

기술사업화 프로세스의 3단계는 사업 전개로서, 여기에 포함되는 여러 가지 항목들에 대해 구체적인 활동내역을 살펴보기로 한다.

1) '시장전개 현황 모니터링'에는 다음과 같은 활동들이 포함된다.
- 간단한 모니터링 시스템을 운영한다.
- 신기술, 신시장, 파트너 등과 같이 사업계획에 영향을 줄 수 있는 동향을 파악한다.
- 가장 잠재력이 큰 시장에 대해 사업적 가능성을 타진한다.

2) '보완요소 개발'에는 다음과 같은 활동들이 포함된다.
- 제품에 대한 브로슈어를 준비한다.
- 잠재고객을 대상으로 한 발표회나 설명회를 준비한다.

3) '시장개발 계획 수행'에는 다음과 같은 활동들이 포함된다.

- 잠재고객을 A,B,C 등급으로 설정한다.
- 1차 접촉대상 고객을 선정한다.
- A등급 고객을 대상으로 설명회를 실시한다.
- 고객의 반응을 검토하고, 필요시 제품을 수정한다.

4) '자금 확보'에는 다음과 같은 활동들이 포함된다.

- 목표시장에 진출하는데 필요한 자금을 파악한다.
- 자본투자가들과의 네트워크를 구축한다.
- 파트너나 투자가들을 대상으로 사업설명을 위한 핵심자료를 준비한다.
- 1차 자금조달을 위한 최종 사업계획서를 작성한다.

5) '사업모델 구축'에는 다음과 같은 활동들이 포함된다.

- 선정된 사업모델을 추진하는데 필요한 항목들을 도출한다.
- 회사 내부의 사업 프로세스와 관련된 부서의 합의를 도출한다.
- 파트너의 조직과 자원을 적절히 연계시킨다.

6) '파트너 협력 추가'에는 다음과 같은 활동들이 포함된다.

- 필요로 하는 자원을 파악한다.
- 잠재적인 파트너들과 그들의 자원을 파악한다.
- 가장 적합할 것으로 판단되는 3개 정도의 파트너들과 협의를 추진한다.
- 필요하다면, 파트너십이나 협력 체제를 구축한다.

7) '제품인력 추가'에는 다음과 같은 활동들이 포함된다.

- 선정된 시장 세그멘트에 따라 필요로 하는 인력을 결정한다.
- 후보자들을 검토한 후에 팀에 합류시킨다.

8) '지원인력 추가'에는 다음과 같은 활동들이 포함된다.

- 선정된 사업계획에 따라 재무, 인사, 총무 등과 같은 필요한 지원인력을

결정한다.

- 후보자들을 검토한 후에 팀에 합류시킨다.

9) '지원 인프라 투자'에는 다음과 같은 활동들이 포함된다.

- 설비, 건물, 통신망 등과 같이 필요한 인프라를 파악한다.
- 건물 부지, 설비, 자재공급자 등을 결정한다.

10) '사업 운영'에는 다음과 같은 활동들이 포함된다.

- 사업계획을 실행한다.
- 성과를 파악하여, 필요시에는 사업전략이나 실행계획을 수정한다.

[4단계] 성과 확산

기술사업화 프로세스의 4단계는 성과 확산으로서, 여기에 포함되는 여러 가지 항목들에 대해 구체적인 활동내역을 살펴보기로 한다.

1) '새로운 사업기회 발굴'에는 다음과 같은 활동들이 포함된다.

- 사업적 성공과 새로운 시장기회를 연계시킨다.
- 1~2개의 새로운 사업기회를 선택하고 평가한다.
- 새로운 사업기회에 필요한 역량과 현재의 보유역량을 연계시킨다.

2) '새로운 역량 추가'에는 다음과 같은 활동들이 포함된다.

- 새로운 시장에 필요로 하는 역량을 파악한다.
- 현재 보유역량과의 잠재적인 Gap을 파악한다.
- 새로운 역량과 기존 역량을 통합한다.

3) '새로운 사업개발 계획 창출'에는 다음과 같은 활동들이 포함된다.

- 2단계 (사업개발) 프로세스를 수행한다.
- 현재의 사업계획 및 활동과 연계시킨다.

연습문제

1. 다음 중에서 기술 사업화의 이슈가 아닌 것은?
   ① 과제관리　　② 기술가치평가
   ③ 기술사업화전략　　④ 기술판매

2. R&D의 결과 (Output)를 사업적 성과 (Outcome)로 변모시키는 주체를 영어로 무엇이라고 하는가?

3. 다음 중에서 가장 적극적인 기술사업화의 형태는 무엇인가?
   ① 라이센싱　　② Fee for Service
   ③ 벤처 인큐배이션　　④ 자체 사업화

4. 다음 중에서 기술사업화의 3대 요건이 아닌 것은 무엇인가?
   ① 기술의 완성도　　② 사업주체
   ③ 자기자본　　④ 사업성

5. 기술의 완성도를 나타내는 두 가지 요소는 무엇인가?
   ① 유용성, 첨단성　　② 유용성, 경쟁성
   ③ 첨단성, 경쟁성　　④ 첨단성, 신뢰성

6. 다음 중에서 신규사업의 특징이 아닌 것은?
   ① 지식/경험이 부족한 분야에서의 起業
   ② 회사가 손대지 않았던 새로운 활동
   ③ 기존사업보다 불확실성이 낮은 것
   ④ 높은 실패/손실의 Risk 가능성

7. 신규사업개발의 유형 중 기술을 창출한 후에 사업화를 추진하는 것을 무엇이라고 하는가?

8. 신규사업개발의 유형 중 사업 분야를 정하고 기술 확보를 추진하는 것을 무엇이라고 하는가?

9. 다음 중에서 신규사업의 요건과 거리가 먼 것은 무엇인가?
① 사회에 새로운 가치를 창출
② 기업의 사업구조를 재조정
③ 기존사업과의 시너지 효과
④ 기업의 Main 사업을 대체

(10~13) 프로젝트 NABC의 다음 네 가지 항목에 대해 답하시오.
① Need ② Approach ③ Benefit ④ Competition

10. 위 네 가지 중에서 고객의 요구 사항 등을 표현하는 항목은?

11. 위 네 가지 중에서 경쟁자와의 비교 등을 표현하는 항목은?

12. 위 네 가지 중에서 Q-C-D 측면에서의 이익을 나타내는 항목은?

13. 위 네 가지 중에서 프로젝트 Solution 등을 표현하는 항목은?

14. 프로젝트 NABC를 간단명료하게 표현하는 방법을 무엇이라 하는가?
① Update ② Iteration
③ Elevator Pitch ④ Current Status

15. 프로젝트 NABC의 4가지 항목을 순서대로 나열하고, 각 항목에서 검토해야 할 사항들을 서술하시오.

16. 사업모델이 성립하기 위해 충족되어야 할 2가지 요소는?

① 논리성, 차별성 ② 논리성, 우위성

③ 차별성, 수익성 ④ 논리성, 수익성

17. 사업모델이 이치에 맞는 지를 검토해보는 Test를 무엇이라 하는가?

① Normal Test ② Narrative Test

③ Number Test ④ Logic Test

18. 사업모델이 수익성이 있는 지를 검증해보는 Test를 무엇이라 하는가?

① Normal Test ② Narrative Test

③ Number Test ④ Logic Test

19. 다음 중에서 BM특허의 성립 요건이라고 할 수 없는 것은?

① 기존 영업방법을 컴퓨터화한 것 ② 통신기술과 결합된 것

③ 영업 방법에 대한 발명 ④ 통상의 기술수준을 넘어선 것

20. 다음 사례 중에서 성공적인 사업모델이라 할 수 없는 것은?

① Dell의 판매방식 ② 아메리칸 익스프레스의 여행자 수표

③ 온라인 식료품 사업 ④ 인터넷 전자상거래

21. 다음 중에서 기술판매의 순서를 올바르게 나타낸 것은?

가. 기술판매 협상　나. 계약서 작성　다. 사업주체 발굴

① 다 → 가 → 나 ② 다 → 나 → 가

③ 나 → 가 → 다 ④ 나 → 다 → 가

22. 다음의 기술이전 방식들 중에서 기술료가 가장 클 것으로 기대되는 것은?

① 통상실시권 허여 ② 전용실시권 허여

③ 소유권 이전 ④ 국내 한정의 전용실시권 허여

23. 기술료의 2가지 형태는 각각 무엇인가?

(1) (2)

24. 다음의 기술이전 계약조건들 중에서 옳지 않은 것은?

① 기술이전의 계약기간을 명시한다.

② 기술이전의 방식에 대해 명시한다.

③ 기술료의 지불주기는 정하지 않아도 된다.

④ 기술이전 계약에 대해 해약조건들을 나열한다.

25. 다음의 기술이전 계약의 사후관리 사항이 아닌 것은?

① 기술료의 지불방식에 대해 협의,결정한다.

② 기술자산을 유지하고, 필요시 특허의 연차료를 납부한다.

③ 기술의 사업화 추진 상황을 확인한다.

④ 매출액을 확인하고, 해당 기술료를 청구한다.

26. 다음 중에서 사업계획서 작성의 효과라고 볼 수 없는 것은?

① 사업성 제고 ② 성공가능성 제고

③ 사업화기간 단축 ④ 투자자/고객 설득

27. 다음 중에서 사업계획서 작성 원칙에 어긋나는 것은?

① 실현 가능성 ② 주관적 작성

③ 핵심내용 강조 ④ 충분성과 자신감

28. 다음의 사업계획서 작성 절차상 가장 마지막에 해야 할 항목은?

① 관련자료 준비 ② 사업계획서 작성

③ 편집, 제출/보고 ④ 양식의 확인

29. 다음의 사업계획서 작성 형태에 대한 내용 중에서 올바르지 못한 것은?

① 용도에 따라 형태가 다름. ② 분량을 임의로 조정할 수 있음.

③ 목적에 따라 내용을 가감함. ④ 표준 사업계획서도 있음.

30. 다음 중에서 내부용 사업계획서의 내용으로서 부적합한 항목은?

① 시장 현황 ② 기술 현황

③ 사업자등록증 ④ 소요자금 및 조달계획

(31~35) 기술사업화의 다음 5가지 핵심 요소에 대해 답하시오.
① 사업화 조직 ② 사업적 가능성 ③ 사업모델 ④ 기술적 가능성 ⑤ IP(특허)

31. 위 5가지 중에서 프로토 타입, 기술명세 등과 관련이 있는 기술사업화의 요소는 무엇인가?

32. 위 5가지 중에서 시장 채널, 고객 정의 등과 관련이 있는 기술사업화의 요소는 무엇인가?

33. 위 5가지 중에서 영업비밀, 특허권리 등과 관련이 있는 기술사업화의 요소는 무엇인가?

34. 위 5가지 중에서 파트너, 컨설턴트 등과 관련이 있는 기술사업화의 요소는 무엇인가?

35. 위 5가지 중에서 경제성, 재무분석 등과 관련이 있는 기술사업화의 요소는 무엇인가?

36. 다음 중에서 기술사업화의 4단계 프로세스를 올바른 순서대로 나타낸 것은 무엇인가?

가. 성과확산 나. 사업기회 파악 다. 사업개발 라. 사업 전개

① 다 → 나 → 라 → 가　　② 다 → 라 → 나 → 가
③ 나 → 다 → 라 → 가　　④ 나 → 라 → 다 → 가

37. 다음 중에서 '사업기회 파악' 단계에서의 활동이 아닌 것은?
① 잠재적 사업모델 규정　　② 제품 NABC 작성
③ 사업 Item 도출　　④ 관련시장 파악

38. 다음 중에서 '사업 전개' 단계에서의 활동이 아닌 것은?
① 보완요소 개발　　② 지원 인프라 투자
③ 제품 조정　　④ 자금 확보

39. 다음 중에서 '성과 확산' 단계에서의 활동이 아닌 것은?
① 시장 관련자 인터뷰　　② 새로운 역량 추가
③ 새로운 사업기회 발굴　　④ 새로운 사업개발 계획 창출

40. 다음 중에서 '사업 개발' 단계에서의 활동이 아닌 것은?
① 제품 확정　　② 수익성 확인
③ 제품수용 테스트　　④ 사업 운영

기술의 사업성 분석 4

제4장 기술의 사업성 분석

기술을 기반으로 한 기업에서 연구·개발을 통해 얻은 기술은 그 자체로 가치를 창출할 수는 없다. 즉 기술을 기반으로 한 사업이 성공하여 경제적인 결실로 이어져야만 이윤추구라는 기업의 궁극적 목적이 달성된다. 그러나 막상 기술을 사업화하는 과정에는 많은 어려움이 수반되는데 이는 사업을 위한 시설 투자는 물론 공정 개발 등에 따르는 시간과 비용 및 인력 등의 자원 투입이 필요하기 때문이다. 따라서 신중한 사업가라면 누구나 사업화를 추진하기 전에 사업의 성공 여부를 가늠해 보고자 하며, 이를 위해 개발된 다양한 사업성 분석의 도구들을 이용하여 의사결정에 도움을 받고자 한다.

이 장에서는 사업성 분석의 도구 중 경영진의 가장 큰 관심 사항이라 할 수 있는 경제적인 지표 산출을 최종 목표로 하되 단계적이고 체계적으로 진행되는 분석 방법론에 대해 학습하기로 한다. 우선 다음과 같은 의문사항들에 대한 답을 구하는 측면에서 분석 방법론을 살펴보고 실습사례를 통해 실무적인 지식을 배양하기로 하자.

첫째, 사업성 분석은 왜 필요한가? 또한 분석을 한다면 어떠한 체계로 진행하는 것이 바람직한가?

둘째, 체계적인 사업성 분석을 위해 단계적으로 요구되는 내용은 무엇이며 세부적으로 어떠한 내용을 검토해야 하는가?

셋째, 사업성 분석의 최종 목표는 사업추진에 대한 의사결정을 지원하는 것인데 이를 위한 경제적 지표는 어떻게 제시할 수 있을까?

1. 사업성 분석의 체계

본 절에서는 사업성 분석은 왜 필요한지 그리고 어떠한 체계로 진행하는 것이 바람직한지에 대해 개괄해 보기로 한다.

1.1 사업성분석과 사업계획서

사업성 분석은 사업화를 실행하기 전에 사업화 성공의 여부를 여러 가지 요소를 통해 살펴보고자 하는 것이다. 물론 사업성 분석을 통해 성공의 가능성이 높게 나왔다 하더라도 사업을 하면 반드시 성공 한다는 보장은 없다. 그러나 이러한 분석 과정 없이 막무가내로 사업화를 추진할 경우의 위험을 생각해본다면 사전에 충분히 검토하여 사업화 추진에 대한 의사결정을 하는 것이 더욱 합리적일 것이다. 따라서 사업성 분석은 사업화 성공의 첫 번째 단계라 볼 수 있다. 기술의 개발을 위해서 길고도 험난한 길을 걸어왔지만 사업화의 길은 기술개발의 단계 이후에 걸어야 하는 또 하나의 험난한 과정이다. 실제로 험난한 사업에 들어가기 전에 사업성 분석을 한다는 것은 마치 질병에 걸리기 전에 예방주사를 맞는 것과 유사한 의미로 받아들여지며 따라서 이 단계에서는 돌다리도 두드려보고 건넌다는 자세를 가질 필요가 있다.

그러면 사업성 분석은 누가 하는 것이 바람직할까? 누구나 손은 안으로 굽는 법이다. 기술 개발을 한 당사자가 사업성 분석을 한다면 사업화가 성공할 것이라는 기대감이 높을 수밖에 없고 의사결정을 위한 합리적인 분석 결과가 나오기는 쉽지 않다. 따라서 사업성 분석은 기술을 개발하거나 보유하고 있는 당사자보다는 사업화를 담당할 사업부 인력 등의 제 3자가 하는 것이 바람직하며 가능한 외부 전문기관 등에 의뢰하는 것도 좋은 방법이 된다. 하지만 부득이 하게 이러한 여건이 갖춰지지 않은 상황이라 하더라도 제 3자의 관점에서 냉정하게 분석하는 자세가 요구되며 가능한 제 3자의 검토를 받는 것이 좋다.

사업성을 분석한 결과 사업성이 있다고 판명되면 사업계획서를 작성하게 된다. 사업계획서에는 계획된 사업과 관련된 제반 사항이 객관적이고 체계적으로 정리되어 있어야 하며 이를 위해 사업의 내용, 경영방침, 시장성 및 판매전망, 기술성, 수익성, 소요 자금 조달 및 운영계획, 인력충원 계획 등을 포함하게 된다. 사업계획서를 작성하는 이유로는 객관적인 내용의 검토를 통해 사업 성공의 가능성을 높이고, 창업의 경우에는 계획적인 창업을 준비하게 함으로써 기간을 단축해 주는 등의 효과가 있기 때문이다. 또한 사업계획서는 투자자 및 고객의 관심을 불러일으키거나 혹은 사업과 관계되는 이해 당사자들을 설득할 필요가 있을 때 제시되는 자료로 활용될 수가 있다. 이러한 사업계획서 또한 기술개발의 당사자보다는 사업을 추진하는 주체 등 좀 더 사업을 객관화하여 판단할 수 있는 사람이 작성하는 것이 바람직하다.

1.2 사업성 분석의 장점

사업성 분석을 하면 다음의 효과를 볼 수 있다.

첫째, 사업화 주체의 주관적인 사업구상이 아닌 객관적이고 체계적인 사업성 분석은 사업화의 성공률을 높일 수 있다.

둘째, 사업성 검토를 통해 사업화를 위한 제반 요소를 정확히 파악함으로써, 사업화 기간의 단축 및 효율적인 사업화 추진이 가능하다.

셋째, 사업 아이템의 시장성, 기술성, 경제성 등을 관찰함으로써, 미처 알지 못했던 세부 사항을 사전에 인지하여 경영의 효율화를 도모할 수 있다.

넷째, 사업화의 구성요소를 정확하게 파악함으로써, 경영능력 향상에 도움을 줄 뿐만 아니라, 필요한 지식습득과 보완할 사항을 미리 확인하여 조치를 취할 수 있다.

1.3 사업성 분석의 체계

사업성 분석은 [도표 4-1]에서 보는 바와 같이 분석의 대상이 되는 해당 아이템에 대해 시장성, 기술성, 경제성 등의 순서로 분석한 후, 사업수행 능력과 기업 환경 분석을 추가로 검토하여 최종적인 사업성을 판단한다. 이러한 분석의 순서는 앞서 설명한 프로젝트 관리 단계에서의 SRI의 NABC 방법론과 유사한데, 즉, 시장성은 NABC의 Needs를 분석하는 것이고, 기술성은 Approach, 그리고 경제성은 Benefit에 해당한다고 볼 수 있다. 단지 사업성 분석에서의 각 요소는 NABC에서 요구되는 수준보다는 심도 있는 데이터를 필요로 한다. 예를 들어 분석 대상 아이템에 대해 시장성 분석을 한다는 것은 시장의 유무 여부, 시장의 크기, 예상되는 시장 점유율, 아이템 혹은 유사 아이템의 현재 가격, 향후 시장의 성장 전망, 아이템 가격의 변동 추이 등 일반적인 내용은 물론, 이러한 분석을 통해 얻은 수치 데이터로부터 최종적인 경제성 분석의 결과 해당 사업의 가치를 금전적으로 산출할 수 있는 정도의 상세한 분석을 요구하는 것이다.

사업성 분석의 최종단계라고 볼 수 있는 경제성 분석을 통해 해당 아이템의 사업성이 있다고 판단될 경우에는 전술한 바와 같은 사업 수행을 위한 사업계획서를 작성하게 된다. 이때 사업성이 있다고 하더라도 추가적인 요소로 사업수행 능력에 관한 정보와 기업환경 분석 등을 고려해야 하는데, 사업수행 능력이란 기업의 내부적인 요소로서 사업부의 사업 수행 능력, 기업의 기존 사업과의 유사성 등 해당 사업의 적정성 여부, 사업부의 경영 능력 여부 등을 말하고, 벤처의 경우에는 경영자의 기업가로서의 적성과 자질 유무 등을 포함한다. 또한 기업환경 분석을 통해 사업에 대한 위험요소를 미리 분석해 보는 것이 필요하다. 즉, 사업의 성장 가능성을 예측하고, 자금이 필요한 경우 소요자금의 규모와 조달의 가능성 여부, 그리고 자금의 차입이 필요한 경우에는 추후 상환능력 등을 검토하는 것이 중요하다.

1.4 사업성 분석 항목 - 시장성

사업성의 1차 관문은 제품을 원활히 생산하고 조달하여 고객에게 많이 판매하는 것이라 볼 수 있다. 보통 시장을 이야기할 때에는 시장 자체의 크기와 시장 점유율의 두 가지를 동시에 관찰해야 한다. 만일 시장의 점유율이 높다 하더

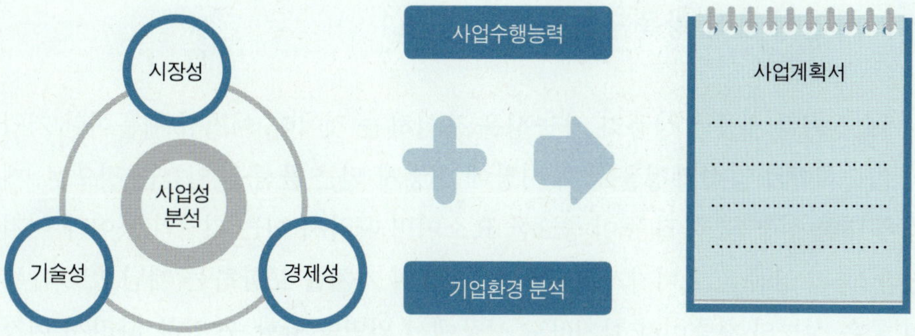

[도표 4-1] 사업성 분석의 체계

라도 시장 자체의 크기가 미미하면 사업성이 있을 리가 없고, 비록 시장의 점유율이 그다지 높지 않더라도 시장의 크기가 방대한 경우에는 사업을 통해 충분한 이익을 남길 수도 있기 때문이다. 이러한 관점에서 본다면 시장성 및 판매전망은 사업성 분석의 핵심 요소로서, 이때 분석을 해야 할 필요가 있는 세부 항목은 [도표 4-2]와 같다.

물론 기업이 분석 대상이 되는 아이템과 유사한 기술에 대해 이미 사업을 한 경험이 있는 경우 즉, 기존사업의 경우에는 세부항목 중 경쟁 상황의 분석 정도 만으로도 사업성 분석이 가능하다. 그러나 신규사업인 경우에는 제시되는 모든 세부항목의 검토가 필요하며, 이러한 점이 신규사업이 기존사업보다 힘이 드는 이유의 하나가 될 수 있다.

[도표 4-2] 시장성 분석의 항목

항 목	세 부 항 목
시장성 및 판매전망	• 시장의 특성과 구조 • 국내외 수요 동향 및 중장기 전망 • 해외시장 분석 (수출 가능성) • 목표시장 선정 및 판매 전략 • 경쟁 상황 및 향후 경쟁자 출현 가능성 • 가격 구조 및 동향 • 판매처, 판매조직 및 유통경로 • 기타 시장성 요소

1.5 사업성 분석 항목 - 기술성

기술성이란 제품의 상품화 가능성을 분석하는 것이다. 여기서 제품이란 기업이 기술개발과 양산과정을 통해 시장에 내놓게 되는 물품을 일컫는 것으로, 제품에 대한 성능 및 품질 등이 중요한 요소이며 따라서 이는 기업의 몫이라 여겨진다. 한편 상품은 소비자가 판단하는 제품의 가치를 포함하는 개념으로 아무리 좋은 성능의 제품이라 할지라도 시장에서 외면을 당할 수 있다. 따라서 이것은 고객의 몫이라 할 수 있다. 이와 같은 맥락에서 보면 기술성도 기업의 관점에서 판단하기보다는 고객의 관점에서 검토할 필요가 있으며, 이는 기술성 분석이라고 하여 단순히 제품의 목표 성능을 달성했는지를 검토하는 수준이 아니라는 것을 의미한다.

예를 들어 특허가 있는 경우 이론적인 성능과 실제 성능의 격차에 대한 검토가 필요하다. 즉, 통계적으로 알려진 바에 의하면 특허에 의한 사업화 성공률은 20% 수준에 불과하므로 실험실에서의 검증만으로는 불충분하며 실제 현장에 대한 적용 과정이 필요하다. 기술성 분석에서는 해당 아이템의 기술적인 완성도 이외에 실제 현장의 적응 능력 등이 정량화되어 평가될 필요가 있으며 이러한 분석의 상세한 내용은 기술성 분석의 절에서 상세히 다루기로 한다. 개략적으로 나타낸 기술적 타당성 검토의 세부항목이 [도표 4-3]에 나타나 있다.

[도표 4-3] 기술성 분석의 항목

항 목	세 부 항 목
기술적 타당성	• 기존제품과의 비교 (우위성) • 기술 및 기술인력 확보 • 생산능력 및 조업계획 • 생산설비 내역 및 규모 • 재료 조달 및 재료량 산정 • 품질 및 개선 가능성 • 기타 기술 및 생산관련 타당성

1.6 사업성 분석 항목 - 경제성

경제성 분석은 미래의 사업전망을 현재의 관점에서 관찰하여 사업성에 대한 경제적인 지표를 산출하는 과정이며, 이는 사업성 여부 및 사업화 추진 결정의 기준이 된다. 즉, 전술한 시장성과 기술성을 경제적인 의미를 갖는 수치로 변화시켜 사업성을 표현하는 과정으로, 향후의 전망을 통해 얻어진 수치적인 결과를 현재의 의사결정에 사용한다는 의미가 있다. 따라서 경제성 분석에서는 추정 재무제표의 작성이 핵심적인 활동이 되는데, 이는 손익계산서(P/L) 및 현금흐름(Cash Flow)표 등을 작성해 보는 과정을 포함한다.

경제성 분석의 세부 항목은 [도표 4-4]와 같다.

[도표 4-4] 경제성 분석의 항목

항 목	세 부 항 목
수익성 및 경제성	• 사업의 경제성 평가 • 손익 전망 • 투자수익률 및 손익분기점 분석 • 사업가치 분석 • 기타 경제적, 재무적 타당성 분석

1.7 사업화 성공률

사업성 분석의 대상 아이템은 체계적 사업성 분석을 통해 성공의 가능성 유무를 확인해 보는 것이 일반적이나, 해당 아이템의 성격에 따라 사업화의 성공률을 가늠해 볼 수도 있다. [도표 4-5]에서 보는 바와 같이 기존제품인가 신제품인가에 따라 그리고 기존시장이 존재하는가 혹은 새로운 시장을 개척해야 하는가에 따라 사업 아이템을 4가지 유형으로 나누어 볼 수 있다.

[도표 4-5] 제품의 유형에 따른 사업화 성공률

항 목	신 시 장	기 존 시 장
신 제 품	성공률 1/20 (5%)	성공률 1/2 (50%~75%)
기존제품	성공률 1/4 (25%~50%)	성공률 1/10 (10%~30%)

도표에서의 신제품은 신기술을 사용하여 만들어진 제품, 기존제품은 기존의 기술로 개발된 상품을 일컫는다. 신 시장과 기존 시장의 구분은 세부 기술을 말하기보다는 기술 영역을 통칭하는 표현이다. 예를 들어 전자 기술의 발전에 의해 변화된 CRT(Cathode- Ray Tube), LCD(Liquid Crystal Display) 및 LED(Light Emitting Diode) 기술은 각각 새로운 시장을 형성해 왔다기보다는 다 같은 디스플레이 시장으로서 최근의 OLED(Organic LED)기술을 이용한 TV는 기존의 디스플레이 시장에 새로운 기술을 이용하여 만들어진 제품의 사례가 된다. 사업화의 성공률은 이와 같이 신제품을 개발하여 기존 시장에 참여하는 경우가 가장 높은데, 이는 이미 검증된 시장이 존재하는 상황에서 항상 새로운 것을 추구하는 고객의 성향 또한 만족시키기 때문인 것으로 분석된다. 따라서 이러한 시장에서의 성공을 위해서는 새로이 선보이는 상품이 기존의 상품보다 고객이 느끼는 가치의 측면에서 반드시 무언가 좋은 점이 있어야 한다.

기존 제품으로 신시장에 진출하는 경우가 그다음으로 성공률이 높음을 관찰할 수 있다. 어떻게 기존 제품으로 새로운 시장에 진출할 수 있는지가 의문이 되겠지만, 남들도 다 보유하고 있는 기존의 기술을 이용하여 새로운 시장을 개척한 대표적인 예를 우리는 김치냉장고에서 찾을 수 있다. 김치 냉장고의 경우 냉장고 자체를 만드는 기술은 이미 알려진 기술로 새로운 기술이라고 볼 수 없다. 하지만 이러한 기술을 이용하여 김치를 보관하는 전용 냉장고를 개발한 것은 새로운 시장을 여는 계기가 되었다. 이러한 유형의 사업화에서 나타나는 장점은 경영자의 입장에서 기술의 개발비가 거의 들지 않는다는 것이다. 한편 누구나가 쉽게 새로운 시장에 접근할 수 있으므로 진입장벽이 낮고, 따라서 경쟁자와의 싸움이 불가피해진다는 단점이 있다.

경영자의 관점에서 그 다음으로 선호하는 유형은 비록 성공률은 제일 낮지만 새로운 제품으로 새로운 시장을 창출하는 것이다. 왜냐하면 성공률은 비록 낮으나 일단 성공을 하면 효과는 가장 크기 때문이다.

2. 시장성 분석(Market Feasibility)

2.1 시장성 분석의 중요성

사업 성패의 분수령은 결국 '제품의 판매'이다. 아무리 품질이 우수한 신제품이라도 판매가 되지 않으면, 결국 그 사업은 실패하게 마련이다. 또한 매출이 있다고 해도 그 증가율이 낮아 손익분기점(BEP: Break Even Point)에 이르는 기간이 길어지면 사업이 본궤도에 오르지 못하고 도산하는 경우가 많은 것이 현실이다. 따라서 제품의 시장성 분석은 사업 성패의 갈림길로서 사업성 분석의 핵심 요소이며 추상적으로 "잘 팔릴 것이다", "잘 팔리겠지"하는 안이한 생각보다는 객관적 근거나 실제 조사에 의한 시장성 검토가 필수적이다.

이러한 시장성 분석은 직접 수행할 수도 있지만 전문기관 또는 컨설턴트의 도움을 받아 수행하는 것이 더 바람직하다. 여건이 허락하지 않아 기술을 개발한 당사자 혹은 경영자가 직접 분석을 하게 되는 경우라 하더라도 제3자의 검토를 받는 것이 객관적인 안목으로 시장을 바라보는 데 도움을 준다.

사례4-1 셀룰로오스 스펀지 사업

국내의 한 회사는 셀룰로오스 스펀지라고 하는 섬유 펄프를 국내 최초, 세계 5번째로 개발, 생산하였다. 이 섬유 펄프는 주방용 행주나 유리, 자동차, 피아노, 가구, 냉장고, 컴퓨터, 도자기, 거실 바닥 등의 닦이로 다양하게 이용될 수 있는 제품이다.
그러나 사업이 본궤도에 오르기도 전에 판매가 제대로 되지 않아, 결국 도산하고 말았다. 이 회사의 도산 원인은 제품에 대한 홍보 부족, 생산기술의 미흡, 인력확보 난, 자금조달 곤란 등의 이유도 있었지만, 근본적인 문제는 시장성 분석이 미흡했던 것으로 판단되었다.
(시사점) 신제품에 대한 시장분석, 잠재수요 분석, 수입제품과의 경쟁분석, 시장규모 분석, 신제품의 고객수용도 측정, 판매량의 추이, 마케팅 전략 등 시장성에 대한 철저한 분석이 무엇보다 중요하다.

사례4-2 철강 사업

93년 초 신기술인 박슬래브 미니밀로 열연강판 시장에 진출한 국내의 한 철강회사는 고로 공법의 철강이 국내 시장에서 주도적 위치를 차지할 것이라는 예측이 우세한 상황에서 유독 미니밀 시장에 대한 낙관론을 견지하다 5년이 채 안 되어 부도를 맞이하였다.
(시사점) 현재 형성된 시장만을 바라보는 우를 범하지 말아야 한다. 시장의 미래 성장률을 과대평가한다든지, 초기의 추정치를 변화되는 상황에도 맹신하는 경향을 경계해야 한다.

사례4-3 음료 사업

P사에 의해 시장 잠식의 위기감을 느낀 C사는 99년 동안 지켜왔던 콜라의 제조법에 변화를 주어 새로운 맛의 콜라를 출시하였다. 새로운 맛의 콜라가 약 20만 명의 소비자 검증을 통과했다고는 하나, 기존의 콜라에 맛뿐만 아니라 정서적으로도 애착을 가진 고객들의 불만과 항의로 인해 79일 만에 기존의 맛으로 돌아오게 되었다.
(시사점) 시장분석에서는 현재 기업이 보유하고 있는 고유의 특성이 충성 고객에게 어떠한 가치를 주고 있는지 또한 고려해야 한다. 고객에 대해 철저히 분석하는 것 또한 시장분석에서 빼놓을 수 없는 중요한 부분이다.

2.2 시장성 분석의 프로세스

시장성 분석의 프로세스에 대해 살펴보기로 한다. [도표 4-6]에 나타나 있는 바와 같이 시장성 분석의 전반부는 준비 단계로서, 시장성 분석의 목표를 설정하고, 시장조사 및 시장성 분석에 대한 계획을 수립하며, 시장 관련 자료를 수집하고 분석하는 것이다. 중반부는 분석 단계로서, 실질적인 시장성 분석을 수행하게 되며, 이 단계에서는 전반적인 시장 동향 분석, 시장 및 제품 환경 분석, 수요 예측, 제품성 분석, 제품의 경쟁력 분석, 경쟁적 지위 분석 등 실질적인 시장성 분석이 이뤄지게 된다. 후반부는 평가 단계로서, 판매계획 및 판매 전략을 수립하고, 시장성 평가 및 사업성 종합평가를 수행하게 된다.

도표에서 보는 바와 같이 시장성 분석의 전 과정을 수행하는 데는 많은 시간과 노력이 소요된다. 또한 시장 조사 및 이를 통한 데이터의 취합 등은 기술의 개발 당사자가 추진하기에는 무리이며 설사 본인이 이러한 과정을 모두 소화하여 시장성 분석을 하였다 하더라도 결과로 얻어진 데이터가 객관적인 신뢰성을 갖는다고 보기에는 어렵다는 것이 일반적인 관점이다. 따라서 가능한 시장에 관련된 자료와 데이터는 전문기관을 통해 얻어진 내용을 토대로 하는 것이 바람직하며 시장성 분석 또한 전문기관 혹은 전문가에게 맡기는 것이 좋다. 시장의 조사 분석을 위한 전문부서를 갖고 있는 기업의 경우에는 이러한 부서에 협조를 요청하여 자료를 얻을 수도 있지만 그렇지 않은 경우 대부분 일정한 비용을 들여 자료를 얻는 것이 통례이다. 인터넷 등에서 무료 혹은 저가로 구입할 수 있는 데이터의 이용은 분석 결과에 대한 신뢰성을 심각하게 저하하므로, 이처럼 시장의 데이터를 구하고 분석하는 작업에는 일정 비용이 소요된다는 것을 처음부터 인지하는 자세가 필요하다.

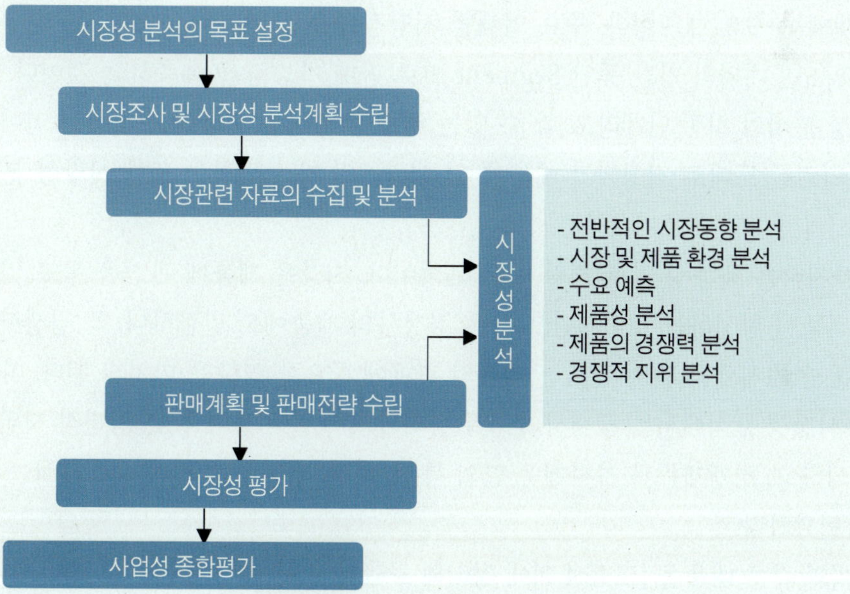

[도표 4-6] 시장성 분석의 프로세스

2.3 시장성 분석의 목표

시장성 분석의 목표는 다음과 같이 크게 4가지로 나눌 수 있다.

첫째는 현재의 시장 상황에 대한 분석이다. 사업화를 계획하고 있는 제품이 충분한 고객을 확보할 수 있는지는 제품의 판매와 직결된다. 따라서 계획하고 있는 제품과 관련한 시장의 규모를 파악하는 것이 우선이다. 만일 현재 시장을 형성하고 있지 않은 제품이라고 판단되는 경우에는 대체 가능한 혹은 유사한 제품에 대한 시장의 특성과 구조를 파악해야 한다. 현재의 혹은 예상되는 고객의 구성 및 분포 등에 대해 분석하는 것이 시장성 분석의 중요한 목표 중 하나이다.

둘째는 시장의 변화에 대한 분석이다. 시장은 정체되어 있지 않다. 따라서 시장 및 제품 환경의 변화에 따라 달라질 것으로 예상하는 시장에 대한 분석 또한 필요하다. 시장 환경 및 제품 환경의 변화에 의해 제품에 대한 수요가 유동적일 수밖에 없으므로 환경변화에 따라 판매 전략 또한 변화하게 된다. 따라서 시장 분석에서는 향후 예상되는 판매 전략의 변화 또한 고려하여야 한다.

셋째는 수요 예측이다. 주요 업체별 시장점유율, 즉 M/S(Market Share) 현황과 향후 5년 내외의 기간 동안 Segment 별로 판매 가능량을 예측하는 것이다. 사업성 분석의 최종 단계라고 할 수 있는 경제성 분석은 시장성 분석에서 얻어지는 자료를 토대로 진행되기 때문에 더 객관적인 자료의 확보 또한 시장성 분석에서의 중요한 목표가 된다.

마지막은 제품성 및 경쟁적 지위 분석이다. 시장은 제품에 관심을 두고 있는 고객들이 형성하는 것이지만 고객은 경쟁사의 제품에도 민감하다. 즉 경쟁사의 제품과 자사제품 간의 관계는 제품의 판매에 중요한 영향을 미치게 된다. 따라서 시장성 분석에서는 경쟁사의 재무상태나 영업실적 등과 같은 경쟁적 지위를 분석하고, 경쟁제품과 자사제품 간의 특성, 품질, 가격수준 등을 비교해보는 것이 필요하다.

이와 같은 내용을 [도표 4-7]에 정리해 보았다.

2.4 시장조사 및 시장성 분석 계획

시장성 분석계획 수립 시에는 다음과 같은 사항들을 고려해야 한다.

첫째, 분석 항목의 범위와 수준을 결정한다. 한정된 자원과 기간을 고려하여 적절한 분석항목을 선별하는 것이 필요하다.

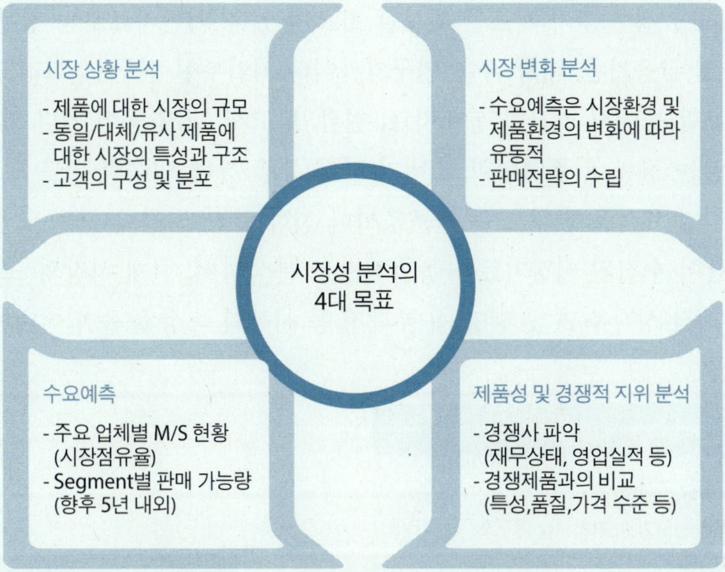

[도표 4-7] 시장성 분석의 4가지 목표

둘째, 자료수집의 범위, 출처 및 방법 등을 결정한다. 수집된 자료는 객관성, 공평성, 타당성, 신뢰성 등이 유지될 수 있는 자료여야 한다.

셋째, 분석에 소요되는 인력, 기간 및 비용 등에 대해 계획한다. 여기에는 자체적으로 분석할 것인가 혹은 외부 전문기관을 활용할 것인가 등을 결정하는 내용이 포함된다.

넷째, 수요예측, 시장성 분석 등의 기법을 결정한다.

다섯째, 시장성 분석의 일정 계획을 수립한다.

2.5 시장관련 자료의 수집 및 분석

시장관련 자료의 수집 및 분석과 관련해서는 자기중심적 판단이 아닌 객관적인 해석이 필요하다. 왜냐하면 누구나가 자신의 사업 및 제품에 대해서는 너무 긍정적으로 판단하는 경향이 있기 때문이다.

시장자료를 수집하는데 있어서는 기존에 나와 있는 자료를 활용하는 것이 좋으며, 부족할 경우 추가 자료를 확보할 필요가 있다. 기존자료로는 정부 기관이나 단체 및 금융기관, 대학 혹은 연구기관이나 기업부설 연구소, 그리고 업계의 협회나 조합 등에서 발간한 통계자료, 연감, 보고서, 잡지 등이 있다. 그리고 추가 자료로는 경쟁자, 무역협회, 소비자 단체 등을 통해 입수할 수도 있고, 또는 자신이 직접 고객을 상대로 한 설문조사나 전화 및 면담 등을 할 수도 있다.

이와 같이 수집된 시장자료를 종합적으로 분석하여, 현재 시장의 크기, 시장 점유율, 시장 성장추세 및 전망, 유통과정 등 시장의 특성 등을 얻어내야 한다.

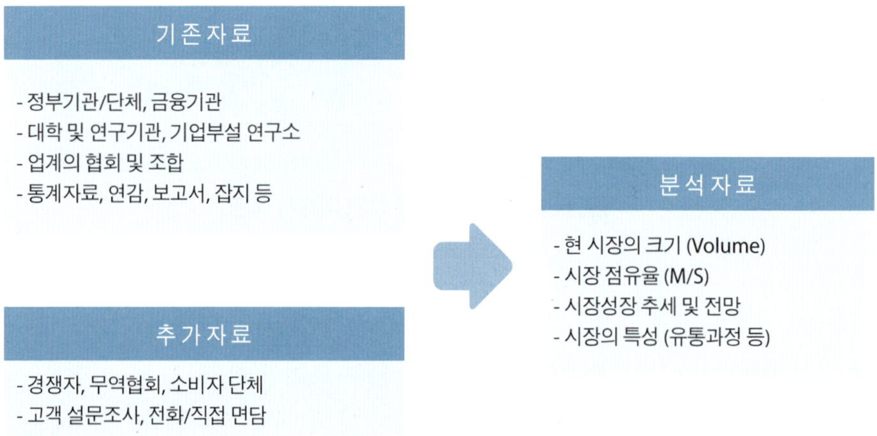

[도표 4-8] 시장관련 자료의 종류

2.6 판매계획 및 전략의 수립

시장조사 분석을 종합하면, 결국 마케팅의 개념과 같다고 할 수 있다. 즉, 환경 분석과 3C분석에 이어 STP 전략을 세우는 과정이라고 할 수 있다.

환경 분석에서는 사회적(Social), 법적(Legal), 경제적(Economical), 정치적(Political), 기술적(Technological) 관점의 5가지 측면에서 SLEPT 분석을 실시하고, 또한 제품수명주기(PLC: Product Life Cycle)를 분석하게 된다. 3C 분석에서는 마케팅의 3대 주체인 고객(Customer), 경쟁사(Competitor) 및 자사(Company)를 분석하고, STP 전략에서는 이와 같은 분석을 바탕으로 시장을 세분화(Segmentation)하고, 세분화된 시장 중에서 목표시장을 설정(Targeting)한 후에, 이 시장에 어떻게 자리 잡을 것인가 하는 포지셔닝(Positioning) 전략을 세우게 되는 것이다.

[도표 4-9] 판매계획 및 전략의 수립

2.7 시장성 분석의 평가

시장성 분석의 결과로 시장성을 평가해야 하는데, 평가 기준을 정형화하는 데는 한계가 있다. 즉, 시장규모, 시장점유율 등이 어느 정도일 때 시장성이 있는 것으로 볼 것인지 등에 대한 객관적 기준은 없다는 뜻이다. 결국, 시장성 유무의 판단은 해당 사업을 추진해나갈 사업 주체의 주관적 판단에 의해 결정된다. 하지만 통상적으로 다음의 내용을 시장성 유지의 조건으로 본다.

첫째, 연도별로 경쟁사 대비 점진적인 시장점유율의 확보가 가능해야 한다.

둘째, 계획기간 내에 손익분기점 매출에 도달할 수 있어야 한다. 제조업일수록, 또한 투자규모가 클수록 투자 회수기간(P/B: Pay-Back)이 긴 경향이 있는데, 통상 사업개시 3년 이내에 흑자달성이 가능해야 한다.

이와 같은 조건이 안 맞으면, 무리하게 사업을 추진하기 보다는 사업포기 또는 사업 시기를 늦추는 것이 바람직할 것이다.

3. 기술성 분석(Technology Feasibility)

3.1 기술사업화의 요건

기술을 사업화(Technology Commercialization)하기 위해서는 완성도 있는 기술이 있어야 하고, 사업을 누가 할 것인가 하는 사업의 주체(Receiving System)가 결정되어야 하며, 사업성 분석을 통해 사업화의 성공 가능성이 예상되는 등의 3가지 요건이 충족되어야 한다.

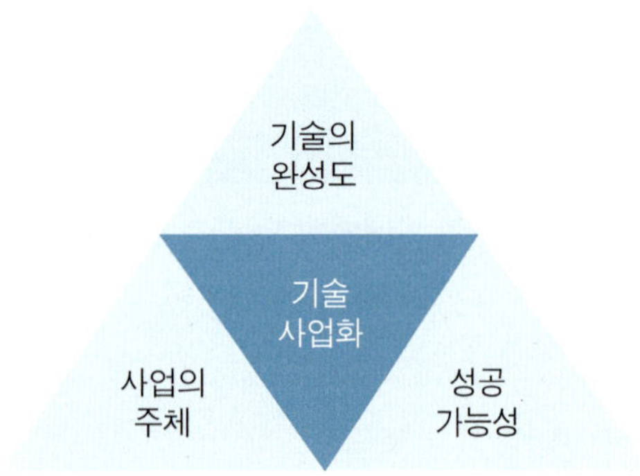

[도표 4-10] 기술 사업화의 3대 요건

이 중에서 기술의 완성도는 가정 먼저 검토되어야 하는 항목으로 만일 기술의 완성도에 문제가 있는 경우에는 그 대응방안을 강구해야 한다. 즉, 기술목표의 변경이나 대내외 전문가 활용을 통한 문제 해결 등 현실적인 대책을 강구해야 하는데, 무리한 진행으로 더 큰 손실을 초래하기보다는 사업을 포기하거나 보류하는 것이 더 바람직한 의사결정이 될 수 있다.

3.2 기술의 완성도 검토

기술의 완성도 검토란 개발 및 생산 기술이 사업화가 가능한 정도의 완성도를 갖고 있는가를 확인하는 단계로, 연구·개발 활동을 통해 확보한 기술의 완성도를 검토하기 위해서는 기본적으로 개발 초기 단계에서 계획한 목표 성능의 달성 여부가 검토되어야 한다. 개발 초기에 목표로 한 성능을 달성했는지는 일반적으로 개발 완료보고를 통해 이루어지는데 이러한 계획된 목표 성능 외에도 사업화를 추진하기 위해서는 신뢰성, 품질, 수율, 재현성, 경시변화, 원가경쟁력 등을 종합적으로 확인해야 한다. 또한, 개발기술뿐만 아니라 해당 제품의 양산을 위한 생산기술의 확보도 중요한 요소로 생산기술, 공정기술, 품질, 관련 설비 및 자재의 확보 등도 확인해야 한다.

이와 더불어 특허 등 지적재산(IP: Intellectual Property)을 확인하는 절차가 필요한데, 확보된 기술이 경쟁사 등 타사가 보유하고 있는 지적재산과 관련하여 법적인 문제점은 없는지를 추가로 확인해야 한다.

3.3 타 기술과의 비교분석

확보된 기술이 경쟁력을 갖기 위해서는 차별화되어야 한다. 기술사업화의 궁극적인 목적은 개발된 기술이 고객의 집합이라 할 수 있는 시장에서 고객에게 가치를 제공하는 제품 혹은 서비스로 구체화하는 것이며 이는 곧 고객의 요구사항을 파악하는 마케팅과 연관된다. 마케팅의 핵심은 경쟁이며, 경쟁의 핵심은 차별화(Differentiation)라고 할 수 있다. 따라서 차별화의 방법은 여러 가지가 있겠으나, 핵심기술(Core Competence)에 의한 제품 혹은 서비스의 차별화가 가장 근본적인 방법이라 할 수 있다.

경쟁기술과의 비교를 위해서는 우선 장기적인 안목으로 해당 기술의 거시적인 발전 추이를 전망해야 하며, 가급적 도표를 활용하여 일목요연하게 분석하는 것이 바람직하다. 또한, 자사의 기술과 경쟁사 및 잠재적 경쟁사와의 기술수준을 비교하여야 하는데, 특히 경쟁사와 비교할 경우에는 현재의 기술수준이 아닌 미래의 추정 기술수준으로 비교해야 실질적인 의미가 있다.

3.4 기술성 분석의 항목

기술성 분석에서는 기술의 완성도를 검토하고 타 기술과 비교분석 하는 등의 모든 노력을 기술 개발의 관점이 아닌 '사업의 관점'에서 행해질 수 있도록 하여야 한다. 이를 체계적으로 실현하기 위해서 통상 기술성 분석은 2가지 항목으로 구성되는데, 유용성(Utility)과 경쟁성(Competitiveness)의 평가가 그것이다.

유용성 평가란 확보된 기술이 해당 사업에 어느 정도 사용가치가 있는가, 즉 얼마나 사업에 유용한 기술인가를 평가하는 것이다. 경쟁성 평가란 해당 기술이 경쟁기술에 대해 차별성, 영속성, 독창성 등이 있는가, 즉 얼마나 경쟁력이 있는 기술인가를 평가하는 것이다.

3.5 기술의 유용성

기술의 유용성 평가는 [도표 4-11]과 같이 총 9개 항목으로 구성된다. 유용성의 구성항목을 살펴보면, 사업화 자금 규모, 지속적 기술개발 전망, 사업화 소요기간, 유효한 경제적 수명, 사업부에 대한 유용성, 경쟁사에 대한 유용성, 사업화의 장애 요소, 고객의 구매 의향, 특허의 학습가치 등이 있다. 이와 같은 9개 항목에 대해 정성적인 판단으로 기술성을 검토할 수도 있고, 항목 각각을 5점 척도법(예: -2, -1, 0, 1, 2)으로 평가하여 종합점수를 산정하는 방식으로 계량화하여 평가할 수도 있다.

또한, 타사 기술도 같은 방식으로 유용성을 평가하여 자사 기술의 유용성과 대비하여 비교해볼 수 있다.

[도표 4-11] 기술의 유용성 평가 항목

분 야	항 목	내 역
유용성 (Utility)	Capital Required for Implementation	사업화 자금 규모
	Ongoing Technology Outlook	지속적 기술개발 전망
	Time Required for Implementation	사업화 소요기간

분 야	항 목	내 역
유용성 (Utility)	Useful Economic Life	유용한 경제적 수명
	Usefulness to User	사업부에 대한 유용성
	Usefulness to Others	경쟁사에 대한 유용성
	Barriers to Commercialization	사업화의 장애 요소
	Customer Willingness to Pay	고객의 구매 의향
	Teaching Value of Patent	특허의 학습가치

3.6 기술의 경쟁성

기술의 경쟁성 평가 또한 [도표 4-12]에서와 같이 총 9개 항목으로 구성된다. 경쟁성의 구성항목을 살펴보면, 대체 기술, 경쟁자에게 미치는 영향, 기술의 복잡성, 차별화, 지적재산의 법적 보호, 전략적 위치 선정, 지역적 적용성, 기술가치의 소멸 가능성, 기술의 대체 가능성 등이 있다. 이와 같은 9개 항목에 대해 정성적 혹은 각각 5점척도법으로 평가하여 종합점수를 산정하는 방식으로 경쟁성을 평가할 수 있다. 또한, 타사 기술도 같은 방식으로 경쟁성을 평가하여 자사 기술의 경쟁성과 대비하여 비교해볼 수 있다.

[도표 4-12] 기술의 경쟁성 평가 항목

분 야	항 목	내 역
경쟁성 (Competi-tiveness)	Alternative Technologies	대체 기술
	Competitor Impact	경쟁자에게 미치는 영향
	Complexity of Technology	기술의 복잡성
	Differentiation	차별화
	Legal Strength	지적재산의 법적 보호
	Strategic Positioning	전략적 위치 선정

분 야	항 목	내 역
경쟁성 (Competi-tiveness)	Geographic Area	지역적 적용성
	Obsolescence Potential	기술가치의 소멸 가능성
	Displacement Potential	기술의 대체 가능성

3.7 기술성의 평가

해당 기술의 기술성을 계량적으로 평가하기 위해서는 유용성과 경쟁성의 평가를 종합하여 평가점수를 산정한다. 산정하는 절차를 예를 들어 단계적으로 살펴보면 [도표4-13]과 같다. 우선 유용성과 경쟁성의 각 9개 항목에 대한 5점 척도의 점수를 100점 만점으로 환산한다. 100점 만점으로 환산된 유용성의 점수와 경쟁성의 점수를 평균하여, 최종적인 해당 기술의 기술성 평가 점수를 산정하게 된다. 이와 같은 방식의 평가를 경쟁사의 기술에 대해서도 실시하여, 이를 자사의 기술성 평가 점수와 비교하면, 종합적인 기술성 평가가 가능하다. 시장에서의 점유율, 즉 M/S(Market Share)는 대개 이와 같은 기술성의 순서대로 1위, 2위가 결정되는 경우가 많다.

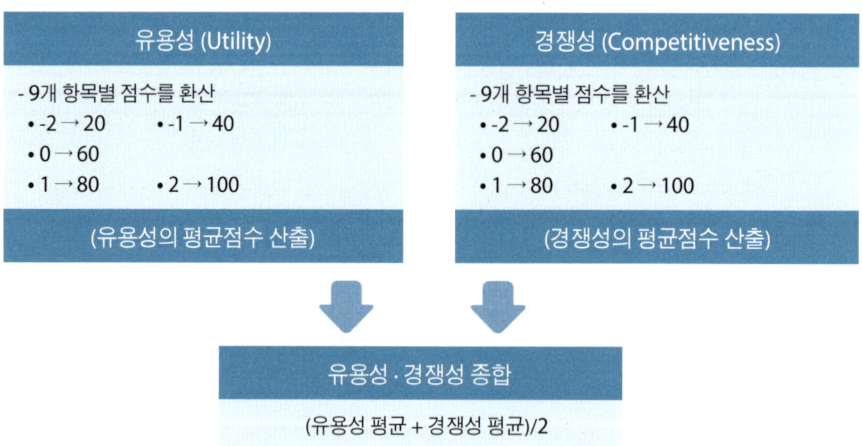

[도표 4-13] 기술성 평가 점수의 산정

4. 경제성 분석(Financial Feasibility)

경제성 분석은 사업성 분석의 최종 단계로 사업화 추진을 고려하는 해당 아이템에 대한 경제성을 분석하는 것이다. 아무리 우수한 제품을 개발하고 생산하더라도 또한 아무리 많이 판매하더라도 수익이 나지 않는다면 그 사업 아이템은 결코 사업성이 있다고 볼 수 없는 것이므로 경제성은 사업화 추진의 여부를 결정하는 의사 결정권자의 가장 큰 관심사이기도 하다.

경제성 분석의 절차는 [도표 4-14]에서와 같이 첫째, 투자안의 미래 현금흐름을 예측하고, 둘째, 예측된 미래 현금흐름으로부터 의사결정을 위한 경제성 지표를 산출하며, 셋째, 산출된 경제성 지표를 바탕으로 투자안에 대해 평가를 진행하는 순서로 진행한다.

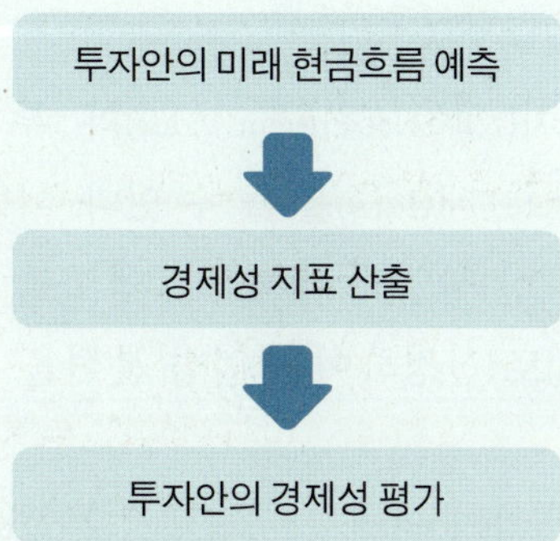

[도표 4-14] 경제성 분석의 절차

투자의 수익성 혹은 투자의 효율성을 나타내도록 마련되는 경제성 지표는 다양한 방법을 통해 산출할 수 있지만 크게는 미래의 현금흐름에 대해 할인을 적용하는 방법과 할인을 적용하지 않는 방법으로 대별된다. 할인하지 않는 방법은 복잡한 계산을 거치지 않고도 즉각적으로 경제성을 판단하는 데 도움이 되지만 현실적인 내용을 반영하기에는 한계가 있으므로 보다 심도 있는 경제성 분석을 위해서는 미래 현금흐름을 할인하여 다루는 방법이 권장된다.

미래의 현금흐름을 할인하여 산출하는 대표적인 경제성 지표로는 투자의 수

사례4-4　S/W의 기술성 평가

다음의 도표는 정부의 상용 소프트웨어 기술성 평가 기준(2016년, 미래창조과학부)으로 항목별 가중치를 두어 정량적인 값으로 평가함을 알 수 있다.

평가항목		배점	주요내용
기능성 (30)	기능구현 완전성 상호 운용성	20 10	• 수요기관 요구 기능 구현 여부 • 다른 프로그램과의 연동 가능 여부
가격효용성 (20)	가격 대비 효용성	20	• 가격 대비 제품 성능 수준
보안성 (20)	정보 보안성	20	• 인가되지 않은 사람이나 시스템의 접근으로부터 보호 여부
이식성 (20)	운용환경 적합성 하위 호환성	10 10	• 요구 사용 환경에 설치 가능 여부 • 이전 데이터 사용 가능 여부
유지보수성 (10)	환경설정 변경 가능성	10	• 환경설정 변경 및 용이 여부

익성을 나타내는 사업가치(NPV:Net Present Value)와 투자의 효율성을 나타내는 내부수익률(IRR: Internal Rate of Return)을 들 수 있다. 이들을 이용한 경제성 분석은 해당 사업 아이템에 대한 사업의 가치를 금액으로 산정하거나 혹은 투자에 대한 수익률을 백분율(%)로 산정하여 사업성 분석을 위한 의사결정에 반영하는 것이라 볼 수 있다.

미래의 현금흐름을 예측하기 위해서는 경제성 분석의 대상인 사업 아이템에 대한 제조원가명세서와 손익계산서를 추정치로 작성하여야 한다. 이들에 대한 자료가 얻어지면 사업가치와 내부수익률 등 경제성 지표의 산출이 가능한 것 이외에도 예상되는 매출과 이익으로부터는 손익분기점(BEP: Break Even Point) 분석이 가능하며, 현금흐름(Cash Flow) 예측에 의해 자금조달 계획 수립 또한 가능하다.

경제성 지표의 산출 및 부수적 활동을 위한 경제적 기초자료를 마련하기 위해서는 회계와 관련한 기본 지식이 필요함을 알 수 있다.

4.1 매출과 손익의 구조

경제성 분석을 위한 매출과 손익의 구조는 [도표4-15]에서 보는 바와 같이 크게 매출을 통한 수입과 소요되는 비용을 나타내는 지출 및 그들 간의 관계로부터 형성된다. 제품의 판매로부터 매출액이 얻어지며 매출액으로부터 각종 비용을 제외한 나머지가 이익으로 남게 된다.

원가는 직접비에 해당하는 제조원가가 있으며, 간접비에 해당하는 판매 및 일반관리비(약칭 판관비라고 함)가 있다. 직접비인 제조 원가는 보통 4M이라고 하는 네 가지 요소로 구성된다. 4M은 인건비(Man), 설비투자비(Machine), 재료비(Material), 제조 경비(Money) 등인데, 이 중에서 설비투자비는 감가상각비로 처리하게 된다.

매출액에서 직접 및 간접 원가를 제외한 것이 영업이익인데, 투자의사 결정을 하기 위한 경제성 분석에서는 통상적으로 영업이익에서 세금을 제외한 세후 영업이익을 고려하게 된다. 즉, 경제성 지표를 산출하기 위한 미래 현금흐름의 산출은 이 세후 영업이익의 예측으로부터 시작한다.

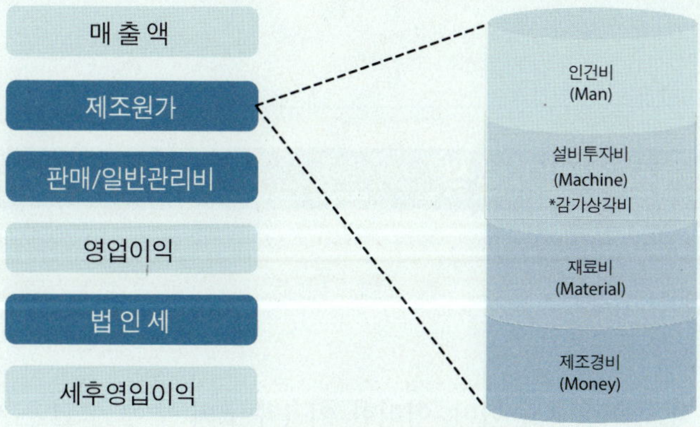

[도표 4-15] 경제성 분석에서의 매출과 손익의 구조

4.2 법인세 기준

법인세란 법인의 사업에서 생긴 소득에 부과되는 세금이다. 법인세율은 기본적으로 누진세의 형태를 보이는데, 과세표준금액에 대해 초과누진세의 형태로 세율을 적용하고 있다. 이와는 별도인 주민세는 일명 세금의 세금이며, 법인세액의 10%가 추가 부과된다. 적자가 날 경우에는 이월결손금으로 처리되며, 향후 5년 이내에 납부할 법인세에서 이월결손금만큼 감면해주게 된다. [도표 4-16]은 우리나라의 현행법인 및 개인 사업자에 대한 기준 세율을 보여주고 있다.

[도표 4-16] 사업자의 기준세율

(법인사업자 세율)	
과세표준액	세 율
2억원 이하 2억원 초과 200억원 이하 200억원 초과	10% 20% 22%

(개인사업자 세율)	
과세표준액	세 율
1,200만원 이하 1,200만원 초과 4,600만원 이하 4,600만원 초과 8,800만원 이하 8,800만원 초과 1억5천만원 이하 1억 5천만원 초과	6% 15% 24% 35% 38%

5. 손익계산과 원가분석

5.1 손익계산서

기업의 목적은 이윤추구이며, 이러한 이윤추구의 주된 수단은 사업이다. 즉, 기업은 사업을 통해 이윤추구를 한다고 볼 수 있는데, 기업이 일정 기간 사업을 잘했는지 여부를 이해 당사자가 알 수 있도록 정리하여 나타낸 것이 재무제표 중 손익계산서이다.

손익계산서는 크게 매출과 원가로 나뉘며, 매출에서 원가를 뺀 것이 영업이익이다. 영업이익을 산정하기 위해서는 매출과 원가를 규명해야 하는데, 원가는 직접비 성격인 매출원가와 간접비 성격인 판관비 (판매 및 일반관리비)로 구성된다.

사업성 분석을 위한 경제성 분석에서는 미래의 추정 현금흐름을 유도하기 위해 손익계산서의 작성법을 따른다. 하지만 기업 회계 관리의 목적을 지닌 손익계산서 작성과는 달리 다음과 같은 점에서 차이가 있다. 첫째, 회계에서의 손익계산서는 지난 회계연도 내에서 발생한 실제적인 수입과 지출의 항목을 정리한 것이지만, 사업화 추진의 의사결정을 돕기 위해 준비되는 손익계산서는 미래에 예상되는 매출액과 이를 달성하기 위해 소요되는 예상 비용의 정보를 필요로 한다. 즉, 추정 손익계산서 작성을 위한 각 항목들은 과거의 자료가 아니라 미래의 예상치이다. 둘째, 기업의 운영이 아니라 단위 사업의 사업성을 검토하기 위해 작성하는 것으로 회계 장부상의 손익계산서에서 볼 수 있는 영업외손익이라든지 특별손익 등은 고려하지 않는다.

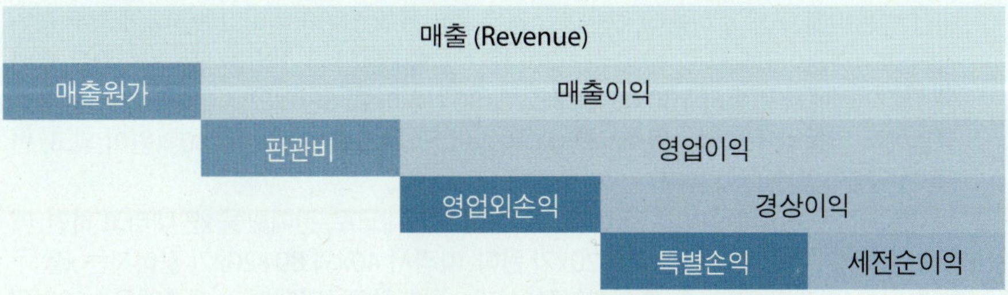

[도표 4-17] 매출 및 원가와 이익의 구조

5.2 제품원가의 분석 절차

제품원가의 분석절차는 다음과 같다.

첫째, 제품을 제조하는 공정을 규명한다.

둘째, 각 공정의 설계를 통해 각 공정을 수행하기 위해 필요한 원자재나 설비 및 인력 등을 산정한다.

셋째, 각 공정에 소요되는 원자재, 설비, 인력 등을 종합하여 제품공정 전체에 필요한 인력 규모와 설비 목록, 원자재의 종류와 수량 및 제조 공정에 필요한 소모품이나 각종 비품의 품목을 정리한다.

넷째, 이상에서 얻어진 정보를 통해 제품원가의 4M에 해당하는 항목별 금액을 산정한다. 즉, 인건비, 감가상각비, 재료비, 제조경비를 산정하여 모두를 종합한 제품원가를 산출한다.

실습4-1 DVD 사업의 손익분기점

ABC전자는 최근 DVD의 개발을 완료하고, 자사의 신규사업으로서 DVD 사업을 추진하기로 하였다. 1대당 가격은 40만원으로 결정하였으며, 판매량에 따른 총비용을 분석한 결과, 5만대 판매 시에는 180억원의 총비용이 발생하고 6만대 판매 시에는 200억원의 총비용이 발생할 것으로 예상되었다.

(문제) 1. DVD 사업의 고정비와 변동비는 얼마인가?
2. DVD 사업의 손익분기점이 되는 판매량과 매출액은 얼마인가?

(문제 해설)

1. 우선 변동비를 구해야 하는데, 5만대의 경우 총비용이 180억원이고 6만대의 경우 총비용이 200억원이었으므로, 변동비는 20억원/만대가 된다. 고정비는 5만대의 경우 총비용 180억원에서 변동비 100억원을 제외한 80억원이고, 6만대의 경우에도 총비용 200억원에서 변동비 120억원을 제외한 80억원이 된다. 결국 고정비는 80억원이 되고, 변동비는 20억원/만대가 된다.
2. 손익분기점은 매출과 총비용이 같아지는 점을 나타내므로, 판매량을 x만대라고 하면, 매출액은 40x가 되고 총비용은 80+20x가 된다. 따라서 40x와 80+20x가 같아지는 x를 구하면, x는 4만대가 된다. 즉, 손익분기점이 되는 판매량은 4만대이고, 매출액은 160억원이 된다.

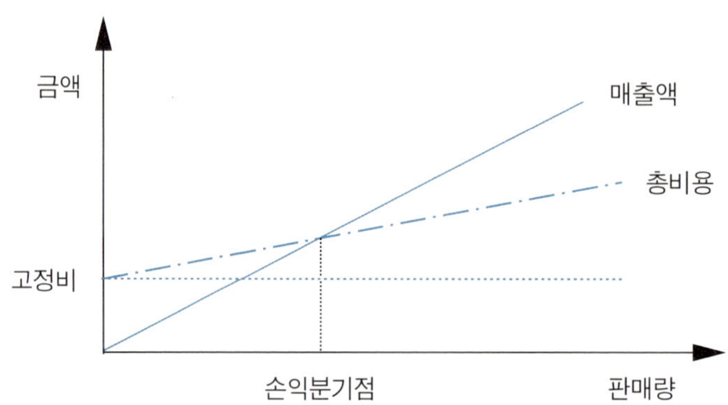

사례4-5 기업 재무제표 상의 손익계산서

아래는 LMN사의 3개년에 걸친 손익계산서인데, LMN사는 Y년에 24. 6조 원의 매출을 기록하였으며 영업이익은 1.2조 원을 기록하였다. 영업이익이 1.2조 원이 된 것은 결국 원가가 23.4조 원이 들었기 때문이다. 여기서 원가인 23.4조 원을 살펴보면, 매출원가가 18.7조 원이고 판관비가 4.7조 원으로 구성되어 있음을 알 수 있다. 또한 참고로 LMN사는 매년 당기순이익이 증가하고 있음을 알 수 있다.

(단위 : 억 원)

과 목	Y-2년	Y-1년	Y년
매출액	139,051	201,769	246,593
내수 수출	50,545 88,506	47,937 153,832	50,862 195,731
매출원가	107,311	153,507	187,358
매출총이익	31,740	48,262	59,235
판매비와 관리비	25,123	37,640	46,737
영업이익	6,617	10,622	12,497
영업외 수익 영업외비용	4,737 7,363	11,234 13,488	16,096 9,992
경상이익	3,991	8,368	18,601
특별이익 특별손실	0 0	0 0	0 0
법인세차감전순이익	3,991	8,368	18,601
법인세비용	1,214	1,740	3,142
당기순이익	2,777	6,628	15,460

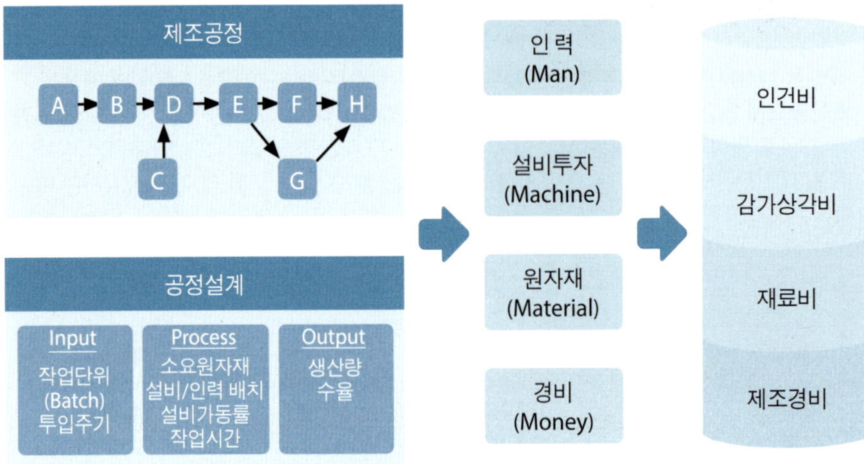

[도표 4-18] 제품원가의 분석

사례4-6 RF Switch의 제조공정

원가분석을 위한 제조공정의 사례를 살펴보기로 하자.

통신방식이 다양한 미국 등에서는 여러 방식의 통신회로가 내장된 Multi Mode 휴대폰이 사용되는데, 주파수를 감지하여 적합한 통신회로에 연결 시켜주는 RF 스위치가 있다. RF 스위치는 MEMS 공정을 이용하여 만드는데, 그 제조공정은 6L" 웨이퍼에 10단계의 마스킹 공정을 거친 후 최종적으로는 애쉬(Ashing) 및 패키징(Packaging) 처리로 이어진다.

원가분석을 위해서는 이와 같은 공정에 있어 각 마스킹 작업에 필요한 원자재나 설비 및 소요 인력을 파악할 수 있어야 한다.

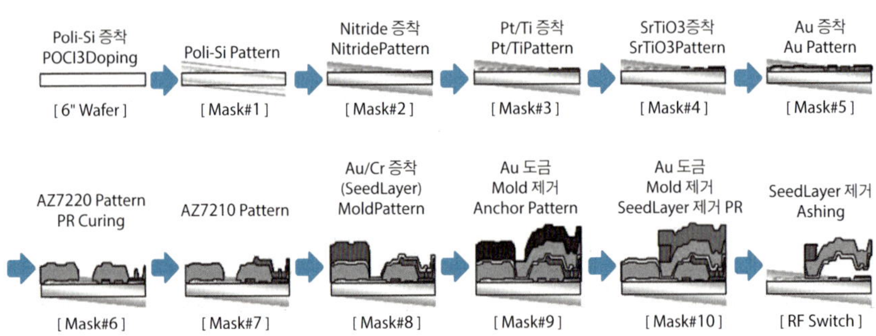

5.3 설비투자와 감가상각

원가의 구성 요소 중에서 설비투자는 다른 비목들과는 달리 항목에 소요된 비용 전체를 원가로 산정하지 않고 감가상각(Depreciation) 처리를 해야 한다. 감가상각은 가격을 감소시킨다는 뜻으로서, 법인이 사업의 목적으로 구입하는 건물, 기계, 비품 등의 유형자산은 시간이 경과함에 따라 그 가치가 하락한다고 보기 때문에 감가상각을 하게 된다. 감가상각은 임의적으로 하는 것이 아니고 세법 등으로 정해진 원칙에 따라 하게 되는데 이 때 계상하는 유형자산에 대한 가치의 감소분을 감가상각비라고 한다.

감가상각의 방법에는 정액법, 정률법, 생산량비례법 등이 있다. 법인은 감가상각의 대상이 되는 유형자산에 대해 감가상각의 방법을 정할 수 있으며, 방법에 따라 계산되는 가치의 감소분인 감가상각비는 매 기말에 한꺼번에 처리하게 된다. 감가상각은 해당 유형자산을 사용하는 기간에 걸쳐 할 수 있는데, 투자금액이 소멸될 때까지 즉, 해당 설비가 수명을 다할 때까지 사용가능한 연수를 내용연수라고 한다.

5.4 감가상각법

감가상각법 중 정액법(Straight Line Method)은 다음과 같은 식에 따라 감가상각액을 산정한다.

(연간)감가상각비 = (구입가 - 잔존가) / 내용연수

정액법은 편리하고 간단하여 많은 기업들이 사용하고 있지만, 사용초기에 더 빨리 감가되는 현상은 적절히 나타내지 못하는 단점을 갖고 있다.

정률법(Declining-Balance Method)은 다음과 같이 감가상각률을 구하여 감가상각액을 결정한다.

$$감가상각률 (R) = 1 - (잔존가 / 구입가)^{1/t}, \text{ t는 내용연수}$$

정률법에서 연간 감가상각비는 연초 장부가액(=취득원가-이전 감가상각비의 총합)과 위에서 구한 감가상각률을 곱하여 얻는다. 만일 잔존가가 없으면 연수에 따른 상각률의 계산이 불가능하므로 잔존가가 없는 경우 잔존가를 구입가의 5%로 계산하여 상각률을 구한 후에 이 5%는 최종년도에 다시 포함시키는 방법을 사용한다.

[도표 4-19]는 구입가 100만원, 잔존가 10만원, 내용연수 5년의 설비에 대한 감가상각비를 정액법과 정률법으로 계산한 예를 보여주고 있다.

[도표 4-19] 감가상각비 계산 예

연도	정액법			정률법			비고
	감가상각비	상각누계	장부가	감가상각비	상각누계	장부가	
0년	0	0	100	0	0	100	*감가상각률 $=1-(10/100)^{1/5}$ =36.9%
1년	18	18	82	36.90*	36.90	63.10	
2년	18	36	64	23.28	60.18	39.82	
3년	18	54	46	14.69	74.87	25.13	
4년	18	72	28	9.27	84.14	15.86	
5년	18	90	10	5.86	90.00	10.00	

5.5 감가상각 내용연수

감가상각의 대상이 되는 유형자산은 내용연수를 갖게 된다. 법정 내용연수는 세금부과를 위해 세법에서 규정하고 있고, 신 세법에서는 잔존가치를 0으로 처리하고 있다. 한편 신고 내용연수는 법정 기준내용연수 범위에서 25%를 가감한 범위, 즉, 75%~ 125% 내에서 기업실정에 맞게 책정할 수 있도록 하고 있다.

[도표 4-20] 대상에 따른 기준내용연수

분 류	기준내용연수 및 내용연수범위	대상자산/업종
건축물 등	40년 (30~50) 20년 (15~25) 12년 (9~15) 4년 (3~5)	- 철골·철근콘크리트조, 철근콘크리트조, 석조, 철골조 등 - 연와조, 블록조, 콘크리트조, 토조, 토벽조, 목조 등 - 선박 및 항공기 - 차량 및 운반구, 공구, 기구, 비품
설비 (업종)	20년 (15~25) 16년 (12~20) 14년 (11~17) 12년 (9~15) 10년 (8~12) 8년 (6~10) 6년 (5~7) 5년 (4~6) 4년 (3~5)	- 수도사업 - 전기, 가스, 증기 및 공기조절 공급업 - 코크스, 연탄 및 석유정제품 제조업 등 - 담배, 자동차 제조업, 수상/항공 운송업 등 - 광업, 식료품, 음료, 섬유, 종이, 고무, 금속 제조업 등 - 의복, 화학제품 제조업, 건설업, 창고/운송 관련 서비스업 등 - 전자부품, 컴퓨터 및 통신장비 제조업, 통신업 등 - 농업, 임업, 인쇄업, 의약품 제조업, 정보서비스업, 금융업 등 - 가죽, 가방 및 신발 제조업, 교육서비스업 등

6. 현금흐름(Cash Flow)과 할인율(Discount Rate)

6.1 현금흐름(Cash Flow)

사업을 수행하게 되면 투자활동과 영업활동 및 재무활동에 의해 현금흐름이 발생하게 된다. 기업의 회계 목적 상 마련되는 손익계산서에는 이러한 활동에 따른 자금의 입·출이 기록된다. 하지만 실제 현금의 흐름은 손익계산과 일부 차이가 있는데, 그 원인은 외상거래나 설비투자의 감가상각 처리 등 현금의 실제 입·출 시점과 장부상 기록과의 차이가 있는 항목이 있기 때문이다. 사업성 분석을 위한 경제성 분석에서는 외상거래 등의 재무활동을 제외한 투자활동과 영업활동에 의한 현금흐름만을 고려하는데, [도표 4-15]에서의 설비투자비는 투자활동에 해당하고, 기타 세후 영업이익을 산출하는 과정은 영업활동에 해당한다. 따라서 경제성 분석을 위한 현금흐름은 손익계산의 결과 산출된 세후 영업이익에서 감가상각비를 설비투자비로 대체함으로써 산정이 가능하다.

(경제성 분석의 현금흐름)
세후영업이익
+ 현금을 수반하지 않는 비용/수익의 가감 (감가상각비)
− 투자활동 (고정자산의 취득과 처분)

[도표 4-21]은 현금흐름을 그림으로 표현한 현금흐름도(Cash Flow Diagram)이다. 현금흐름도는 현금의 크기와 현금이 들어오고 나가는 것을 화살표의 크기와 방향으로 나타내며, 시간의 흐름을 나타내는 가로축 위에 해당 입·출이 발생하는 시점에 나타낸다. 현금의 흐름은 상시 발생하지만 경제성 분석에서는 현금흐름을 다루기 편하도록 고정된 일정 시점 간격, 예를 들어 매년 말 혹은 매년 초, 기준으로 통일하여 작성하는 것이 일반적이다. 이러한 현금흐름도를 통해 사업화에 따른 미래의 현금 흐름을 한 눈에 파악할 수 있기 때문에 현금흐름도는 경제성 분석에서 유용한 도구이다.

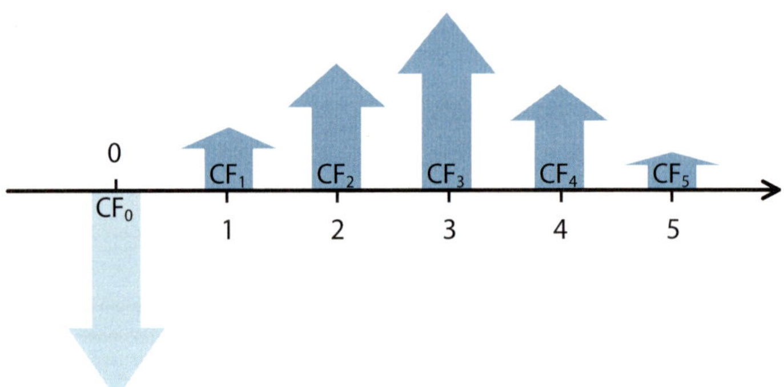

[도표 4-21] 현금흐름도 예시

6.2 할인율의 정의

연구·개발을 통해 획득한 기술을 기반으로 사업화의 진행이 예상될 때, 사업화로 인해 발생하는 현금의 흐름은 이미 발생된 현금의 흐름이 아니라 예상되는 흐름이다. 이를 미래의 현금흐름(Future Cash Flow)이라 하는데 확정적이 아니기 때문에 불확실한 요소를 담고 있다. 즉, 향후 제품시장의 상황이 기대했던 만큼의 규모를 유지하고 성장을 이어갈 수 있는지, 기술이 기대한 만큼 사업에 유용하게 사용될 수 있는지 혹은 다른 기술에 비해 유효한 경쟁력을 가질 수 있는지, 해당 사업이 기대한 만큼의 이익을 가져올 수 있는지 등이 불확실성을 초래하는 예가 된다. 이러한 시장, 기술, 재무 등의 불확실성에 기인하는 위험을 반영하여 미래의 현금에 대한 가치를 평가하고자 도입된 개념이 할인율이다.

현재 보유하고 있는 현금의 가치와 미래에 보유할 것으로 예상하는 현금의 가치는 다를 수밖에 없다. 미래의 금액에 불확실성을 반영하여 현재 가치로 평가한다면 가치가 낮아질 수밖에 없는데, 얼마나 낮게 평가할 것인가를 결정하는 것이 할인율이다. 예를 들어 1년 후 1,100만원의 가치를 현재의 금액으로 평가할 때 1,000만원과 같은 가치를 지니는 것으로 평가한다면 10%의 할인율을 적용하고 있는 것이다.

할인율은 원칙적으로 할인율을 적용하고자 하는 주체의 판단에 따라 결정된다. 즉, 같은 사업이라 하더라도 사업을 더 위험하게 평가하는 쪽이 높은 할인율을 적용하고자 할 것이다. 하지만 임의로 할인율을 적용하기엔 무리가 따르므로 통용되는 할인율 모델을 통해 산출하고자 하는 것이 일반적이다.

6.3 할인율 모델 - WACC

할인율을 구하기 위한 방법 중 하나로 가중평균 자본비용(WACC: Weighted Average Cost of Capital) 모델을 이용하는 방법이 있다. 가중평균 자본비용 모델에서는 할인율이 사업을 위해 투자된 자기자본(자본)과 타인자본(부채)의 기대 수익률을 가중 평균하는 방법으로 얻어지며 이를 구하기 위한 식은 다음과 같다.

$$WACC(K) = \frac{K_e \times W_e + K_d \times W_d}{W_e + W_d}$$

K_e = 자기자본의 기대 수익률, K_d = 타인자본의 기대 수익률

W_e = 투자된 자기자본 (자본), W_d = 투자된 타인자본 (부채)

식에서 알 수 있듯이 WACC 값은 K_d와 K_e 사이의 값을 갖는데, 극단적인 예로 사업을 위해 투자한 자본이 모두 자기자본인 경우에는 K_e가, 사업을 위해 투자한 자본이 모두 타인자본인 경우에는 K_d가 할인율이 됨을 알 수 있다.

일반적으로 사업성 분석단계에서는 사업을 위해 투자하는 자본의 구성 비율을 알기 어려우므로 WACC를 통해 할인율을 구하기 어려울 수 있다. 이러한 경우 K_d와 K_e 중 큰 값을 갖는 K_e를 할인율로 사용하는 것이 바람직하다. 다음에 설명할 CAPM은 이러한 K_e를 산정하는 방법 중 하나로 자본의 구성 비율을 모르더라도 적용할 수 있다는 장점이 있다.

실습4-2 반도체 사업의 WACC

PQR반도체는 최근 Flash Memory의 개발을 완료하고, 이 사업을 추진하기 위해 필요한 투자비 8천억 원을 조달하기로 하였다. 회사에서는 우선 유상증자를 통해 자금을 조달하기로 하였으나, 규모는 3천억 원에 불과해 5천억 원은 금융권에서 차입하고자 한다.
증자에 참여할 투자자들의 기대 수익률은 10% 수준으로 분석되며, 금융권의 대출금리는 6.8%로 협의되었다.

(문제)

PQR 반도체가 Flash Memory 사업을 통해 달성해야 할 최소한의 투자수익률은 얼마인가?

(문제 해설)

총 투자비 8천억 원 중에서 자기자본 (유상증자)은 3천억 원이고, 타인자본 (금융권 차입)은 5천억 원이다. 그리고 자기자본의 기대수익률은 10%, 타인자본의 기대수익률은 6.8%이다.
따라서 WACC = (10%x3천억 원 + 6.8%x5천억 원) / 8천억 원이라는 산정식이 성립하고, 이를 계산하면 WACC = 8.0%가 된다.
WACC이 8.0%이므로, PQR반도체는 플래쉬 메모리 사업을 통해 적어도 8.0% 이상의 이익을 내야한다는 의미가 된다.

6.4 할인율 모델 - CAPM

CAPM 이란 자본자산가격모델, 즉 Capital Asset Pricing Model의 약자로서, 무 위험 이자율에 위험 이자율 (Risk Premium)을 감안한 할인율이다. 경우에 따라서는 사업을 추진하는 기업의 규모를 감안한 Size Premium을 추가로 적용하기도 한다. CAPM 모델을 이용하여 할인율 r을 구하는 식은 다음과 같다.

$$r = R_f + \beta \times RP + SP$$

R_f : 무위험 이자율 (Risk Free Rate)

β : 위험도 상수 (평균 = 1)

RP(Risk Premium) : 사업의 성격에 따른 위험도를 반영한 할인율

SP(Size Premium) : 기업규모에 따라 추가되는 할인율

여기서 SP는 국제자본시장에서 평가되는 기업의 규모에 따라 추가되는 할인율로 기업의 규모가 시가총액 기준 3,000억 이하인 경우 2.6%, 그 이상 1조 이하인 경우 1.4%, 그 이상 5 조 이하인 경우 0.8%를 적용하는 것이 일반적이며 그 이상의 규모를 갖는 경우에는 SP를 고려하지 않는다.

실습4-3 유기EL 사업의 CAPM

임광창투는 푸른전자가 신청한 유기EL 사업에 대한 투자자금 5백억 원에 대해 우선 사업성을 검토하기로 하였으며, 그 결과 유기EL 사업을 통해 연평균 10%의 수익률을 올릴 수 있을 것으로 분석되었다.
한편, 무 위험 자산인 3년 만기 국고채의 수익률은 1.9%이지만, 이와 유사한 사업에 투자할 경우의 Risk Premium은 6% 수준인 것으로 분석되었으며, β는 1.2로 평가되었다. 또한, 푸른전자의 주가를 기준으로 한 기업가치는 2,400억원으로 산정되었다.

(문제) 1. CAPM을 기준할 경우, 푸른전자의 유기EL사업에 대한 할인율은?
2. 푸른전자의 투자신청에 대한 임광창투의 의사결정은 무엇인가?

(문제 해설)

1. 우선, 푸른전자의 CAPM을 구해야 한다.
   CAPM에서 3년 만기 국고채의 수익률이 1.9%이므로 이것이 Rf가 되며, 베타는 1.2, RP는 6% 수준으로 분석되었다. 한편, 푸른전자의 시가총액은 2,400억원으로 산정되었으므로, SP는 2.6%가 된다.
   결국 푸른전자의 할인율 CAPM은 1.9% + 1.2x6% + 2.6%, 즉, 11.7%가 된다.
2. 푸른전자는 유기EL 사업을 통해 연평균 10%의 수익률을 올릴 수 있을 것으로 분석되었는데, 이는 할인율인 11.7%보다 낮은 수준의 수익률이다. 따라서 임광창투로서는 본 투자신청의 건을 기각하는 것이 경제적으로 합리적인 판단이다.

7. 경제성 판단의 지표

경제성 판단을 위해 산출되는 지표는 객관적이고 정량적인 수치를 제시함으로써 사업화에 투자를 고려하는 의사결정자의 판단을 도울 수 있는 것은 물론, 의사결정에 대한 이해 당사자 간의 논리적인 대화 수단으로도 이용된다. 이러한 지표는 화폐의 시간적 가치를 고려하여 할인 개념을 내포하는 지표와 할인 개념을 갖지 않는 지표로 대별되는데, 할인의 개념을 사용하는 대표적인 지표가 사업가치와 내부수익률이다.

7.1 사업가치(NPV)

기술의 사업화로 인해 유입되는 미래의 현금흐름에 시장, 기술, 재무 등의 불확실성에 기인하는 위험도를 반영하여 현재의 가치로 환산한 금액을 사업가치라 한다. 보통 NPV(Net Present Value)로 표현하며 순 현재가치(순현가)라고도 한다. 여기서 여러 가지 불확실성에 기인하는 위험도는 NPV를 구할 때 할인율을 적용함으로써 반영한다.

NPV를 통한 사업가치의 산정 절차는 아래와 같다.

(1) 우선 예상되는 사업의 각 연도별 세후영업이익을 추정 손익계산을 통해 구한다.
(2) 세후영업이익에서 감가상각비를 설비투자비로 대체하여 미래의 현금흐름을 구한다.
(3) 현금흐름에 연도별로 할인율(r)을 적용하여 할인된 현금흐름 (DCF: Discounted Cash Flow)을 구한다.
(4) DCF를 모두 합하면 미래의 현금흐름이 현재 가치로 환산된 사업가치가 얻어진다.

사업가치는 사업개시 후 발생하는 각 연도의 현금흐름(CFi)을 사업종료 시점(대개는 제품의 수명주기인 n)까지 구한 후 할인율(r)을 적용하는, 다음과 같은 식을 통하여 산정한다. 여기서 i는 현금흐름이 발생하는 시점인데 통상 년 단위를 사용한다. 예를 들어 현재 시점에서는 사업화를 위한 투자만이 발생한다면 현재 시점은 i=0이므로 현금흐름은 CF_0가 되고 자금이 빠져나가는 것이므로 CF_0는 음수의 부호를 갖게 된다.

$$NPV = \frac{CF_0}{(1+r)^0} + \frac{CF_1}{(1+r)^1} + \frac{CF_2}{(1+r)^2} + \cdots + \frac{CF_n}{(1+r)^n} = \sum_{i=0}^{n} \frac{CF_i}{(1+r)^i}$$

분석 대상인 사업의 사업가치는 현재의 투자와 미래의 수익을 현재의 시점에서 평가한 경제적 가치를 나타내므로 산정된 NPV가 0보다 크면 사업성이 있다고 볼 수 있으며, NPV가 0보다 작으면 사업성이 없다고 판단한다. 물론 NPV는 사업화 여부를 결정하기 위한 경제성 판단 지표 중 하나로, 의사결정자는 NPV를 비롯한 여러 지표 값과 사업에 따르는 제반 상황을 고려하여 최종적인 의사결정을 내리게 된다.

실습4-4 EMC의 사업가치

PQR화학은 반도체용 봉지재 (封止材)로 사용되는 EMC(Epoxy Molding Compound) 사업을 추진하기로 하였다. 이 사업을 추진하기 위해서는 당해 연도(0년차) 중에 생산 Line 건설, 제조 설비투자 등에 총 250억원의 자본이 투입되어야 한다. 한편, EMC 사업을 통해 얻을 수 있는 순익은 1년차 30억원, 2년차 68억원, 3년차 81억원, 4년차 90억원, 5년차 100억원이 될 것으로 분석되었다.

(문제) 1. EMC 사업의 사업가치(NPV, Net Present Value)는 얼마인가?단, 자본비용을 고려한 할인율은 10%로 가정한다.

(문제 해설)

- EMC 사업의 현금흐름을 표와 그림으로 나타내면 다음과 같다. (단위:억원)

연 차	0년차	1년차	2년차	3년차	4년차	5년차
Cash Flow	-250	30	68	81	90	100

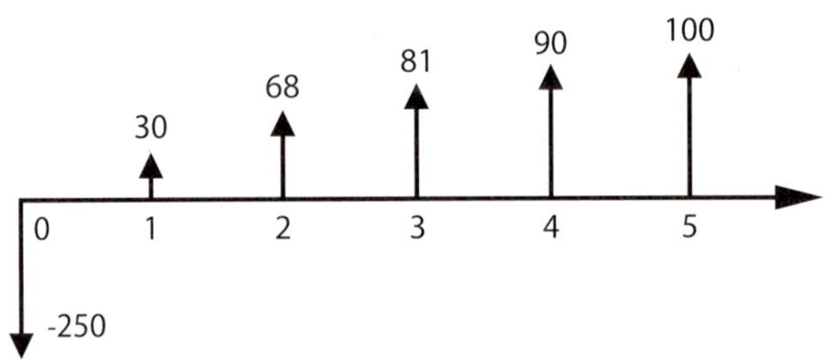

- 당해 연도를 기준으로 할 때 이후의 연도에 발생하는 금액은 미래의 금액으로서 현재의 화폐가치와는 다르므로 일정한 비율로 할인을 해야 하는데, 이를 할인율 이라고 한다. 예를 들어 5년차의 순익 100억원을 현재의 화폐가치로 변환하기 위해서는 할인율을 적용하여 할인된 금액(Discounted Cash)을 구하게 되는데, 다음과 같은 값을 갖게 된다.

$$100억원 / (1+10\%)^5 = 62.1억원$$

이와 같은 방법으로 위의 Cash Flow를 10%로 할인하면 다음과 같은 결과를 얻는다.

연 도	0년차	1년차	2년차	3년차	4년차	5년차
Discounted Cash Flow	-250.0	27.3	56.2	60.9	61.5	62.1

- 이와 같이 할인율이 적용된 일련의 Discounted Cash Flow(DCF)는 당해 연도 현재의 가치로 환산된 것이므로 이를 전부 합할 수 있으며, 이것을 사업가치 (NPV)라 하고, 결국 EMC의 사업가치는 구한 DCF의 합인 17.9억원이 된다.

7.2 내부수익률(IRR)

내부수익률(IRR: Internal Rate of Return) 이란 주어진 현금흐름으로부터 구해지는 수익률로, 미래에 예상되는 순익을 현재 가치화했을 때의 총합과 현재에 투자되는 비용이 같아질 때의 할인율을 말한다. 즉, NPV가 0 이 되도록 하는 할인율을 말하므로 다음의 방정식을 할인율(r)에 대해 풀면 얻어질 수 있다.

$$NPV = \sum_{i=0}^{n} \frac{CF_i}{(1+r)^i} = 0$$

하지만 이 식은 고차원 다항 방정식을 풀어야 하는 것이므로 수작업으로 계산하기가 쉽지 않고, 할인율(r)의 값을 변화시키면서 식에 대입하여 0에 근접하는 r을 찾아내야 한다. 따라서 엑셀과 같은 도구를 사용하여 내부수익률을 계산하는 것이 일반적이다.

의사결정자는 내부수익률의 값을 본인이 사업을 통해 기대하는 기대수익률과 비교하여 내부수익률 값이 기대수익률보다 크면 사업성이 있는 것으로, 그렇지 않은 경우 사업성이 없는 것으로 판단하게 된다. 예를 들어 의사결정자가 대상 사업에 대해 미리 할인율을 산정하고 이 할인율을 최소 기대수익률로 책정하는 경우에 위의 식을 통해 구해지는 내부수익률이 할인율을 초과할 때 즉, IRR > r 일 때 사업성이 있다고 판단하는 것이다.

만일 년 단위로 현금흐름을 산출한다면 내부수익률 또한 1년 단위의 수익률인 년 수익률이라 볼 수 있다. 일반적으로 이러한 년 수익률의 개념이 누구에게나 직관적으로 와 닿기 때문에 기업에서 투자 프로젝트의 검토 시 내부수익률 방법을 경제성 평가에 가장 많이 사용한다고 알려져 있다.

IRR 또한 사업화 여부를 결정하기 위한 경제성 판단 지표 중 하나이므로 의사결정자는 사업에 따르는 제반 상황을 고려하여 최종적인 의사결정을 내려야 함은 물론이다.

실습4-5 EMC사업의 수익률

PQR화학이 추진하는 EMC 사업의 내부수익률(IRR: Internal Rate of Return)을 분석해 보기로 하였다. EMC 사업의 추진을 위해서는 당해 연도 중에 생산 Line 건설, 제조설비투자 등에 총 250억원의 자본이 투입되어야 한다. 한편, EMC 사업을 통해 얻을 수 있는 순익은 1년차 30억원, 2년차 68억원, 3년차 81억원, 4년차 90억원, 5년차 100억원이 될 것으로 분석되었다.

(문제) 1. EMC 사업의 내부수익률(IRR)은 얼마인가?
2. 자본비용이 10%일 경우 EMC 사업은 경제성이 있는가?

(문제 해설)

1. EMC 사업의 현금흐름을 표로 나타내면 다음과 같다. (단위: 억원)

연 차	0년 차	1년 차	2년 차	3년 차	4년 차	5년 차
Cash Flow	-250	30	68	81	90	100

내부수익률(IRR: Internal Rate of Return) 이란 주어진 현금흐름으로부터 구해지는 년 수익률로, 미래에 예상되는 순익에 대한 현재 가치의 총합과 현재에 투자되는 비용이 같아지는 할인율을 말한다. 즉, NPV가 0 이 되도록 하는 할인율이다.
이때 할인율이 주어지지 않은 상태에서 현재의 화폐가치를 계산해야 하고 NPV가 0 이 되도록 하는 식은 고차원 다항 방정식의 형태가 되므로 수작업으로 계산하기란 쉽지 않다.
내부수익률은 엑셀을 이용하여 쉽게 구할 수 있는데, 함수 마법사에서 재무 범주를 선택한 후, IRR을 지정하면 된다. IRR 지정 후, 위의 Cash Flow를 선택하여 확인 키를 누르면 IRR의 결과치인 12.4%가 나타난다.
다음은 엑셀을 이용하여 IRR을 구하는 과정을 보여주고 있다.

함수 마법사의 호출

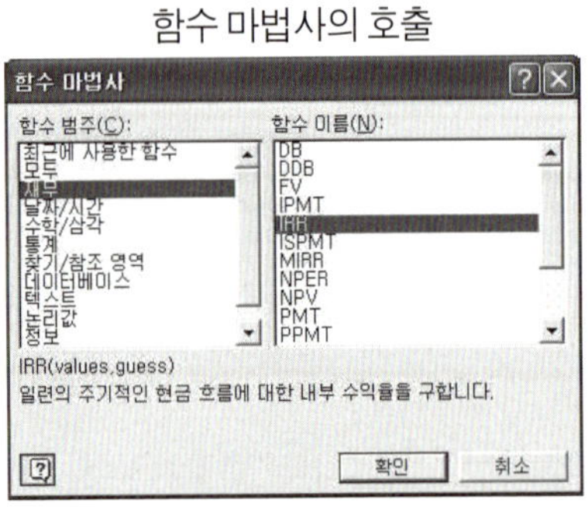

Cash Flow를 선택하여 IRR을 계산

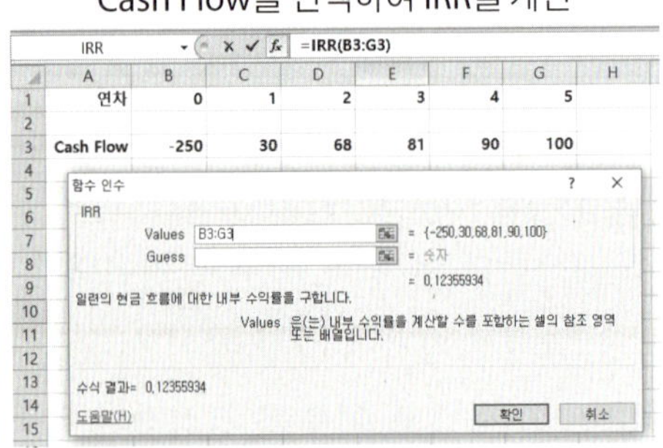

2. EMC 사업의 내부수익률이 12.4%로서, 자본비용인 10%를 초과하므로, 본 사업은 경제성이 있다고 할 수 있다.

7.3 투자회수기간(Payback Period)

투자회수기간은 대표적인 비 할인 방식의 지표로서, 할인을 적용하는 방법인 NPV나 IRR과 달리 미래의 불확실성을 고려하지 않는다는 단점이 있으나 할인을 적용하는 방식보다 비교적 간단하게 구할 수 있기 때문에 흔히 사용되는 지표이다.

이름에서 나타나듯이 투자된 금액이 언제 회수가 되는지를 나타내는 지표로서 투자된 금액(음수를 갖는다)에 미래에 발생하는 순익을 더해나갈 때 0이 되는 시점이 투자회수기간이다. 평가 대상인 사업으로부터 산출된 투자회수기간이 의사결정자가 생각하고 있는 기준보다 짧으면 사업성이 있다고 판단하고 그렇지 않은 경우 사업성이 없다고 판단한다.

투자회수기간을 산출할 때에는 일반적으로 할인이 되지 않은 현금흐름을 사용하나 할인된 현금흐름(DCF: Discounted Cash Flow)을 바탕으로 할인투자회수기간을 구하는 경우도 있다. 할인된 현금흐름은 그렇지 않은 경우에 비해 투자회수기간이 길게 나타나므로 할인투자회수기간을 사용하는 경우에는 투자에 보수적인 입장을 갖게 된다.

실습4-6 EMC사업의 투자회수기간

PQR화학이 추진하는 EMC 사업의 투자회수기간을 산출해 보기로 하였다. EMC 사업의 추진을 위해서는 당해 연도 중에 생산 Line 건설, 제조설비투자 등에 총 250억원의 자본이 투입되어야 한다. 한편, EMC 사업을 통해 얻을 수 있는 순익은 1년차 30억원, 2년차 68억원, 3년차 81억원, 4년차 90억원, 5년차 100억원이 될 것으로 분석되었다.

(문제) 1. EMC 사업의 투자회수기간은 얼마인가?
2. 의사결정자가 투자에 대한 회수는 4년 안에 이루어져야 한다고 생각할 때 EMC 사업은 경제성이 있는가?

(문제 해설)

1. EMC 사업의 현금흐름을 표로 나타내면 다음과 같다. (단위: 억원)

연 차	0년 차	1년 차	2년 차	3년 차	4년 차	5년 차
Cash Flow	-250	30	68	81	90	100

0년차의 -250억 투자에 대해 1년차에 30억원이 회수되므로 1년차에 회수되지 못하고 남은 금액은 -250+30=-220억원이다. 2년차에 68억원이 회수되므로 2년차에는 -220+68=-152억원, 3년차에는 -152+81=-71억원이 되어 남은 금액이 아직도 음수이다. 하지만 4년차에는 -71+90=19억원이 되어 투자금액이 모두 회수되고 19억원의 순익이 생겼음을 알 수 있다. 즉, 투자금액이 모두 회수되는 시점은 3년과 4년 사이에 발생하므로 순익의 발생이 직선적으로 변화한다고 가정한다면 보간법(interpolation)을 사용하여 3+(0-(-71))/(19-(-71))=약3.8년의 투자회수기간을 얻는다.

8. 경제성 분석 실습

이번 절에서는 이제까지 학습한 내용을 바탕으로 주어진 사업의 사업성 검토 과정에서 경제성 분석에 대한 실습을 하고자 한다. 실습을 위해 주어지는 데이터를 이용하여 경제성 분석의 절차에 따라 진행하고자 한다. 우선 사업에서 발생하는 미래의 현금흐름을 추정하고 추정된 현금흐름으로부터 의사결정에 필요한 경제성 지표 값을 산출한다. 이후 이들 지표 값의 의미를 해석하여 최종적으로는 사업의 추진 여부에 대한 의사결정을 하기로 한다.

실습의 대상이 되는 사업은 제조업의 사례로 아래에 설명하는 바와 같이 자동차에 들어가는 전자제품의 기술개발에서 시작된다. 개발된 기술을 사업화하기 위해서는 설비투자를 위한 적지 않은 자금이 소요되므로 사업을 통해 예상되는 수익이 이러한 투자를 정당화할 수 있을 정도인지의 여부를 따지는 경제성 검토가 요구된다. 사업성 분석을 통해 경제성이 있는 것으로 판단하면 사업화를 진행할 것이고 그렇지 않은 경우 해당 기술은 사업화를 하지 못한 상태로 남게 될 것이다.

8.1 TPMS의 사업개요

대성전자는 자동차의 전자화가 지속적으로 확대되는 추세에 따라 3년 전부터 57억원을 들여 TPMS의 개발을 추진하였고 최근에 완료하여 사업화를 눈앞에 두고 있다.

TPMS(Tire Pressure Monitoring System)는 RFID와 MEMS기술, 그리고 ASIC, 패키지 등의 센서기술을 적용한 Fusion Technology 제품으로서, 자동차 타이어의 압력상태 및 변화를 측정하여 자동차의 사고를 사전에 예방하기 위한 안전시스템의 일부이다. TMPS는 칩셋 업체로부터 모듈 업체, 타이어 업체를 거쳐 최종적으로 자동차 업체에 이르기까지의 가치사슬(Value Chain)을 형성하고 있는데, TPMS를 장착하는 자동차가 증가함으로 인해 TPMS의 시장 또한 점진적으로 증가하고 있는 추세이다.

하지만 현재 개발된 기술로 만들어진 TPMS는 5년 후에는 제품으로서의 수명을 마칠 것으로 예상하고 있다.

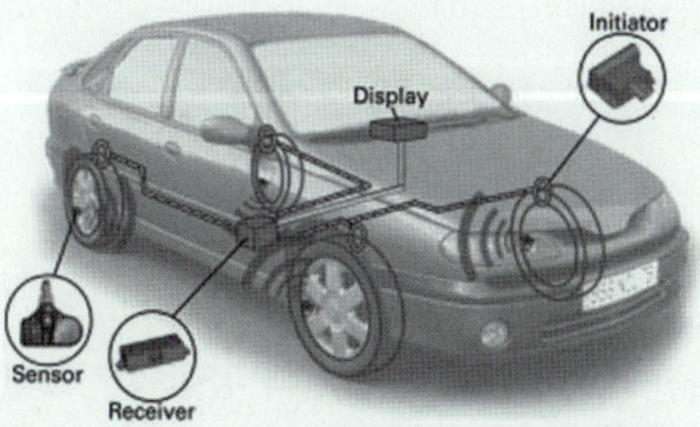

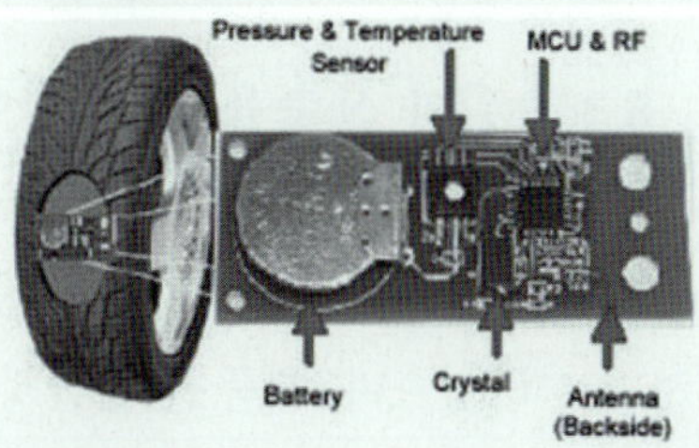

8.2 매출액 산정을 위한 데이터

8.2.1 전체 시장 상황

현재 TPMS를 채택하는 자동차는 세계적으로 4백만 대 규모에 머물고 있으나, 자동차 안전관련 법규의 채택 확대에 따라 5년 후에는 60백만 대로 확대될 전망이다. 한편, TMPS의 가격은 현재 100천원 수준이지만, 보급 확대와 경쟁업체의 참여 확대에 따라 가격이 점차 하락하여 궁극적으로 60천원 수준에서 안정화될 것으로 보인다. 현재 TMPS 시장 규모는 4천억원 정도이나 몇 년 후면 수 조원의 시장으로 성장할 전망이다.

아래의 표는 제품의 수명주기에 해당하는 향후 5년 간 TPMS 시장규모에 대한 예측 데이터로 공신력 있는 XYZ 경제 연구소로부터 구입한 자료이다.

구분		현재	1년차	2년차	3년차	4년차	5년차
TPMS 자동차	(백만대)	4	10	18	28	41	60
TPMS 가격	(천원)	100	90	80	70	65	60
TPMS 시장	(억원)	4,000	9,000	14,400	19,600	26,650	36,000

8.2.2 시장 점유율 전망

대성전자는 자사가 개발한 TPMS의 원가경쟁력을 바탕으로 사업 1년차에는 시장점유율(M/S) 3%를 차지하고 매년 2%p씩 시장점유율을 늘려나가 5년차에는 11%의 M/S를 차지할 것으로 전망하고 있다.

8.3 총원가 산출을 위한 데이터

TPMS 사업은 금년 중에 준비를 완료하고, 내년부터 본격적으로 사업을 전개하기로 하였으며, 제품원가 산정을 위한 비목별 기준은 다음과 같이 설정하였다.

8.3.1 인건비

TPMS 사업을 추진하기 위해서는 사업팀장과 팀원 등 20명이 필요하며, 사업규모 확장에 따라 매년 2명씩 충원하여 28명까지 확보 예정이다. 인건비는 팀장이 70백만원/년, 팀원이 45백만원/년으로 책정하였다.

8.3.2 감가상각비

설비투자비는 총 15,000백만원이 소요되는데, 금년 중에 우선 설치해야 하는 설비에 10,000백만원을 집행하고, 나머지 설비에 대한 5,000백만원은 1년 후에 집행하기로 하였다. 감가상각 기간은 5년으로 하되, 정액법을 적용하기로 하였다.

8.3.3 재료비

개발된 TPMS를 양산할 경우, 재료비는 초기에 70천원/개로 분석 되었으며, 생산량의 증가와 원가절감 노력에 따라 매년 전년대비 15%씩 하락될 것으로 전망하였다. 단, 4년차까지는 재료비의 절감이 가능하나 그 이후에는 안정화되어 더 이상의 원가절감은 어려울 것으로 판단되었다. 한편 재료비는 연도별 생산량에 비례하게 되는데 본 실습에서는 연도별 생산량은 연도별 예상 판매량과 같다고 가정한다.

8.3.4 제조경비

제품 생산에 필요한 제조경비는 기존 사업의 원가구조를 감안하여 재료비의 17%를 적용하기로 하였다.

8.3.5 판매 및 일반관리비

판매 및 일반관리비는 기존 사업의 원가구조를 감안할 때 제조원가의 15%를 적용하는 것이 적절하다고 판단하였다.

8.4 기타 분석에 필요한 데이터

8.4.1 법인세율

영업이익에 부과되는 법인세율은 20%로 하며, 사업성 분석에서는 법인세의 10%인 주민세는 무시하기로 한다.

8.4.2 할인율

사업가치를 산정하기 위한 할인율은 CAPM을 적용하기로 하였는데, R_f는 1.9%, Risk Premium은 8%, 대성전자의 베타는 1.1로 평가되었으며, Size Premium은 고려하지 않기로 한다.

8.4.3 분석 기간

사업성 분석기간은 제품의 수명주기(PLC: Product Life Cycle)를 고려하여 5년간으로 한다.

8.5 TPMS 사업의 경제성 분석

8.5.1 실습문제

TPMS의 경제성 분석은 다음의 문제들을 순서적으로 해결해나가는 것으로 실습할 수 있다. 문제의 순서는 경제성 분석의 절차를 따르고 있으며, 의사결정을 위한 경제성 지표로는 사업가치(NPV), 내부수익률(IRR), 및 투자회수기간(Payback Period)을 산출하기로 한다.

1. TPMS의 연도별 예상 매출액은 얼마인가?
2. TPMS의 연도별 제조원가 및 총원가는 얼마인가?
3. TPMS의 연도별 세후영업이익을 구하시오.
4. TPMS의 연도별 현금흐름(Cash Flow)을 구하시오.
5. 이 사업의 내부수익률(IRR)을 구하시오.
6. TPMS의 사업가치 분석에 적용할 할인율은 몇 % 인가?
7. 내부수익률의 값을 이용하여 사업성분석을 해보시오.
8. TPMS 사업의 DCF(Discounted Cash Flow)를 구하시오.
9. TPMS의 사업가치(NPV)는 얼마인가?
10. 얻어진 사업가치의 값을 이용하여 사업성분석을 해보시오.
11. 이 사업의 투자에 대한 회수기간(Payback Period)은 몇 년인가?

8.5.2 문제풀이

(1) 경제성 평가를 위한 지표를 산출하기 위해서는 우선 예상되는 미래의 현금흐름을 구해야 한다. 이를 위해 분석기간을 제품의 수명주기를 감안한

향후 5년까지로 정하고, 분석기간 중의 매출액과 총원가를 산정한다. 매출액은 다음과 같은 표를 이용하여 연도별로 구할 수 있는데, TPMS의 전체 시장규모는 물량에 가격을 곱하여 구하고, 대성전자의 매출액은 이렇게 구한 시장규모에 M/S를 곱하여 구한다.

TPMS 매출액 산정			1차년도	2차년도	3차년도	4차년도	5차년도
시장규모	물량	(백만대)	10	18	28	41	60
	가격	(천원/대)	90	80	70	65	60
	금액	(억원)	9,000	14,400	19,600	26,650	36,000
매출	M/S	(%)	3%	5%	7%	9%	11%
	판매량	(백만대)	0.3	0.9	2.0	3.7	6.6
	금액	(백만원)	27,000	72,000	137,200	239,850	396,000

(2) 제조원가는 인건비, 감가상각비, 재료비, 제조경비로부터 얻어지고, 여기에 판매 및 일반관리비를 더하여 총원가를 구한다.

- 인건비는 인원에 임률을 곱하여 구한다. 팀장은 1명으로 유지되므로 충원 인력은 모두 팀원으로 배정된다.
- 감가상각비는 설비투자비에 감가상각법을 적용하여 구한다.
- 재료비는 판매량(생산량)에 대당 재료비를 곱하여 구한다. 대당 재료비는 매년 15% 하락함으로 이를 반영하되, 4년차 이후에는 변함이 없음에 유의한다.
- 제조경비는 산정된 재료비의 17%로 계산하여 구한다.
- 제조원가는 위에서 산정한 인건비, 감가상각비, 재료비, 제조경비를 모두 합하여 구한다.
- 판매 및 일반관리비(판관비)는 산정된 제조원가의 15%로 계산하여 구한다.
- 총원가는 이렇게 구한 제조원가와 판관비를 합하여 구한다.

아래의 표는 엑셀을 이용하여 총원가를 계산한 결과를 보여주고 있다. 각 비용 항목에 나타나는 수치는 엑셀에서의 표시형식에 따라 달라질 수 있지만, 표에서와 같은 표시형식을 갖는다면 동일한 수치가 얻어져야 한다.

TPMS 총원가 산정			1차년도	2차년도	3차년도	4차년도	5차년도
인건비[1]	인원	(명)	20	22	24	26	28
	금액	(백만원)	925	1,015	1,105	1,195	1,285
감가상각비[2]	금액	(백만원)	2,000	3,000	3,000	3,000	3,000
재료비[3]	대당재료비	(천원)	70	59.50	50.58	42.99	42.99
	생산량	(백만대)	0.3	0.9	2.0	3.7	6.6
	총재료비	(백만원)	21,000	53,550	99,127	158,628	283,726
제조경비[4]	금액	(백만원)	3,570	9,104	16,852	26,967	48,233
제조원가[5]	1+2+3+4	(백만원)	27,495	66,669	120,084	189,790	336,244
판관비[6]	금액	(백만원)	4,124	10,000	18,013	28,469	50,437
총원가	5+6	(백만원)	31,619	76,669	138,096	218,259	386,681

(3) 법인세는 매출액에서 총원가를 제외한 영업이익에 부과된다. 영업이익에서 법인세를 빼면 세후영업이익을 구할 수 있다. 아래의 표에서는 영업이익이 음수인 경우에 음수의 법인세가 발생하고 이를 영업이익에서 빼서 마치 세금을 돌려받는 것처럼 계산하고 있음을 안다. 경제성 분석에서는 해당 사업을 통해 어떠한 영향이 있을까를 고려해서 분석에 포함시키기 때문에 가능한 일이다.

(단위: 백만원)

세후영업이익 산정		1차년도	2차년도	3차년도	4차년도	5차년도
매출액[1]		27,000	72,000	137,200	239,850	396,000
총원가[2]		31,619	76,669	138,096	218,259	386,681
영업이익[3]	1 - 2	-4,619	-4,669	-896	21,591	9,319

세후영업이익 산정		1차년도	2차년도	3차년도	4차년도	5차년도
법인세[4]	20%	-924	-934	-179	4,318	1,864
세후영업이익	3 - 4	-3,695	-3,735	-717	17,273	7,455

(4) 현금흐름은 세후영업이익에 감가상각비를 더하고, 대신에 설비투자비를 빼줌으로써 구할 수 있다. 설비투자는 금년부터 시작되므로 0차 년도에 금년에 투자되는 금액을 나타낸다. 또한 분석기간 이후의 설비 잔존가인 1,000백만원은 5차년도에 (-)로 처리한다. 사업의 경제성 분석에서 나타나는 현금흐름은 전형적으로 표에서와 같이 초기에는 음수를 갖다가 사업이 진행하면서 양수의 현금흐름으로 바뀌고, 그 크기가 점점 증가하다가 다시 감소하는 형태를 지닌다.

(단위: 백만원)

현금흐름의 산정	0차년도	1차년도	2차년도	3차년도	4차년도	5차년도
세후영업이익[1]		-3,695	-3,735	-717	17,273	7,455
감가상각비[2]		2,000	3,000	3,000	3,000	3,000
설비투자비[3]	10,000	5,000				-1,000
현금흐름(=1+2−3)	-10,000	-6,695	-735	2,283	20,273	11,455

(5) 내부수익률(IRR)은 엑셀에서 제공하는 기능을 통해 어렵지 않게 구할 수 있다. 엑셀의 함수 기능 중 '재무' 범주에 속하는 IRR 함수가 그것인데, IRR 함수는 현금흐름이 있는 셀들을 참조하여 내부수익률을 계산한다. 위의 표의 현금흐름으로부터 IRR을 구하면 IRR = 19.2%를 얻는다.

(6) 할인율은 의사결정자가 결정하는 것으로 실습에서는 CAPM을 이용하여 구하기로 하였으므로. Rf = 1.9%, 베타 = 1.1, RP = 8.0%, SP = 0 으로부터 할인율 r = 1.9% + 1.1 x 8.0% + 0 = 10.7%를 얻는다.

(7) 내부수익률(IRR)이 할인율(r)보다 크므로 사업성이 있다고 판단을 할 수 있다.

(8) DCF는 현금흐름에 할인율을 적용하여 다음과 같이 구한다.

(단위: 백만원)

할인된 현금흐름의 산정	0차년도	1차년도	2차년도	3차년도	4차년도	5차년도
Cash Flow[1]	-10,000	-6,695	-735	2,283	20,273	11,455
Discount Factor[2]	$\frac{1}{(1+10.7\%)^0}$	$\frac{1}{(1+10.7\%)^1}$	$\frac{1}{(1+10.7\%)^2}$	$\frac{1}{(1+10.7\%)^3}$	$\frac{1}{(1+10.7\%)^4}$	$\frac{1}{(1+10.7\%)^5}$
Discounted CF(=1×2)	-10,000	-6,048	-600	1,683	13,500	6,891

(9) 사업가치(NPV)는 DCF의 합이므로, 위에서 구한 DCF를 전부 합한 5,426 백만원이 된다.

(10) NPV의 값이 0보다 크므로 사업성이 있다고 판단할 수 있다.

(11) 투자회수기간(Payback Period)은 투자금액을 전액 회수하는 시점으로, 현금흐름의 누계치가 0이 되는 시점이다. 다음의 표와 같이 현금흐름에 대한 누계치를 구하면 3년차와 4년차 사이에서 0이 됨을 알 수 있다.

(단위: 백만원)

누계치 산정	0차년도	1차년도	2차년도	3차년도	4차년도	5차년도
Cash Flow	-10,000	-6,695	-735	2,283	20,273	11,455
누계	-10,000	-16,695	-17,430	-15,147	5,126	16,581

3년차 누계가 -15,147이고 4년차 누계가 5,126이므로, 투자회수기간은 보간법에 의해 3+(0-(-15,147))/(5,126-(-15,147))=약 3.7년이 된다. 만일 의사결정자가 투자된 금액을 4년 안에 회수하기를 희망한다면, 이 사업은 그러한 조건을 충족한다.

연습문제

1. 사업성 분석의 3가지 항목을 분석의 순서대로 바르게 나열한 것은?

① 시장성→ 기술성→ 경제성 ② 시장성→ 경제성→ 기술성

③ 기술성→ 시장성→ 경제성 ④ 기술성→ 경제성→ 시장성

2. 다음 중 사업성 분석을 하기에 적합하지 않은 인물은?

① 사업화 담당 인력 ② 분석 전문부서 인력

③ 기술개발 담당자 ④ 외부 전문기관 인력

3. 다음 중에서 사업성 분석의 장점이라고 할 수 없는 것은 무엇인가?

① 사업주체의 주관적 사업구상이 가능

② 사업화 성공률을 높일 수 있음.

③ 사업화 기간을 단축할 수 있음.

④ 경영능력 향상에 도움이 됨.

4. 다음 중에서 시장성 분석의 항목과 거리가 먼 것은?

① 수요 동향 ② 경쟁 상황

③ 가격 구조 ④ 손익 전망

5. 다음 중에서 기술성 분석의 항목과 거리가 먼 것은?

① 기존제품과의 비교 ② 생산 능력

③ 품질 및 개선 가능성 ④ 사업가치

6. 다음 중에서 경제성 분석의 항목과 거리가 먼 것은?

① 투자수익률 ② 손익분기점

③ 유통 경로 ④ 재무적 타당성

7. 사업 아이템의 제품/시장 유형 중에서 사업화 성공률이 가장 높은 것은?

① 신제품/신시장　　② 신제품/기존시장

③ 기존제품/신시장　　④ 기존제품/기존시장

8. 사업화의 비용은 적게 들지만 경쟁자의 진입을 쉽게 허용할 가능성이 높은 경우는?

① 신제품/신시장　　② 신제품/기존시장

③ 기존제품/신시장　　④ 기존제품/기존시장

9. 다음 중에서 시장성 분석의4대 목표가 아닌 것은?

① 시장동향 분석　　② 사업수행 능력

③ 수요 예측　　④ 시장/제품 환경 분석

10. 다음 중에서 시장성 분석계획 수립 시 고려해야 할 사항이 아닌 것은?

① 분석의 범위와 수준을 결정함.

② 자료수집의 범위/소스/방법을 결정함.

③ 시장성 분석의 기법을 결정함.

④ 시장성분석 결과의 평가기준을 결정함.

11. 다음 중에서 시장성이 유지된다고 할 수 없는 것은?

① 점진적 M/S 확대가 가능하다.

② 계획기간 내에 BEP 달성이 가능하다.

③ 시장규모가 100억원 이상이다.

④ 사업개시 3년 내 흑자달성이 가능하다.

12. 시장성분석을 위한 자료로 적절하지 않은 것은?

① 정부기관에서 발간한 자료

② 업계와 관련된 협회에서 발간한 자료

③ 공식 연구기관에서 발간한 자료

④ 인터넷을 통해 얻을 수 있는 무료 자료

13. 시장성분석을 위해 수집된 자료를 통해서 얻을 수 있는 정보로 적절하지 않은 것은?
① 특정 기술에 대한 신뢰성
② 현재 시장의 규모
③ 시장의 성장 추세 및 전망
④ 시장 점유율

14. 다음 중에서 판매계획 및 전략에서 STP 전략에 해당하는 것은?
① Specialization
② Transporting
③ Positioning
④ Prioritizing

15. 다음 중에서 Market Research의 3C 분석에 해당하지 않는 것은?
① Coordinator
② Customer
③ Company
④ Competitor

16. 다음 중에서 기술 사업화의 3대 요건이라 할 수 없는 것은?
① 기술의 완성도
② 사업의 주체
③ 성공의 가능성
④ 기술 Roadmap

17. 다음 중에서 기술 완성도의 체크항목으로 볼 수 없는 것은?
① 목표 성능
② 신뢰성
③ 기술개발비
④ 원가 경쟁력

18. 다음 중에서 기술성 분석의 2가지 항목으로 적당한 것은?
① 유용성, 경쟁성
② 유용성, 차별성
③ 차별성, 경쟁성
④ 첨단성, 경쟁성

19. 다음 중에서 유용성 평가의 세부 항목으로 부적합한 것은?

① 사업화 소요자금의 규모 ② 기술의 대체 가능성

③ 사업화 소요 기간 ④ 유용한 경제적 수명

20. 다음 중에서 경쟁성 평가의 세부 항목으로 부적합한 것은?

① 대체 기술 ② 지속적 기술개발 전망

③ 기술의 복잡성 ④ 기술가치의 소멸 가능성

21. 확보된 기술이 경쟁력을 갖기 위해 필요한 항목이 아닌 것은?

① 소멸성 ② 차별성

③ 영속성 ④ 독창성

22. 기술성 평가 결과 유용성이 30점, 경쟁성이 50점이라 하고, 유용성과 경쟁성을 같은 비중으로 고려한다고 하면 기술성 점수는?

① 30점 ② 40점

③ 50점 ④ 60점

23. 다음 경제성 분석 관련 지표들 중에서 투자의 효율성을 나타내는 것은?

① 할인율 (r) ② 손익분기점 (BEP)

③ 사업가치 (NPV) ④ 내부수익률 (IRR)

24. 다음 경제성 분석 관련 지표들 중에서 사업의 수익성을 나타내는 것은?

① 할인율 (r) ② 손익분기점 (BEP)

③ 사업가치 (NPV) ④ 내부수익률 (IRR)

25. 경제성 분석에 있어서 필수적인 재무제표가 아닌 것은?

① 주석과 주기 ② 제조원가명세서

③ 현금흐름표 ④ 손익계산서

26. 다음의 원가 관련 항목 중에서 간접비 성격의 항목은 무엇인가?

① 제조경비　　② 판관비

③ 감가상각비　　④ 재료비

27. 과세표준금액이 3억원인 법인사업자의 법인세는 얼마인가?

① 30백만원　　② 60백만원

③ 66백만원　　④ 114백만원

28. 고정비 10억원, 변동비 2억원/만대, 판가 4억원/만대인 경우 손익분기점 매출은?

① 3만대　　② 4만대

③ 5만대　　④ 6만대

29. 다음의 이익항목들 중에서 손익계산서에 가장 나중에 나타내는 것은?

① 당기순이익　　② 매출총이익

③ 세전이익　　④ 영업이익

30. 다음 중에서 사업의 손익분석에 고려하지 않아도 되는 항목은?

① 세금　　② 영업외손익

③ 제조원가　　④ 판매비및일반관리비

31. 다음 중에서 영업이익 산정에 필요한 항목이 아닌 것은 ?

① 매출액　　② 매출원가

③ 판관비　　④ 법인세

32. 매출액이 100억원, 매출원가가 50억원 판관비가 30억원인 사업의 영업이익은?

① 20억원　　② 30억원

③ 40억원　　④ 50억원

33. 다음 중에서 매출원가의 구성 요소로 볼 수 없는 것은?

① 인건비 ② 감가상각비

③ 재료비 ④ 판관비

34. 다음 중에서 제조원가의 구성 요소로 볼 수 없는 것은?

① 인건비 ② 감가상각비

③ 판관비 ④ 재료비

35. 다음 중 제품원가의 분석절차 상 필요한 내용이 아닌 것은?

① 제품제조의 공정을 규명

② 각 공정을 수행하기 위한 인력을 산정

③ 제조공정에 필요한 소모품을 규명

④ 판매와 관리에 필요한 비용을 산정

36. 잔존가가 없는 10억원의 설비투자비를 5년 정액법 처리할 때의 연간 감가상각비는?

① 1.8억원 ② 2.0억원

③ 2.5억원 ④ 3.0억원

37. 다음 유형자산 중에서 감가상각 대상으로 부적합한 것은?

① 업무용 승용차 ② 공장 건물

③ 공장 부지 ④ 생산 설비

38. 다음 기업들 중에서 설비의 감가상각기간(내용년수)이 가장 짧은 것은?

① LG전자 ② SK케미컬

③ 한국전력 ④ 현대자동차

39. 지속적인 흑자기업은 다음 중 어떤 감가상각법을 적용하는 것이 세금 측면에서 유리한가? (화폐의 시간적 가치를 고려)

① 내용년수를 짧게 한 정액법　② 내용년수를 짧게 한 정율법

③ 내용년수를 길게 한 정액법　④ 내용년수를 길게 한 정율법

40. 다음 중 감가상각의 기준내용연수가 가장 큰 항목은?

① 철골콘크리트 건축물　② 자동차 제조설비

③ 공기구　④ 비품

41. 다음 중에서 감가상각비 산정에 필요한 항목이 아닌 것은?

① 할인율　② 설비투자비

③ 내용연수　④ 감가상각법

42. 다음 중에서 예상 매출액을 산정하는데 필요한 항목이 아닌 것은?

① 시장규모　② 가격

③ 재료비　④ 시장점유율 (M/S)

43. 다음 중에서 예상 영업이익 산정에 필요한 항목이 아닌 것은?

① 매출액　② 매출원가

③ 판관비　④ 법인세

44. 다음 중에서 세후 Cash Flow 산정에 필요한 항목이 아닌 것은?

① 세후영업이익　② 감가상각비

③ 설비투자비　④ 투자회수기간

45. 자기자본과 타인자본의 기대수익률이 각각 12%와 6%이고, 자기자본으로 10억원, 타인자본으로 20억원을 조달할 경우 WACC모델에 의한 할인율은 얼마인가?

① 8% ② 9%

③ 10% ④ 12%

46. CAPM에서 Rf=1.8%, 베타=1.2, RP=8%, SP=1.4%일 때의 할인율은 얼마인가?

① 11.6% ② 12.4%

③ 14.2% ④ 12.8%

47. 1년 후의 예상 수익이 105억이고 할인율이 5%인 경우 이 금액의 현재가치는?

① 90억 ② 100억

③ 105억 ④ 110억

48. 다음 중에서 사업가치의 의미와 다른 것은?

① 할인율 ② NPV

③ 순현가 ④ DCF의 합

49. 다음의 사업가치 산정절차 중에서 절차상 가장 마지막에 하는 것은?

① Cash Flow를 구한다. ② DCF를 전부 합한다.

③ 할인현금흐름을 구한다. ④ 세후영업이익을 구한다.

50. 다음 중에서 사업가치 산정에 필요한 요소가 아닌 것은?

① PLC 기간 ② Cash Flow

③ 감가상각비 ④ 할인율

51. 다음 중에서 어느 경우에 사업성이 있다고 판단할 수 있는가?

① NPV > CAPM ② NPV < CAPM

③ NPV > 0 ④ NPV < 0

52. 다음 중에서 어느 경우에 사업성이 있다고 판단할 수 있는가?

① IRR > CAPM ② IRR < CAPM

③ IRR > 0 ④ IRR < 0

53. 내부수익률(IRR)과 할인율(r)이 같게 나왔을 경우, 사업가치(NPV)는 얼마인가?

54. 다음 중에서 기술사업화로 인한 Cash Flow의 산정이 올바르게 표현된 것은?

① 세후 영업이익 + 감가상각비

② 세후 영업이익 - 감가상각비

③ 세후 영업이익 + 감가상각비 - 설비투자비

④ 세후 영업이익 - 감가상각비 + 설비투자비

55. 어떤 회사가 사업화 자금이 필요하여 창업투자회사로부터 투자 받기를 희망하고 있다. 이 회사가 제시하고 있는 사업의 수익률이 연 평균 10%로 분석되며, 이 회사의 할인율이 8%로 평가될 때 창업투자회사의 의사결정은 어떠할 것으로 예상되는가? 이유와 함께 답을 하시오.

56. 어느 기업이 생산하고 있는 제품의 연간 시장규모는 물량기준으로 1,000ton이며, 이 기업의 시장점유율은 15%이다. 이 제품의 판매가격이 2만원/kg 이라고 할 때, 이 기업의 연간 매출액을 구하시오.

57. 위 문제의 기업에서 올 해 10억원의 총원가가 발생하였다면 이 기업의 올 해 영업이익은 얼마일지 구하시오.

58. 어느 기업이 다음과 같은 현금흐름이 예상되는 사업에 대해 경제성 분석을 하려한다. 이 기업의 할인율이 10.5%라 할 때 NPV와 IRR을 각각 구하여 이 사업의 사업성을 평가해보시오.

(단위: 백만원)

누계치 산정	0차년도	1차년도	2차년도	3차년도	4차년도	5차년도
Cash Flow	-10,000	-5,000	700	7,000	10,000	5,000

기술가치평가 5

제5장 기술가치평가

연구·개발을 통해 확보한 기술은 기업의 소중한 자산이라 할 수 있다. 이러한 기술자산이 과연 얼마의 가치를 지니는가 하는 것은 기술의 개발자는 물론 기업을 경영하는 입장에서 궁금한 사항이 아닐 수 없다. 더구나 기술의 판매를 고려한다든지 혹은 특정 기술이 필요하여 기술을 구매하고자 할 때에는 기술의 가치에 대한 평가가 제대로 이루어져야 한다.

기술의 가치 평가는 크게 상대적인 평가와 절대적인 평가로 대별할 수 있다. 상대적인 평가(Evaluation)에 있어선 한 기술이 다른 기술에 비해 가치가 높다 혹은 그렇지 않다 등의 정성적인 표현이 가능하나 절대적인 평가(Valuation)에선 화폐적 가치 즉, 기술의 가치를 정량적인 금액으로 산출해내야 할 필요가 있다.

본 장에서는 기술의 가치를 정량적인 화폐가치로 추출하는 내용을 담고 있는 기술가치평가(Technology Valuation)에 대해 다음과 같은 순서로 살펴보기로 한다.

첫째, 기술자산과 기술가치의 목적 및 필요성 등에 대해 살펴본다.

둘째, 기술가치평가의 3대 방법론인 이익접근법, 비용접근법, 그리고 시장접근법을 소개한다.

셋째, 사업이 만들어내는 가치 중에서 기술이 기여하는 정도인 기술기여도에 대해 알아본다.

넷째, 이상에서 학습한 내용을 실습 예제 문제를 통해 익히도록 한다.

1. 기술가치평가 개요

기술가치평가의 대상인 기술자산에 대해 살펴보고, 기술가치의 개념 및 기술가치의 목적과 필요성에 대해 알아보며, 우리나라의 기술가치평가에 대한 현실과 향후의 과제를 소개하기로 한다.

1.1 기술자산

기술개발의 결과물인 기술자산은 기업의 대표적인 무형자산(Intangible Asset)이다. 기업이 설비와 같은 유형자산을 자금 투입을 통하여 취득하듯이 무형자산 또한 기술개발에 대한 투자를 통해 취득한다. 하지만 유형자산의 경우 명확한 투자 금액이 나타나므로 그 가치를 산정하기에 비교적 용이하지만, 대표적인 무형자산인 기술자산은 그 가치 산정이 쉽지 않다.

[도표 5-1]에서 보는 바와 같이 기술자산의 종류는 다양하다. 예를 들면 특허, 저작권, 상표, 영업비밀 등이 기술자산에 속하며, 이 외에도 비법(Knowhow), 디자인, 프로토콜(Protocol), 회로(Circuit), 공정(Process) 등을 들 수 있다.

기술가치평가는 이러한 기술자산의 화폐적 가치를 추출하는 것을 목표로 한다.

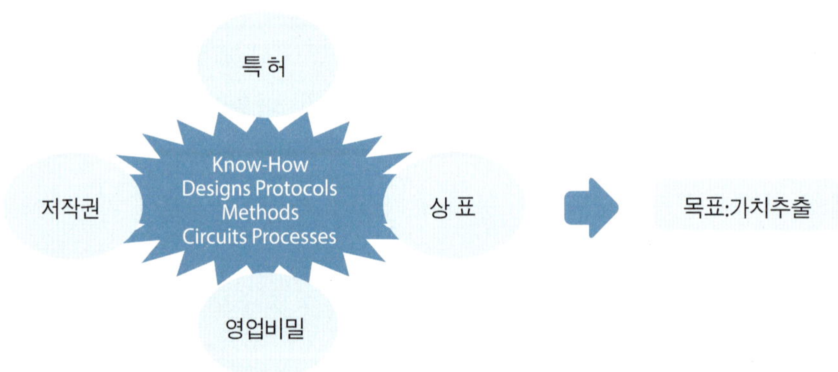

[도표 5-1] 기술자산의 유형과 기술가치평가의 목표

1.2 기술가치의 개념

기술가치란 평가대상이 되는 기술자산의 총체적인 경제적 가치를 나타내며, 가치를 산정하는 방식에 따라 여러 가지 정의가 가능하다. 기술가치에 대한 대표적인 정의는 해당 기술자산이 사업화되어, 이로 인해 얻어지는 미래의 경제적 이익, 즉 사업가치를 기준으로 평가하는 것이다. 이 외에도, 기술자산의 취득에 소요되는 비용을 기준으로 평가하는 방식도 있고, 유사한 기술자산이 공개된 시장에서 판매된 금액을 기준으로 평가하는 방식도 있다.

기술은 개발시점에 정해진 가치를 갖는다기보다 기술이 사용되는 상황에 따라 그 가치가 달라진다. 예를 들어 해당기술을 누가 사업화 하느냐에 따라 기술가치의 크기가 달라질 수 있는데, [도표 5-2]에서 보듯이 개발된 기술에 대해 회사 내의 사업부가 자체적으로 사업화할 수도 있고, 분사나 합작벤처(Joint Venture)를 통해 외부에서 사업화할 수도 있으며, 경우에 따라서는 제3자에게 기술판매 할 수도 있다. 이러한 경우 어떠한 길을 택하느냐에 따라 동일한 기술도 그 가치가 천차만별로 달라질 수 있는 것이다.

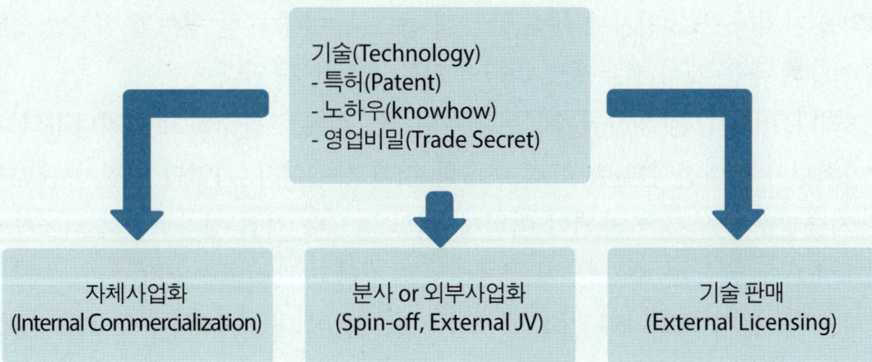

[도표 5-2] 기술 사업화의 형태

1.3 기술가치평가의 필요성

기술가치평가를 해야 하는 이유를 다음과 같이 세 가지 측면으로 분류해볼 수 있다.

첫째는 경영자 입장에서 기술개발 투자의 성과를 확인하는 것이다. 기업의 경영진들은 그들이 위험분담을 안고 승인한 기술개발 투자로부터 그에 상응하는 충분한 보답이 있을지를 알고 싶어 한다. 기술개발 프로젝트의 성과는 경제적 가치에 있다는 기준을 설정하고 이를 근거로 의사결정과 경영관리를 해야 할 필요가 있다.

둘째는 관리자 입장에서 기술개발 프로젝트의 포트폴리오 관리를 위한 것이다. 연구소의 관리자는 일정한 자원을 각 프로젝트에 배분할 때 각각이 어느 정도의 사업가치를 가지는가에 따라 배분할 수도 있다. 즉, 제안된 여러 프로젝트들의 순위 매김(Rating)과 평가(Critical Review)에 있어 기술가치를 기준으로 프로젝트 포트폴리오 관리를 해나갈 필요가 있다.

셋째는 프로젝트 리더 입장에서 자신의 기술개발 과제에 대한 홍보를 위한 것이다. 사업부는 그들이 투자한 기술개발 프로젝트가 미래에 얼마나 경제적인 이익을 가져다 줄 것인가에 대해 궁금해 하므로, 이에 대한 정보를 적절한 형태로 전달해 주는 것이 프로젝트 리더의 의무라고 할 수 있다.

그러나, 이와 같은 기술가치평가 평가의 필요성에도 불구하고 우리나라의 기술가치평가에 대한 현실은 아직 미흡한 것이 사실이다. 기업의 경영자/관리자는 기술개발에 투자한 자원이 어떻게, 어느 정도나 기업 성과로 연결되는가에 대해서 매우 궁금해 하지만, 이를 제대로 측정하고 관리하는 기업은 그리 많지 않다. 예를 들어 우리나라 기업 중에서 기술개발에 대한 수익률, 즉 R&D 생산성을 측정하는 기업은 그다지 많지 않은 것이 현실이다.

우리나라 기업들이 미래 성장의 엔진이라고 하며 기회 있을 때마다 중요성을 강조하고 있는 기술개발이 제대로 관리되기 위해서는 중장기적으로 이러한 R&D의 생산성을 관리할 수 있도록 조직 역량과 관리 시스템이 구비되어야 한다. 그렇게 해야 막연한 감에 의한 R&D 관리가 아닌 데이터에 기초한 과학적인 R&D 관리가 가능할 것이다.

사례5-1 중기 자금난의 또 다른 원인

77건으로 기업 신용평가가 기술력이나 미래 성장성보다 재무 건전성에 무게를 두고 있어 중소기업 자금난의 또 하나의 원인이 되고 있다는 주장이 제기됐다.
26일 대한상공회의소가 최근 전국 500개 기업을 대상으로 조사해 발표한 '우리나라 기업 신용평가 현황과 개선 방안' 보고서에 따르면, 응답업체의 70.4%가 '기술력 및 미래수익 창출력에 대한 금융권 신용평가 결과에 대해 만족하지 못하고 있다'고 응답했다.
기업들은 이같은 이유로 '금융권의 기술가치평가 모형 부재'(76.5%)를 가장 먼저 꼽았고 다음으로 '특허권등 기술력 관련 자료 불인정'(16.1%), '기술심사인력 부족'(5.9%) 등이라고 답했다. 이를 반영해 기업 98.5%는 '금융권의 기술신용평가 시 기술력이나 미래수익 창출력에 반영 비율이 확대돼야 한다'고 응답했다.
기업들은 개선 과제로 '은행 경영실적 평가 시 기술 대출실적 우대'(27.8%), '기술관련 신용보증 규모의 지속 확대'(24.7%), '금융기관의 기술대출관련 부대 비용에 대한 세제 지원 등 인센티브 강화'(21.5%) 등을 주장했다. 기업 대출심사와 관련된 문제점으로 '재무제표 위주의 평가'(41.3%), '담보위주 평가'(38.3%), '과다보증 요구'(10.4%), '과다 대출서류 요구'(9.0%)등을 지적했다.

- 2009.3.27 전자신문 -

사례5-2 정부의 기술가치평가 제도

내년부터 기술력을 갖춘 기업이면 정부주도 하에 민간 금융권으로부터 안정적인 투자를 보장받는 '기술가치평가제도(가칭)'가 시행된다. 이에 따라 연구개발(R&D) 투자비중을 늘리는 기업일수록 금융권에서 한결 수월하게 투자를 받을 수 있게 될 전망이다.
25일 정부 고위 관계자와 기술가치평가제도 민간자문단에 따르면 연내 정부가 강력히 지원하는 기술가치평가제도 시행준비를 마칠 계획인 것으로 확인됐다.
정부는 국가기술혁신체계(NIS) 구축 추진과제의 하나인 '기술혁신 확산 및 전주기적 신기술 산업화'를 촉진하기 위해 기술가치평가시스템 확립 작업을 구체화 작업이 시급하다고 보고 이같은 작업을 진행 중이다. 이를 위해 정부는 연말까지 민간자문단을 통해 기술가치평가 툴과 평가전문인력을 금융권에 제공할 예정이다. 또 금융권을 통한 기업의 신용평가와 기술평가를 병행하는 등 기술가치 평가 제도를 실행할 세부 방안도 마련하게 된다. 기술가치평가제도 민간자문단 이병민 박사는 "과학기술부가 기술평가제에 대한 기술성 검토와 활용성 평가를, 산업자원부가 기술의 사업화 촉진방안 마련 및 벤처창업지원을 위한 초기 기술금융을, 재정경제부가 민간 금융권에 기술가치평가제를 보급하는 일을 분담해 수행하게 될 것" 이라고 밝혔다.
이 박사는 또 "선진국에서는 투자기관이 자체적으로 기술가치평가기준을 만들어 투자심사에 활용하고 있지만 국내에서는 널리 도입되지 않고 있다" 면서 "일부에서 시행 중인 기준조차 실질적으로 금융제도와 연계되지 못해 활용도가 떨어지는 단점이 있다"고 지적했다.
정부와 민간자문단은 이 같은 단점을 보완하기 위해 기업의 기술가치를 측정하는 객관적이고 과학적인 기준을 만드는데 주력할 계획이다. 민간자문단에 따르면 이미 △기술가치평가 전문인력을 양성하기 위한 자격증(기술가치평가사) 공인화 △평가결과의 객관성과 도덕성 확보 △기술가치평가제도의 금융권 조기 정착을 위한 공적자금 투입 △기술력등급 제정 등 기본 방향도 설정된 것으로 확인됐다.

- 2004.10.26 전자신문 -

사례5-3 한국전자통신연구원(ETRI)의 기술가치평가

산업기술연 `ETRI연구 효과 분석`..직간접 경제효과 투입예산의 8.7배
지식축적등 무형의 성과도 계량화 시도, "출연연 투자대비 성과낮다" 비판 뒤집어

ETRI가 지난 10년간 전체 과학기술계 정부출연연구기관에 투입한 전체 예산의 8.77배에 달하는 204조 8000억원의 직 · 간접적 경제 효과를 냈다는 분석 보고서는 투자대비 효과가 낮다는 비판을 받아온 출연연에 대한 일반적인 인식을 뒤집는 것이다.

출연연은 매년 1조 수 천억 원의 정부 R&D 예산을 쓰면서도 제대로 성과를 내지 못하고 있다는 비판에 시달려왔다. 민간기업과 대학의 R&D역량이 커지고 국가의 R&D정책방향이 정권이 바뀔 때마다 변하면서 그때마다 출연연은 기능재정립의 도마 위에 올라왔다. 그러면서도 출연연 등 과학기술계는 투자대비 효과(ROI)가 낮다는 지적에 논리적으로 대응치 못해왔다. 이번 ETRI 연구사례는 R&D 연구 성과물 외에 국가정책목표 달성과 지식축적 및 확산효과를 경제에 기여한 것으로 파악하고 화폐가치로 환산하는 시도를 했다는 점에서 주목된다. 연구책임자인 이철원 기술과 가치 파트너스는 "해외 선진연구기관에서도 직간접적인 경제적 효과와 함께 무형의 효과도 경제적 가치에 반영한다."며 "객관화하려는 노력을 했다"고 말했다. 보고서는 출연연 연구성과의 경제적 가치를 크게 3가지 유형으로 분류했다. 기술개발 결과가 상용화되면서 창출된 경제적 가치와 기술이전, 연구원 창업 등으로 인한 효과 등이 그것이다.

ETRI는 지난 10년간 CDMA 상용화라는 대표적인 연구성과로 지난 1996년부터 2002년까지 40조4112억원의 직간접 효과를 낸 것으로 조사됐다. 여기에 오는 2010년까지 발생할 예상 매출액 중 ETRI 몫으로 인정할 수 있는 경제적 가치를 환산하면 25조5924억원이다. 결국 CDMA 시스템 상용화를 통해 ETRI가 기여한 가치는 66조36억원이라는 것. 보고서는 이는 CDMA 개발에 들어간 R&D 예산에 비해 297배에 달하는 성과라고 분석했다. 또 민간기업으로의 기술이전과 연구원 창업, 비연구성 지원서비스에서 총 1조9886억원의 효과를 거뒀다는 분석이다.

계량화가 어려운 정책목표달성 기여와 지식축적 및 확산 분야는 R&D성과물 등으로 인한 경제가치를 토대로 환산했다. 보고서에서는 산학연관 전문가들에게 3개 분야로 ETRI의 성과를 볼 때 어느 쪽에 비중이 높은지를 분석했고 그 결과 상대적 비중에서 경제적 효과는 33.2%, 정책목표달성은 28.6%, 지식축적 및 확산은 38.2%인 것으로 조사되었다. 이를 화폐가치로 환산한 결과 각각 58조5716억원과 78조2319억원의 효과가 있고 이를 합할 경우 204조7985억원에 달한다는 결론을 내렸다. 지난 1993년부터 2002년까지 전체 과학기술계 출연연에 대한 투자가 23조3407억원임을 고려할 때 CDMA상용화만으로 투자비의 2.83배에 달하는 효과를 낸 것이다. 여기에 정보통신 진흥이라는 정책목표 달성과 정부통신분야의 지식축적 그리고 전문인력 양성효과까지 화폐가치로 환산하면 ETRI에 10년간 투자한 예산의 46.5배의 효과를 발생시켰다. 산업기술연구회 관계자는 "지금까지 출연기관 시스템의 중장기적인 성과와 파급효과에 대해 대외적으로 설득력있는 분석자료가 미흡했다"며 "출연연과 대형연구개발사업에 대해 정량적인 성과를 분석하는 작업을 계속할 계획"이라고 말했다.

- 2004. 2. 12. 디지털타임스 -

우리나라 정부에서도 기술가치평가의 필요성이 대두됨에 따라 이에 대한 다양한 정책을 검토하고 있으며, 일반 기업은 물론 비교적 기술개발 성과에 대한 부담이 덜한 정부출연연구기관들도 성과지향의 R&D활동을 지향하면서, R&D 성과를 기술가치평가로서 표현하는 사례가 생겨나고 있다.

2. 기술가치평가의 방법론

기술가치평가의 대표적인 방법론인 비용접근법과 시장접근법 및 이익접근법을 살펴보고, 각 방법론을 이용한 기술가치의 산정 방법 및 구체적인 사례들에 대해 알아보기로 한다.

2.1 기술가치평가 방법론의 개요

기술가치는 평가방법에 따라 달라질 수 있으며, 가장 많이 사용되는 방법론으로는 다음과 같이 3가지를 들 수 있다.

1) 비용접근법 (Cost Approach)
2) 시장접근법 (Market Approach)
3) 이익접근법 (Income Approach 또는 Profit Approach)

비용접근법은 해당 기술을 확보하는데 소요되는 비용을 기준으로 하여 기술가치를 평가하는 방법론이고, 시장접근법은 유사한 기술거래 시장에서 유사 기술의 거래 실적을 기준으로 하여 해당 기술의 가치를 평가하는 방법론이며, 이익접근법은 해당 기술을 사업화하여 얻을 수 있는 이익(영업이익)을 기준으로 하여 기술가치를 평가하는 방법론이다.

기술가치를 평가함에 있어서 어느 방법이 우위에 있다고는 할 수 없으나, 통상적으로 기술이 성숙함에 따라서 적용하는 방법론의 평가모델은 달라진다. 즉, 기술가치평가는 해당기술의 성숙 정도에 따라 적용하는 방법론이 달라지는 경향을 보인다.

[도표 5-3]에 나타나는 바와 같이 기술이 초기단계로서 사업화 여부가 불분명할 경우에는 기술 보유자나 기술 구매자 양쪽 다 불안한 상황이기 때문에, 사업화보다는 기술 자체의 확보 비용 수준에서 기술가치를 평가하려는 경향을 보여 비용접근법이 많이 적용된다.

기술이 사업화 단계로 접어들 경우에는 해당 기술의 사업화를 통해 확보할 수 있는 이익에 서로 관심을 보이기 때문에, 이익접근법이 많이 적용된다.

끝으로, 해당기술과 관련된 사업이 성숙기나 쇠퇴기로 접어들어 더 이상 사업이익을 기대하기 힘들 경우에는 많은 기술보유자가 이 기술을 제3자에게 판매하려 할 것이므로, 시장접근법이 많이 적용되는 경향을 보인다.

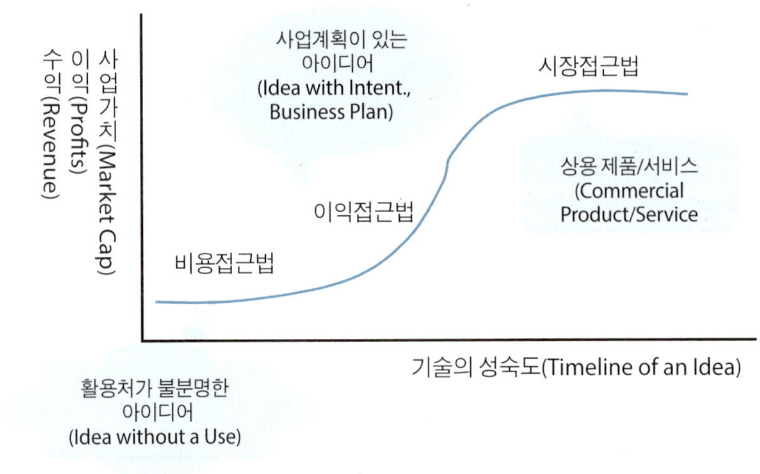

[도표 5-3] 기술 성숙도에 따른 기술가치평가 방법론

2.2 비용접근법 (Cost Approach)

비용접근법은 사업화 단계까지 추가적인 기술개발이 필요한 초기단계 기술이나, 또는 아직 시장이 형성되지 않은 기술의 가치를 평가할 때 주로 적용하는 방법론이다.

비용접근법에 따라 기술가치를 평가할 때에 주의하여야할 사항은 기술보유자의 입장이 아니라 해당 기술에 관심이 있는 상대방의 입장에서 비용을 평가해야 한다는 점이다. 즉, 상대방이 해당 기술을 확보하는데 소요되는 기술개발 투자비는 물론, 기술이 확보되는 시점까지 관련 사업을 전개하지 못하여 잃게 되는 기회비용 (Opportunity Cost)까지 추가하여 기술가치를 평가해야 한다.

기술가치 (비용접근법) = 기술개발 투자비 + 기회비용(Opportunity Cost)

사례5-4 ABC사 보유기술의 가치평가 (비용접근법)

ABC사는 Y-3년부터 Y-1년까지 3년 동안 기술개발 투자비를 들여 5명의 연구진이 통신기술과 관련된 S/W를 개발하였다.
Y년 중에 통신사업을 하고 있었던 XYZ사에서는 이 기술을 자사의 사업에 활용할 목적으로 ABC사가 개발한 관련 기술에 대해 관심을 보였고, 이에 대해 양사가 기술이전을 협의하게 이르렀다.
이 S/W 기술이 XYZ사의 통신사업에 어떠한 사업적 가치를 가질 지에 대해서는 아직 불명확한 상황임을 양사가 인식하고 있었기 때문에, 이 기술의 가치평가를 비용접근법(Cost Approach)으로 하기로 합의하였다.
우선 ABC사가 이 기술을 개발하는데 소요된 기술개발 투자비를 정리해본 결과, 다음과 같이 총 2,600백만원으로 파악되었다.

(기술개발 투자비 실적) Y-3년 ~ Y-1년 (실제 소요된 개발기간)

	Y-3년	Y-2년	Y-1년	(백만원)
인건비	300	350	350	1,000
재료비	100	100	100	300
경비	50	50	50	150
설비투자비	650	350	150	1,150
기술개발 투자비 합계	1,100	850	650	2,600

한편, 이 통신 S/W 기술을 XYZ사가 지금부터 신규로 개발하게 된다면, 다음 표와 같이 3년의 개발기간에 총 2,900백만원의 기술개발 투자비가 소요되고, 또한 신규개발기간동안 2,210백만원의 기회비용이 발생할 것으로 전망되었다. 여기에서 기회비용은 XYZ사가 기술이 확보되는 Y+3년까지, 즉 Y+1년~Y+3년 동안 이 S/W 기술을 사업에 활용하지 못함으로써 놓치게 되는 사업가치 중 기술기여분에 해당한다.

(신규개발) Y+1년 ~ Y+3년 (개발기간 추정치)

	Y+1년	Y+2년	Y+3년	(백만원)
인건비	425	425	425	1,275
재료비	105	105	105	315
경비	45	45	45	135
설비투자비	665	357	153	1,175
기술개발 투자비 합계	1,240	932	728	2,900
기회비용(Opportunity Cost)	675	720	815	2,210

이와 같은 상황에서 이 기술의 가치는 ABC사의 기술개발 투자비 실적금액인 2,600백만원이 아니라, XYZ사가 치러야할 기술개발 투자비 2,900백만원과 기회비용 2,210백만원의 합인 5,110백만원으로 평가되어야 한다.

그러나, 비용접근법은 해당기술의 사업화로 인해 얻을 수 있는 미래가치를 반영하지 못한다는 한계점을 지니고 있다.

2.3 시장접근법 (Market Approach)

시장접근법은 실제 시장에서 거래되는 기술의 가치를 추정해 볼 경우에 사용되는 방법론으로서, 자유 경쟁시장에서는 하나의 기술에 대해 수요와 공급간의 적정한 균형(Equilibrium)이 존재한다는 가정 하에 이뤄진다.

시장접근법에 의한 기술가치평가는 최근 유사시장에서 이루어진 유사 기술의 거래정보

사례5-5 유아용 비데

SBS TV 아이디어 경매 프로그램 '아이디어 하우머치' 에서 유아용 비데가 150억 원에 낙찰돼 화제를 모으고 있다. 제작진에 따르면 이 제품은 아기에게 꼭 맞는 크기에, 단추 하나만 누르면 온수는 물론 따뜻한 바람까지 나와 배변 뒤 아기를 앉혀놓은 채 닦을 수 있다. 발명자 김성욱 씨는 "평소 직접 아기를 키우면서 느꼈던 불편함에서 아이디어를 얻었다"며 "지난 6년 동안 머릿속으로만 생각을 했었는데 이렇게 현실화 되어서 꿈만 같다" 고 밝혔다. 녹화 당시 이 제품의 경매가는 1천만원에서 시작해 순식간에 90억 원으로 치솟았고 이에 잠시 녹화가 중단되는 사태까지 빚어졌다. SBS 측은 "결국 중국과 일본에 비데를 수출하고 있는 중소기업의 대표가 방송 사상 최고 금액에 제품을 낙찰 받았다"고 밝혔다.

사례5-6 기술거래시장

공개된 기술거래시장을 제공하는 예로는 국내의 경우 한국산업진흥기술원, 지식재산거래정보센터 등이 있고, 해외의 경우 미국의 yet2를 들 수 있다.

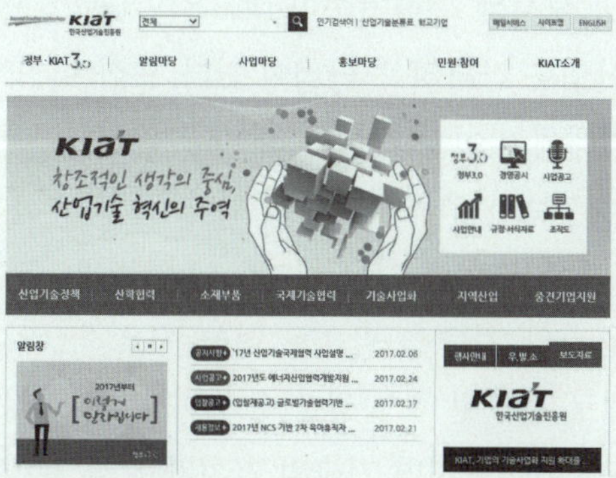

한국산업진흥기술원 홈페이지(www.kttc.or.kr)

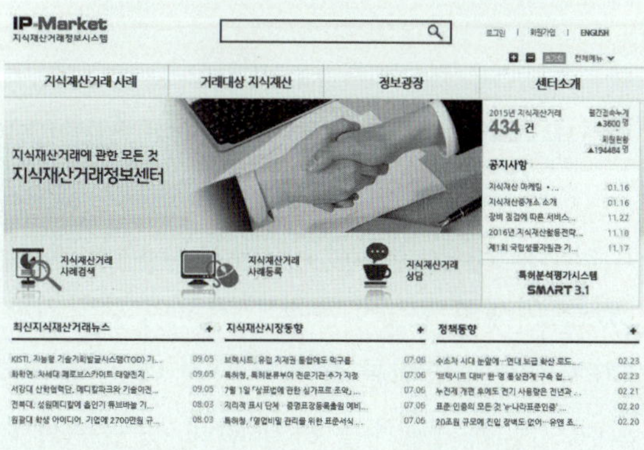

지식재산거래정보센터의 정보시스템(www.ipmarket.or.kr)

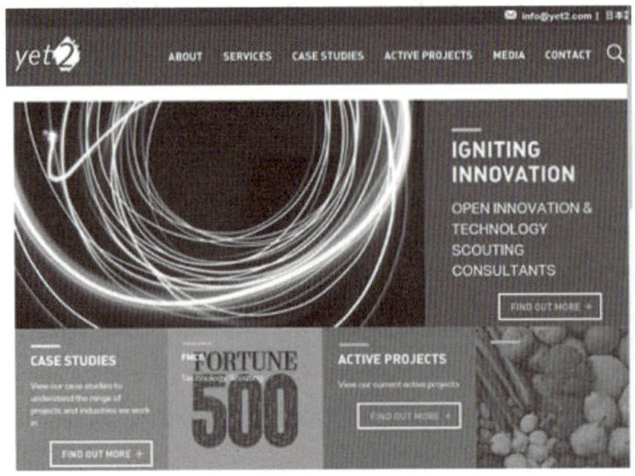

yet2의 홈페이지(www.yet2.com)

를 토대로 해당기술의 기술가치를 산정한다.

그러나 시장접근법에서는 특정기술이 (특허라는 관점에서 보면) 유사기술과는 다른 독특한 무형자산임을 간과하는 단점이 있다. 또한 이 방법을 적용할 때 가장 큰 문제점은 기술거래에 있어 거래 내용의 미공개 원칙이 통상적으로 적용되므로 기술거래 가격의 정보가 부족하다는 점이다.

시장접근법의 특수한 사례로 기술 경매(auction)을 들 수 있다. 경매는 기술을 보유하고 있는 공급자와 기술을 필요로 하는 수요자간의 거래가 일대일이 아니라 일대다의 형태로 추진될 때 발생할 수 있다. 만일 특정 기술에 대한 수요자가 많은 경우 경매가 이루어지면 기술의 가치가 오를 것이며, 반대로 수요자에 비해 공급이 많을 경우 기술 가치의 하락을 예상할 수 있다.

2.4 이익접근법 (Income Approach / Profit Approach)

이익접근법은 수익접근법, 소득접근법이라고도 하는데 보유 기술의 사업화를 통해 얻을 수 있는 미래의 현금흐름에 근거하여 해당기술의 가치를 평가하는 방법으로 기술가치평가의 방법론 중에서 가장 대표적이라고 할 수 있다.

이익접근법에 의한 기술가치평가를 하기 위해서는, 우선 미래현금흐름을 현재가치화(현가화)하고 그 합인 사업가치(NPV)를 구한 후, 기술기여도를 반영하면

된다. 기술기여도는 사업가치에서 기술의 비중, 즉 기술이 사업의 가치에 얼마나 기여하는가를 나타내는 것으로 결국 이익접근법에 의한 기술가치는 사업가치에 기술기여도를 곱함으로써 얻을 수 있다.

기술가치 (이익접근법) = 사업가치 (NPV) x 기술기여도

이상에서 설명한 이익접근법에 의한 기술가치평가의 전체적인 구성을 나타내면 [도표 5-4]와 같다.

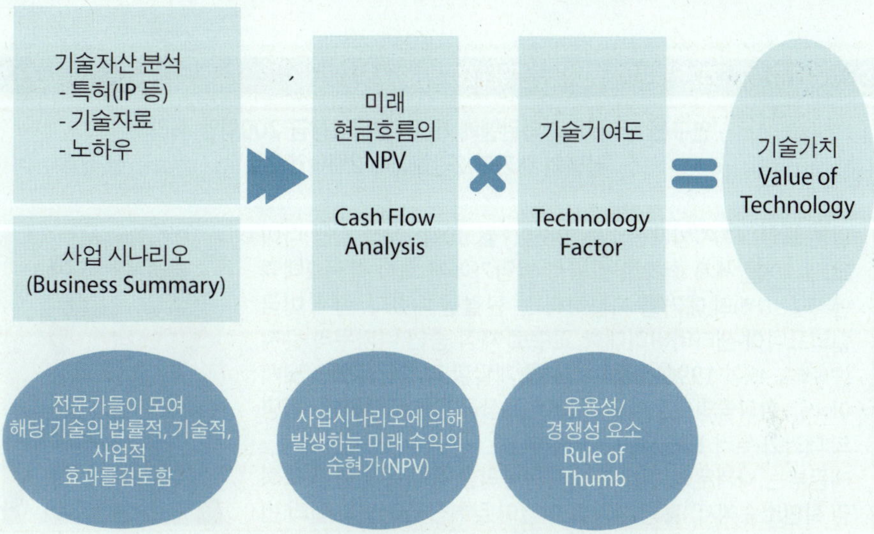

[도표 5-4] 이익접근법에 의한 기술가치평가

이익접근법으로 기술가치평가를 하는 경우 유의해야 할 사항은 사업을 통해 얻어지는 예상 수익에 대한 현금흐름이 신뢰성 있게 분석되어야 한다는 점이다. 사업의 미래 상황에 대한 분석이 엉성하면 결과적으로 의미 없는 수를 산출하게 되므로 객관적이고 믿을 만한 시장자료를 확보하는 것이 무엇보다 중요하다는 것을 명심해야 한다.

최근 들어 기업의 전·현직 연구원들이 자신이 근무하고 있거나 근무했던 기업을 상대로 실시보상에 대한 소송을 제기하는 사례가 빈발하고 있다. 즉, 자신이

개발한 기술이 사업화되어 기업에 많은 이익을 가져다줄 경우, 이의 일부를 해당 연구원들에게 실시보상으로 지급해야 한다는 주장과, 연구원이 개발한 기술자산은 기업에 소유권이 있으므로 보상금을 지급할 필요가 없다는 주장이 맞서고 있는 것이다.

청색 LED(발광다이오드)를 개발하고 실용화한 공로로 2014년 노벨 물리학상을 받은 나카무라 슈지 교수도 바로 그 청색 LED의 발명에 대한 실시보상 문제로 2004년에 재판까지 간 적이 있었고, 재판부는 청색 LED으로부터 발생한 수익의 일부를 슈지 교수의 공헌인 기술기여로 간주하여 회사 측에 수익의 일부를 보상 할 것을 판결한 적이 있다.

사례5-7 일본 닛치아 화학공업의 LED 기술가치

'연구원 푸대접' 기업관행에 제동 "발명포상금 200억엔 줘라"
'발명의 대가가 2만엔에서 2백억엔으로'

일본 도쿄(東京)지방재판소는 '04년 1월 30일 "청색 발광 다이오드(LED)를 세계 최초로 발명한 발명가에게 회사 측은 2백억엔(약 2천억원)의 대가를 지불하라"는 판결을 내렸다. 현재 미국 캘리포니아 샌타바바라대학 교수로 재직 중인 나카무라 슈지(中村修二, 49)가 1990년 청색 LED를 개발할 당시 근무했던 닛치아(日亞) 화학공업으로부터 받았던 '포상금'은 불과 2만엔 . 발명의 대가가 무려 1백만배로 뛴 셈이다.

재판부는 나카무라 교수가 닛치아화학을 상대로 제기한 특허권 확인소송에서 "훌륭한 개발 여건이 갖춰진 대기업과 달리 빈약한 연구환경 속에서 개인적 능력과 독창적인 발상을 통해 세계적인 발명을 이룩한 만큼 충분한 개발의 대가를 지급해야한다"며 이 같이 판결했다. 재판부는 닛치아의 1994~2010년의 추정 매출액 1조2천86억 엔 중 50%는 나카무라 교수가 발명한 특허 때문이고, 이익률 20%인 1천2백8억 엔이 청색 LED에서 나온 것이라고 산정했다. 여기서 회사가 제공한 설비투자를 빼더라도 50%인 6백4억엔은 나카무라 개인의 발명 대가로 인정해야 한다는 것이다. 하지만 이번 소송에서 나카무라 교수의 청구액이 2백억 엔이었던 만큼 회사 측 지급액은 2백억 엔으로 판결됐다. 닛치아화학 측은 "납득할 수 없다"며 즉각 항소의 뜻을 밝혔다.

판결 후 산업계는 "종업원의 발명은 회사의 재산이란 통념이 통하지 않게 됐다"고 크게 우려를 표시하고 있지만, 여론은 "샐러리맨들에게 꿈을 줬다"며 환영하고 있다.

\- 2004. 2. 2 중앙일보 -

우리나라에서도 삼성전자 연구원이 2012년 휴대전화에서 연락처를 찾을 때 이름의 초성만을 입력하여 검색할 수 있도록 하는 초성 검색 기술의 발명에 대한 보상 소송을 내서 2017년 대법원의 보상 판결을 받아낸 예가 있다.

사례5-8 일본 도시바의 플래쉬메모리 기술가치

도시바 상대, 사원 발명 100억원 청구
마스오카 교수 "퇴직때 자동차 한대 값 밖에 못 받았다"

디지털카메라와 휴대전화에 사용되는 기억장치인 플래시 메모리를 발명한 일본 도후쿠(東北) 대학의 마스오카 후지오(舛岡富士雄60사진) 교수가 자신이 근무했던 도시바(東芝)를 상대로 발명대가 10억엔 (약100억원)을 청구하는 소송을 지난 2일 도쿄지방재판소에 냈다.

플래시 메모리는 전원 공급이 중단되면 기억된 데이터가 모두 사라지는 D램과는 달리 전원이 꺼져도 데이터가 그대로 남아 있을 뿐만 아니라, 소비전력이 적고 마음대로 내용을 기록수정 보완할 수 있는 반도체 집적회로인데, 현재 연간 시장규모가 1조엔대에 이른다. 마스오카 교수는 도시바에 재직 중이던 지난 1980년과 1987년 두 종류의 플래시 메모리를 발명했다. 당시 마스오카 교수는 품질 향상을 담당하는 종업원이었으며, 연구직이 아니었기 때문에 일과 후나 쉬는날 연구에 매달려 혼자 힘으로 플래시 메모리를 발명했다. 마스오카 교수가 발명한 플래시 메모리는 도시바가 양도받아 일본 국내외에서 모두 201개의 특허권을 따냈으며, 도시바는 2003년까지 100억엔의 특허권 사용료와 일본 국내 독점 판매 이익을 포함해 200억 엔의 수익을 올렸다.

마스오카 교수는 소장에서 플래시 메모리 발명에 대한 회사의 공헌도를 80%, 자신의 공헌도를 20%(40억엔)로 보고, 그 중 일부인 10억 엔만 발명대가로 요구한다고 주장했다.

마스오카 교수는 이번 소송에 대해 "퇴직 후 회사에서 발명 대가로 국산차 1대분인 수백만 엔의 상여금을 받았다. 기술자의 노력이 정당하게 평가받는 시스템이 만들어지지 않으면 일본 반도체 산업의 미래는 없다"고 밝혔다. 마스오카 교수는 2002년 미국 경제지 '포브스'의 표지인물로 플래시 메모리를 발명한 사람으로 소개되기도 했다.

- 2004. 3. 3 디지털조선 -

사례5-9 삼성전자 휴대폰 초성 검색 기술

"초성 검색 발명 연구원에 삼성전자, 2000만원 줘야"
대법, 보상금 지급 판결

대법원 1부(주심 이기택)는 삼성전자 수석연구원으로 근무 중인 안모(52)씨가 '발명 보상금을 달라'며 회사를 상대로 낸 상고심에서 원심과 같이 "삼성전자는 안씨에게 2185만원을 지급하라"고 판결했다고 5일 밝혔다.
안씨는 1993년 휴대전화에서 연락처를 찾을 때 이름 등의 초성(初聲)만 입력하면 관련 연락처를 검색해주는 '초성 검색' 기술을 발명해 회사에 양도했다. 회사는 이 기술을 1996년 특허 등록했다. 안씨는 이후 회사가 발명 보상금을 주지 않자 2012년 소송을 냈다. 삼성전자는 "경쟁 회사들도 이미 비슷한 발명을 하고 있었기 때문에 안씨의 기술로 인해 회사가 독점적 이익을 얻지 못했다"고 했다. 그러나 법원은 "초성 검색 기술에 대한 안씨의 공헌이 인정된다"며 안씨에게 발명 보상금을 지급해야 한다고 판단했다.
1심은 "안씨의 발명이 없더라도 연락처 검색은 가능하다는 점 등을 고려해 발명자의 (기술) 공헌도는 0.1% 정도로 책정할 수 있다"며 "안씨에게 1092만원을 보상하라"고 했다. 2심은 공헌도를 조금 더 높인 0.2%로 책정해 2185만원을 보상하라고 했고, 대법원도 이를 받아들였다.

\- 2017. 2. 6. 조선일보 -

3. 기술기여도의 평가

이익접근법에 의한 기술가치평가에 있어서 사업가치 중 기술이 차지하는 비중인 기술기여도를 산정하는 방법에 대해 알아보기로 한다.

3.1 기술기여도 모델

기술기여도란 기술의 사업화로 인한 사업가치 중에서 기술의 기여율을 %로 나타낸 것으로서, 이를 산정하기 위한 다음과 같은 여러 모델들이 소개되고 있다.

- TF 모델 (Technology Factor)
- TVMS 모델 (Technology Value Management System)

- TCI 모델 (Technology Contribution Index)

이 중에서 가장 널리 사용되고 있는 것이 TF 모델인데, 이는 [도표 5-5]에 나타나 있는 바와 같이 기술을 유용성(Utility)과 경쟁성(Competitiveness)이라는 두 가지 측면에서 각각 100점 만점으로 평가한 후에 이들의 평균치를 백분율로 만들어 구한다. 경우에 따라 이 값에 산업의 특성에 따르는 산업지수(IF: Industry Factor)를 곱하여 사용하기도 한다.

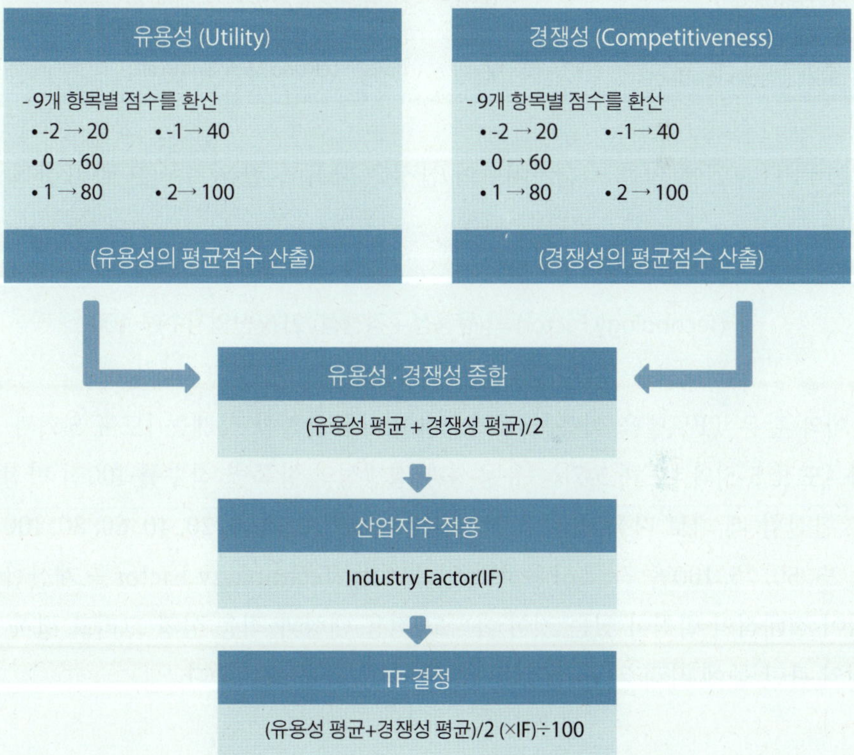

[도표 5-5] 기술기여도 산정을 위한 TF 모델

유용성과 경쟁성의 구체적인 평가 항목 및 평가 기준은 제2장 기술완성도 평가에서 언급하였으므로 상세한 평가 방법은 생략하기로 한다.

산업지수는 [도표 5-6]에 나타나 있는 바와 같이 해당산업의 사업가치 중에서 기술이 기여할 수 있는 최대 비율로서, 산업의 특성에 따라 기술기여도의 최대치에는 차이가 있다.

[도표 5-6] 주요 산업의 산업지수 (IF, Industry Factor)

Pharmaceuticals	89%	Home Products	89%
Semiconductors	86%	Food / Beverages	88%
Biotechnology	84%	Computer H/W	87%
Motor Vehicles/Parts	78%	Telecom Services	77%
Telecom Equipment	76%	Retail	74%
Chemicals	75%	Speciality Retail	72%
Oil / Petroleum	63%	*Calculations of "Intangible % of Value"*	
Electric Utilities	53%	*by Inavisis, Inc. adapted from*	
Forest / Paper Products	47%	*Baruch Lev and Marc Bothwell*	

결국 TF모델에 의한 기술기여도의 산정은 다음과 같은 수식으로 표현될 수 있다.

TF (Technology Factor) = [(유용성 + 경쟁성)/2] (x 산업지수) ÷ 100

이와 같은 TF모델을 이용하여 기술기여도를 산정한 사례는 [도표 5-7]과 같다. [도표 5-5]와 [도표 5-7]는 유용성과 경쟁성의 항목별 점수를 100점 만점으로 환산할 때 서로 다른 환산 수치를 적용하고 있는데 즉, 20, 40, 60, 80, 100과 0, 25, 50, 75, 100을 각각 사용하고 있다. 이는 Technology Factor를 계산함에 있어 절대적인 법칙이 있는 것이 아니고 적용 대상과 적용 상황 그리고 평가 주체의 판단 등에 따라 가변적으로 사용할 수 있음을 보여준다.

[도표 5-7] TF모델을 이용한 기술기여도 산정 사례

기술명	XX 기술									
분야	항목	평 가 기 준					평가결과	점수	평균점수	산업지수	TF
		-2	-1	0	1	2					
[A] 유용성	[A1] 사업화 소요자금의 규모	사업화에	사업화에	-	최소한의	자본 투지	-1	25			
	[A2] 지속적 기술개발 전망	이 기술과	이 기술과	사업부 (L	어느 정도	이 분야는	-2	0			
	[A3] 사업화 소요기간	사업부가	사업부가	-	사업부가	사업부는	0	50			
	[A4] 유효 경제수명	경제적 수	경제적 수	-	경제적 수	기술과 특	-1	75			
	[A5] 사업부에 대한 유용성	사업부는	유사한 기	-	사업부에	사업부에	0	50	42		
	[A6] 경쟁사에 대한 유용성	이 업계에	1~2개 경	다른 경쟁	이 기술은	이 기술은	1	100			
	[A7] 사업화의 장애요소	사업화를	사업화를	-	사업화에	사업화에	-1	25			
	[A8] 소비자의 구매의향	소비자는	소비자는	-	이 기술을	이 기술을	-2	0			
	[A9] 특허의 학습가치	사업부는	사업부는	-	특허 중 9	특허 학습	0	50		77%	36%
[B] 경쟁성	[B1] 대체 기술	유사한 하	몇 가지의	대체기술	몇 가지 [	이 분야에	0	50			
	[B2] 경쟁자에 미치는 영향	주 경쟁자	몇몇 경쟁	경쟁자들	몇몇 경쟁	이 기술을	-1	25			
	[B3] 기술의 복잡성	기술 적용	대부분의	-	기술이 어	기술이 복	-1	75			
	[B4] 차별화	이 기술은	이 기술은	이 기술은	이 기술은	이 기술은	1	100			
	[B5] 지적재산의 법적보호	특허 없음	특허와 기	-	몇 개 특허	특허와 기	0	50	53		
	[B6] 전략적 위치 선정	해당 기술	기술적 리	-	해당 기술	기술이 리	-2	0			
	[B7] 지역적 적용성	국제시장	특정 국제	-	특정 지역	유일한 소	-1	25			
	[B8] 기술가치의 소멸 가능성	기술은 2	기술은 2	계속되는	기술의 수	기술의 수	1	100			
	[B9] 기술대체의 가능성	설계변경	약간의 설	대체품의	현재 대체	대체하기	0	50			

3.2 기술기여도 평가

기술기여도로서 TF가 산정되면, 이 수치에 따른 기술의 효과는 대개 다음과 같이 평가할 수 있다.

- TF = 15%± : 기술이 평균 정도로 기여(Average Technology Impact)
- TF = 30%± : 평균 이상의 기여(Above Average Technology Impact)
- TF = 45%± : 예외적인 기여(Exceptional Technology Impact)

한편 기술의 기여도를 산정하기 위해 TF와 같은 정교한 모델을 사용하려면 유용성과 경쟁성의 18개 항목에 대해 5점 척도로 평가하여 이를 종합하는 과정을 거쳐야 하는 등 평가에 많은 시간과 노력이 소요된다. 이에 보다 실무적으로 간편한 방법으로 사업가치의 1/3~1/4 즉, 사업가치의 25%~33%가 기술가치라고 보는 엄지손가락의 법칙(Rule of Thumb)이 적용되곤 한다.

엄지손가락의 법칙의 어원에 대해선 다양한 설이 있는데, 예를 들어 신발을 선택할 때 길이, 폭, 높이, 외부형태, 내부구조 등의 정확한 측정 대신 엄지손가락으로 앞부분을 눌러보는 것만으로도 충분하다는 것 등이 그것이다. 따라서 경험의 법칙, 최고의 법칙, 무조건의 법칙 이라고도 불리는 이 손쉬운 방법은 정교한 모델로 산정한 기술기여도에 비해 간편하게 사용할 수 있으므로 오히려 더 현실에 가깝다고 평가받을 때도 있다.

엄지손가락의 법칙은 아직 정교한 모델이 정립되어 있지 않은 환경이나 기술가치 평가의 도입초기에 어림짐작으로 기술가치를 평가해야할 필요가 있을 때 사용할 수 있으며, 기술사업화의 성과형태에 따라 달리 적용될 필요가 있다. 즉, 제조업의 경우에는 관리·지원을 중심으로 개발-생산-판매라는 4가지 기능이 합쳐져 사업가치를 창출하는데 기여하므로, 기술의 비중을 25% (1/4)로 하고, 서비스업의 경우에는 생산 기능이 생략되므로 기술의 비중을 33%(1/3)로 한다. 또한, 원가절감의 경우에는 연구소와 사업부 양자의 기여이므로 기술의 비중을 50%(1/2), 기술료를 절감하거나 기술료의 수입이 발생한 경우에는 연구소만의 기여이므로 기술의 비중을 100%(1/1)로 한다.

3.3 매출과 기술기여도

실제 기업간의 기술거래에 있어서는 기술료로서 계약을 하는 경우가 많다.

기술 보유자에게는 기술판매이고 기술 구매자에게는 기술도입이 되는데, 양자 간에 적합한 선에서 해당기술의 가치평가에 합의하고 계약을 체결하게 된다. 이때의 기술료 조건은 대개 경상기술료, 즉 매출액의 일정 백분율(%) 로 하는 것이 일반적이다.

즉, 매출액에 대해 기술이 차지하는 비중을 경상기술료(Running Royalty)의 형태로 표현하는 것인데, 많은 기술계약의 사례를 분석해 보면, 사업분야별 경상기술료율은 [도표 5-8]과 같다. 의료장비의 경우에는 매출액의 3~5%, 소프트웨어는 5~15%, 반도체의 칩 설계 기술의 경우에는 1~2% 수준이다. 또한, 의약품의 경우에는 신약물질이 8~10% 이고, 임상실험을 거친 의약품의 경우에는

12~20% 로 매우 높은 것이 일반적이다. 신규 진단·검사 장비의 경우에는 4~5% 이고, 새로운 방식의 기존 진단·검사 장비의 경우에는 2~4% 수준이다.

이와 같은 통상적인 경상기술료율의 수준은 향후 이루어질 기술거래 계약에 참고로 활용될 수 있으며, 좀 더 정교한 경상기술료율은 기술의 도입을 통해 발생하리라 예상되는 매출액의 추정치를 바탕으로 기술의 판매자와 구매자간의 협상에 의해 적절한 선에서 결정되는 것이 보통이다.

[도표 5-8] 주요 사업분야별 경상기술료율

사업 분야	경상기술료율	비 고
의료장비	3 ~ 5%	
소프트웨어	5 ~ 15%	
반 도 체	1 ~ 2%	칩 설계(Chip Design)
의 약 품	8 ~ 10%	신약물질(Composition of Matter)
	12 ~ 20%	신약물질+임상실험(With Clinical Testing)
진단/검사 장비	4 ~ 5%	New Entity
	2 ~ 4%	New Method/Old Entity

4. 기술가치의 산정 실습

플랙시블 디스플레이(Flexible Display) 사업 사례에 대해 기술가치평가의 세 가지 방법론, 즉 이익접근법과 비용접근법 및 시장접근법 등을 적용해봄으로써 기술가치를 산정하는 과정을 살펴보고, 경상기술료 책정에 대한 실습을 하기로 한다.

4.1 디스플레이 기술 추이 및 플렉시블 기술

디스플레이 분야에서 과거 CRT 방식의 기술은 쇠퇴하고 평판표시 방식이 주류를 이루고 있는데 평판표시 방식에서는 PDP의 등장 이후 현재 LCD가 가장 보편화되어있다. 한편 최근에는 OLED 시장의 성장으로 새로운 변화가 진행되고 있으며 나아가 새로운 방식인 플렉시블 디스플레이가 미래의 디스플레이 시장을 점유할 것으로 예상된다.

플렉시블 디스플레이의 장점은 다루기 쉽고 휴대가 편리하다는 것인데, 궁극적인 플렉시블 디스플레이의 모습은 말 수(rollable) 있거나 접을 수 있도록 제작하는 것이다. 즉, 플렉시블 디스플레이가 그 기능을 제대로 발휘하기 위해서는 휴대성이 좋고, 화질이 선명하며, 소비전력이 적게 들고, 내구성이 좋으면서도, 간결(compact)한 기능을 갖추어야 한다. 따라서 플렉시블 디스플레이 기술이 상

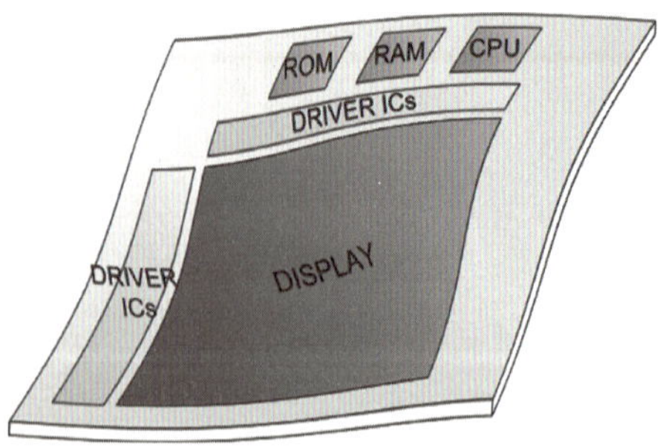

용화되기 위해서는 유연성(flexibility)과 통합성(system integrability)이 핵심적인 요소라 할 수 있다.

4.2 사업 개요

플렉시블 디스플레이 기술로 구현이 가능한 사업 아이템은 다양하다. 예를 들어 손목의 굴곡에 따라 부드럽게 착용이 가능한 유연한 시계의 곡면 화면을 구성한다든지, 휘어지는 화면을 갖는 휴대폰에 사용한다든지, 휴대 가능한 전자책의 화면을 구성한다든지, 통화 잔량의 표시가 가능한 스마트 카드를 제작한다든지 하는 것 등이다.

ABC전자는 최근 고분자 기판과 구동회로 내장기술을 활용하여 플렉시블 디스플레이 패널(FDP: Flexible Display Panel)의 개발을 완료했으며, 이 기술을 자체 사업화할지 혹은 전문 디스플레이 업체인 PQR사에 이전할 것인지를 검토 중에 있다. 이 기술의 사업 시나리오는 다양하지만, ABC전자나 PQR사의 사업여건 등을 고려할 때, 휴대폰과 같은 이동식 기기에 적용하여 사업화를 추진하는 것이 가장 적합한 것으로 판단되었다.

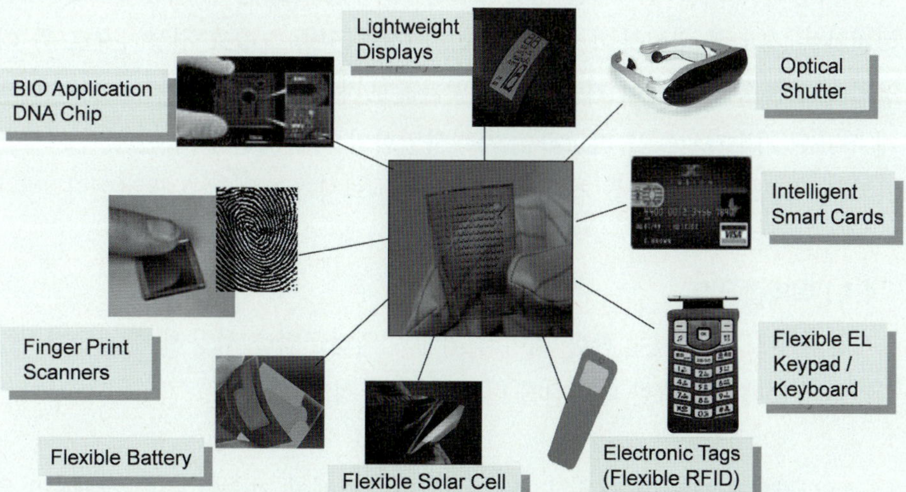

4.3 시장 규모

시장조사 전문기관인 Display Search사의 최근 자료에 의하면 향후 5년간의 모바일 기기의 시장규모는 다음의 표와 같다. 모바일 기기의 10% 정도는 플렉시블 디스플레이 패널(FDP)을 채택한다고 예상되며, 패널의 가격은 모바일 기기의 평균 가격인 개당 30만원의 5%선인 개당 1만5천원에서 책정될 것이라 예상된다.

구분		1년차	2년차	3년차	4년차	5년차
모바일 기기	(백만대)	1,000	1.040	1,210	1,500	2,000
FDP 대수	(백만대)	100	104	121	150	200
FDP 시장	(억원)	15,000	15,600	18,150	22,500	30,000

4.4 기술가치의 평가

ABC전자는 우선 자체 사업화할 경우의 기술가치를 알아내기 위해 이익접근법을 사용하여 기술의 가치를 평가해 보기로 하였다. 또한 이 기술을 PQR사로 이전하는 경우에 대비하여 비용접근법, 시장접근법, 그리고 경상기술료 등 다양한 방법론을 적용하여 기술가치를 평가해보기로 하였다. 최종적으로는 이렇게 평가된 기술가치들을 비교하여 자체사업화와 기술이전 중 어떤 것이 기술의 가치를 극대화할 것인지를 검토하여 최종적인 의사결정을 하고자 하였다.

4.4.1 이익접근법

시장의 규모와 추이에 관한 데이터 외에 이익접근법을 사용하여 기술가치를 산정하기 위해서 필요한 데이터를 다음과 같이 정리하였다.

- ABC전자가 패널에 적용한 플렉시블 디스플레이 기술의 유효 경제수명은

정보통신 관련 제품의 평균 수명인 5년을 기준으로 한다.

- ABC가 자체 사업화할 경우의 시장점유율은 사업의 첫 해 5%로 시작하여 매년 2%p씩 증가할 것으로 전망한다.
- 이 사업의 영업이익률은 유사 사업의 실적을 감안하여 16%를 적용하기로 했다. 또한 매출액에 영업이익률을 곱해서 얻어지는 영업이익을 사업을 통해 들어오는 현금 수익으로 간주하기로 하였다.
- 사업으로부터 창출되는 미래 수익에 적용할 할인율은 CAPM을 이용하여 구하기로 했으며 Rf=1.9%, 베타=1.2, RP=8.5% 가 적정하다고 결정하였다. 이 때 SP는 적용하지 않기로 한다.
- TF 모델로 기술기여도를 산출한 결과 유용성 평가결과 평균 63, 경쟁성 평가결과 평균 54가 나왔고, 본 사업에 해당하는 산업지수는 87로 평가되었다.

이상의 데이터를 이용하여 플렉시블 디스플레이의 기술가치를 산정해보면 아래와 같다. (소수점 이하는 반올림 처리)

(억원)

구분	1년차	2년차	3년차	4년차	5년차
FDP 시장	15,000	15,600	18,150	22,500	30,000
시장점유율	5%	7%	9%	11%	13%
매출액	750	1,092	1,634	2,475	3,900
영업이익 (현금흐름:CF)	120	175	261	396	624
할인율	1.9% + 1.2 × 8.5% = 12.1%				
DCF	107	139	186	251	352
사업가치	위 DCF의 총합 = 1,035				
기술기여도	[(63 + 54) / 2] × 87% ÷ 100 = 50.9%				
기술가치	사업가치×기술기여도 = 1,035× 50.9% = 527				

4.4.2 비용접근법

비용접근법으로 기술가치를 평가하기 위해선 해당 기술을 확보하는데 소요되는 기술개발 투자비와 기회비용에 대한 데이터를 구해야 한다. 다음은 ABC 전자가 플렉시블 디스플레이 기술 개발을 위해 투자했던 비용과 PQR사가 이 기술을 지금부터 개발한다면 소요될 것으로 예상되는 비용을 대비해서 보여주고 있다.

구분	내용	
(a) 과거 실적	개발에 소요되었던 기간: 5년	
인건비 및 경비	직접인력 10명	100백만원/명/년
	간접인력 2명	120백만원/명/년
설비투자 및 재료비		70백만원/년
(b) 최근 자료	개발에 필요할 것으로 예상되는 기간: 3년	
인건비 및 경비	직접인력 10명	120백만원/명/년
	간접인력 1명	130백만원/명/년
설비투자 및 재료비		500백만원/년

최근 자료에 의하면, 최신의 장비를 이용하여 기술 확보에 필요한 기간이 단축되고 인력 또한 줄일 수 있지만 인건비와 설비에 들어가는 비용은 증가되는 것으로 나타난다. 그렇다면 비용접근법을 사용해서 기술가치를 평가할 때, 이 두 가지 자료 중 어떤 자료를 사용해야 할까?

이 기술을 필요로 하는 PQR사의 입장에서는 ABC전자가 기술을 개발하기 위해 소요되었던 비용에는 관심을 가질 이유가 없다. PQR사는 단지 이 기술을 이전 받아 사용할 것인가 아니면 직접 개발할 것인가 만을 고려할 것이므로 비용접근법으로 기술가치를 평가할 때에는 과거 실적자료(a) 보다는 최근의 자료(b)를 이용해야 한다.

사업의 개시를 위해서는 개발기간을 포함하여 3년이 소요된다고 한다. 그렇다면 기회비용은 PQR사가 ABC전자로부터 플렉시블 디스플레이 기술을 제공받지 못할 경우 향후 3년간 사업을 전개하지 못하여 상실하게 되는 사업이익을 말하게 된다. 따라서 이익접근법에서 산정해놓은 1년차~3년차의 영업이익이 결국은 기회비용이 될 것이다.

위의 내용을 바탕으로 기술가치를 산정하면 아래와 같다.

(억원)

구분	1년차	2년차	3년차
개발비용			
인건비 및 경비	13	13	13
설비투자 및 재료비	5	5	5
기회비용	120	175	261
현금흐름	138	193	280
DCF (할인율=12.1%)	123	154	199
기술가치	위의 DCF 총합 = 475		

4.4.3 시장접근법

ABC전자가 개발한 플렉시블 디스플레이 기술과 유사한 기술이 실제 기술거래 시장을 통해 계약된 사례를 조사해본 결과 다음과 같은 3가지 정보가 입수되었다.

- 사례 A의 기술거래 계약에서는 기술의 대가로 500억원을 일시에 지불하였다고 한다.
- 사례 B의 기술거래 계약에서는 기술의 대가로 550억원을 책정하되, 250억원은 선지불하고 나머지 300억원은 2년간 분할 지불하였다고 한다.
- 사례 C의 기술거래 계약에서는 기술의 대가가 600억원인데, 120억원씩 5년간에 걸쳐 분할 지불하였다고 한다.

시장접근법으로 기술의 가치를 산정하기 위해서는 이와 같은 사례 자료를 기준으로 한다. 여기에서는 3가지 사례 자료가 주어졌으므로 각각의 사례별로 기술가치를 산정한 후 비교해서 평가해야 한다.

법적인 거래계약에 의해 발생하는 현금의 흐름은 사업화를 통해 얻어지는 수익과 달리 불확실성이 덜하다. 따라서 현금흐름의 할인율도 감소시켜 평가할 수 있는데 여기에서는 10%의 할인율을 적용하기로 한다.

기술의 가치는 계약에 의해 연도별로 지불받게 되는 현금 흐름에 할인율을 적용하여 할인된 현금흐름을 구한 후 이들 값을 모두 더하면 얻어진다. 시장접근법에 의한 기술가치의 산정은 다음과 같이 정리될 수 있다.

(억원)

구 분	1년차	2년차	3년차	4년차	5년차	합 계
계약 사례 A의 현금흐름 DCF (할인율=10%)	500 455					 455
계약 사례 B의 현금흐름 DCF (할인율=10%)	250 227	150 124	150 113			 464
계약 사례 C의 현금흐름 DCF (할인율=10%)	120 109	120 99	120 90	120 82	120 75	 455

결국 시장접근법을 기준으로 한 플렉시블 디스플레이 기술의 가치는 455억원에서 464억원 정도의 분포를 갖는다. 따라서 ABC사의 입장에서는 위에서 구한 세 가지 금액 중 가장 큰 464억원을 기술가치라 판단하는 것이 합리적이다.

4.4.4 경상기술료

마지막으로 동일한 기술에 대해 경상기술료 (Running Royalty)를 적용하여 기술가치평가를 해보도록 한다. 경상기술료는 기술가치의 평가 방법은 아니나 현실적으로 기술 구매자인 PQR사가 경상기술료를 주는 조건으로 기술 구매의 의사표시가 있었다면, ABC전자는 구체적인 계약에 앞서 나름대로의 기술가치를 평가해볼 수 있다.

경상기술료 계약은 경상기술료율을 어떻게 책정하는가가 관건인데 이를 위해 플렉시블 디스플레이 기술의 계약 사례를 관찰하는 것이 중요하다 . 하지만 아직은 거래가 활발한 분야가 아니라 자료가 미흡한 관계로 유사 기술 분야의 기술 계약(Technology Licensing) 사례들을 조사하기로 하였다. 그 결과 다음과 같이 5건의 경상기술료 계약 사례가 파악되었는데, 여기에 나타나는 경상기술료율은 매출액에 대한 일정 백분율(%)을 나타낸다.

구분	경상기술료율	거래 기술 내용
기술 거래 사례 1	10%	PDP 관련 기술
기술 거래 사례 2	7%	e-paper 관련 기술
기술 거래 사례 3	7.5%	OLED 관련 기술
기술 거래 사례 4	5%	LCD 관련 기술
기술 거래 사례 5	7~8%	유기 TFT 관련 기술

파악된 5건의 사례 중에서 플렉시블 디스플레이 기술과 가장 유사한 사례를 찾아 이것을 기준으로 경상기술료율 책정에 참고해야 한다. 5건의 사례 중 사례 1(PDP 관련 기술)이라든지 사례 2(e-paper 관련 기술), 그리고 사례 4(LCD 관련 기술)은 본 플렉시블 디스플레이 사업과는 거리가 먼 것으로 판단된다. 남은 기술은 사례 3의 OLED 관련 기술과 사례 5의 유기 TFT 관련 기술인데 이들의 경상기술료율을 참고한다면 본 플렉시블 디스플레이 사업에 대한 경상기술료율은 7.5%로 정하는 것이 판매자(ABC전자)와 구매자(PQR사) 모두에게 합리적으로 보인다. 이 때 매출액은 PQR사의 사업에 대한 정보가 부족한 관계로 ABC전자에서 산출한 매출액을 기준으로 하였다. 이와 같은 조건에서 경상기술료의 수입흐름에 의한 기술가치를 산정하면 다음과 같다.

(억원)

구분	1년차	2년차	3년차	4년차	5년차
매출액	750	1,092	1,634	2,475	3,900
경상기술료 (기술료율=7.5%)	56	82	123	186	293
DCF (할인율=12.1%)	50	65	87	118	165
기술가치	위 DCF의 총합 = 485				

4.4.5 플렉시블 디스플레이 기술의 기술가치 평가 종합

지금까지 다양한 방법에 의해 산정된 플렉시블 디스플레이 기술의 기술가치는 다음과 같이 종합 정리될 수 있다.

기술가치평가 방법	기술가치
이익접근법 (Income Approach)	527 억원
비용접근법 (Cost Approach)	475 억원
시장접근법 (Market Approach)	464 억원
경상기술료 (Running Royalty)	485 억원

여기서 주의할 점은 동일한 기술이라 하더라도 어떠한 기술가치평가 방법론을 적용하느냐에 따라 그 기술가치가 달라질 수 있다는 점이다. 본 사례에서는 이익접근법으로 산정한 기술가치가 527억원으로 가장 크게 나왔다. ABC전자의 입장에서는 자신의 기술에 대한 가치가 527억원이라고 주장하는 것이 타당할 것이다.

연습문제

1. 다음 중에서 기술자산으로서 적합하지 않은 것은?
   ① 조립 로봇　　② 특허
   ③ 디자인　　④ Knowhow

2. 다음 중에서 기술가치평가의 용어로서 가장 적합한 것은?
   ① Technology Evaluation　　② Technology Assessment
   ③ Technology Score　　④ Technology Valuation

3. 다음 중에서 기술의 사업화 형태라고 볼 수 없는 것은?
   ① 자체 사업화　　② 기술도입
   ③ 분사 또는 JV　　④ 제3자 기술판매

4. 다음 중에서 기술가치평가의 필요성으로서 적합하지 않은 것은?
   ① R&D투자의 성과 확인　　② 과제의 포트폴리오 관리
   ③ 기술의 완성도 제고　　④ 과제의 PR

5. 다음 중에서 초기단계로 아직 시장형성이 안된 기술의 적합한 평가방법론은?
   ① 사업접근법　　② 비용접근법
   ③ 시장접근법　　④ 이익접근법

6. 다음 기술가치평가 방법론 중에서 가장 대표적인 방법론이라 할 수 있는 것은?
   ① 비용접근법　　② 시장접근법
   ③ 이익접근법　　④ 경상기술료

7. 비용접근법에서 R&D투자비가 20억원일 때 기술가치가 70억원으로 평가되었다면 다음 중 옳은 내용은?

① 기회비용은 50억원이다. ② 기회비용은 90억원이다.

③ 기회비용이 R&D투자비 보다 적다. ④ 기회비용은 기술가치보다 크다.

8. 신규 기술개발에 2,885백만 원의 R&D투자비가 들고, 이 기간 동안의 기회비용이 2,024백만 원일 경우, 비용접근법에 의한 해당 기술의 가치는 얼마인가?

① 2,024백만 원 ② 2,885백만 원

③ 3,897백만 원 ④ 4,909백만 원

9. 다음 중에서 시장접근법과 관련된 항목이라고 볼 수 없는 것은?

① 최근 거래정보 ② 지식재산거래정보센터

③ 기술기여도 ④ 기술경매

10. 다음 중에서 공개된 기술거래 시장이 아닌 것은?

① 사내기술장터 ② 옥션

③ yet2.com ④ IP Mart

11. 이익접근법에 의한 기술가치평가에 있어서 고려할 항목으로서 부적합한 것은 ?

① 기회비용 ② Tech Factor

③ Cash Flow ④ 할인율

12. 이익접근법에서 사업가치가 100억원, TF가 30일 때의 기술가치는?

① 30억원 ② 70억원

③ 100억원 ④ 130억원

13. 기술기여도 산정에 있어서 유용성이 30, 경쟁성이 40일 때의 TF는 얼마인가?

① TF = 30 ② TF = 35

③ TF = 40 ④ TF = 70

14. 사업화로 인한 이익이 120억원이고, TF가 50일 때, 이익접근법에 의한 기술가치는?

① 60억원 ② 70억원

③ 170억원 ④ 240억원

15. 다음 중에서 일반적으로 경상기술료율이 가장 높은 기술분야는?

① 의료 장비 ② 반도체 설계

③ 의약품 ④ 진단/검사 장비

16. 경상기술료율 2%로 계약을 한 기술을 사용하여 올해 매출액 500억원, 영업이익이 100억원을 달성하였다. 올해 지불해야 할 경상기술료는?

① 10억원 ② 2억원

③ 12억원 ④ 8억원

부록
사업계획서 사례 1

- 다용도 축열기(온풍기)사업 -

(주)대성엔지니어링

1. 사업타당성 분석의 개요

1. 사업타당성 분석의 목적

본 사업타당성 분석은 대성엔지니어링(주)의 대표이사 박대성씨가 충북 옥천에 회사를 설립하여 다용도 축열기 제조를 사업화하기 위한 제반 사업 환경, 제조기술, 시장성 및 자금흐름 부분 등을 검토하여 투자자의 투자의사 및 방법을 결정하는데 기초자료를 제시하고, 사업 추진에 따른 제부문별 추진 방향을 제시함에 있으며, 그리고 벤처캐피틀 또는 엔젤캐피틀 투자신청 및 향후 경영관리 활동 및 경영의 원활화를 기할 수 있는 자료의 제공과 투자 유의사항을 권고하는데 본 조사의 목적을 둔다.

따라서 사업 계획의 적정성, 기업 설립과 관련된 요인 및 경제성 등을 분석하여 향후 창업하게될 당 회사의 사업 타당성을 종합적으로 평가 분석함으로써 당 회사에게 일정한 계획과 목표 수립의 자료를 제공함과 아울러 경영 초기에 경영 활동을 원활히 할 수 있는 기초 자료를 제공 하는데 사업타당성 분석의 목적이 있다.

2. 사업타당성 분석의 방법 및 범위

1) 사업타당성 방법

대성엔지니어링(주)의 사업타당성 분석 방법은 다음과 같다. 첫째, 각종 통계자료 및 기존 발행된 보고서 등의 1차 자료의 수집 및 분석, 둘째, 본 사업의 동종업체 및 유사한 업체들을 방문하여 실무자들과 면담 등 2차 자료의 수집 및 분석을 통하여 당 회사의 시장 규모를 예측하고 전망하였다.

그러나 이 사업타당성 분석은 제시된 내용 및 결론을 계획이나 추정에 나타나는 공통된 속성과 같이 본 분석에서 설정된 제조정 및 경제여건의 변동 등 비관리변수 (기업의 Control 할 수 없는 변수)가 발행하는 경우에는 수정조치를 취해야 하는 것처럼 본 분석에서도 관리 변수만을 대상으로 조사분석 하였음을 밝혀 둔다.

따라서 본 분석을 토대로하여 향후 장·단기 경영 계획을 수립하여 실행단계에 있어서는 폭넓은 외부 환경 요인 등을 잘 감안한 분석이 병행 되어야 함을 밝혀둔다.

2) 사업타당성 분석 범위

본 사업계획에 대한 사업타당성 분석은 다음과 같은 사항에 입각하여 조사·분석하도록 하였다.

(1) 사업체 현황 파악

(2) 사업 계획 개요 파악

(3) 계획사업 수행능력 및 적합성 평가

(4) 축열기를 이용한 온풍기 제조사업에 대한 기술성 분석

(5) 농수축산업과 기타산업의 현황과 전망을 통한 계획제품의 시장성 분석

(6) 수익성 및 경제성 분석

(7) 자금조달, 운용계획 및 상환가능성 분석

(8) 성장성 및 Risk요소 분석

3) 사업타당성 분석 과정

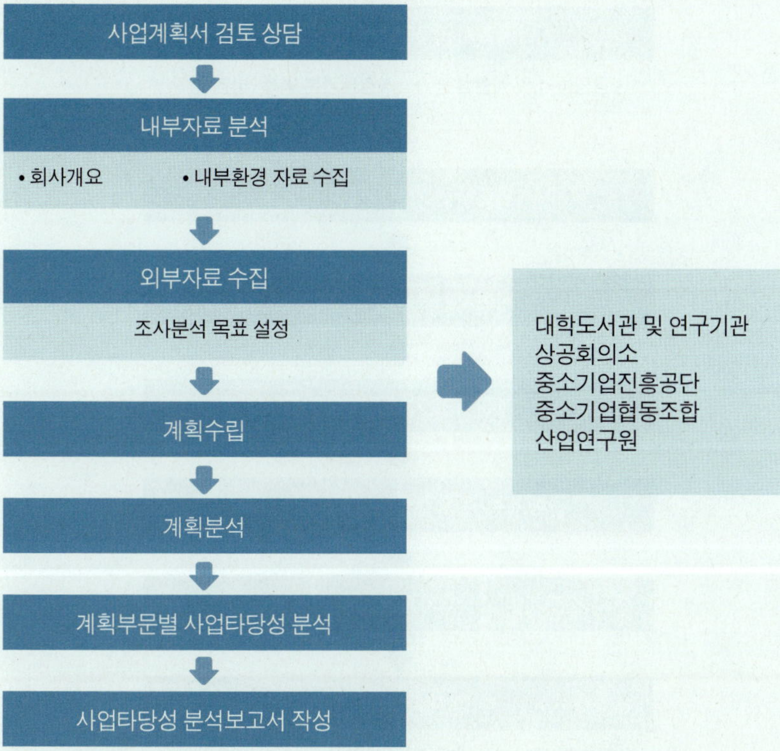
사업계획서 검토 상담
내부자료 분석
• 회사개요
• 내부환경 자료 수집
외부자료 수집
조사분석 목표 설정
계획수립
계획분석
계획부문별 사업타당성 분석
사업타당성 분석보고서 작성
대학도서관 및 연구기관
상공회의소
중소기업진흥공단
중소기업협동조합
산업연구원

3. 사업타당성 분석 흐름도

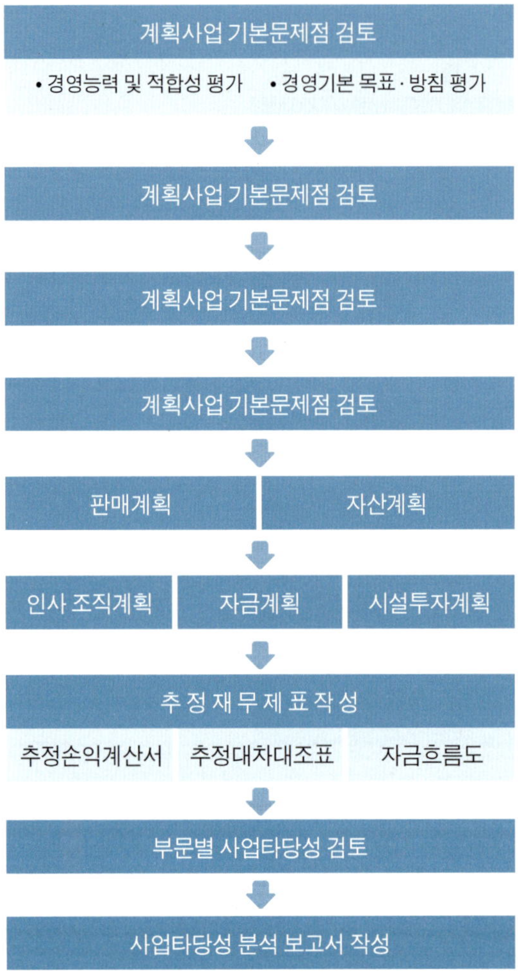

4. 사업타당성 분석 기간

3개월 (××년 3월 1일 ~ 5월 31일)

2. 계획사업의 개요

1. 기업체 개요

업 체 명		대성엔지니어링(주)	대 표 자	대표이사 박대성
업 종		비전기식 조리 및 난방기구 제조업	조직형태	법인
표준산업분류번호		29306	상시종업원수	34
주 제 품		축열기를 이용한 온풍기제조업	설립예정일	××년 ×월 ×일
소재지	본 사	충북 옥천군 청산면 효목리 582-3	자본금	5억원
	사업장	상동소	총자산	9억 5천만원
용도지역구분		준공업지역	소유형태	자가
규 모		대지 16.529㎡, 건물 6612㎡, 기계 20점		

2. 연 혁

연월일	주 요 내 용
99. 4. 1	대성산업(주) 설립 - 수권자본금 20억원 납입자본금 5억원 - 대표이사 박 대 성
99. 5. 10	충북 옥천군에 사업장 부지 매입계약
99. 5. 31	대성엔지니어링(주)로 상호변경
99. 6. 15	충북 옥천군에 창업조성 실시계획 승인신청 중

3. 계획사업의 목적

당회사의 계획사업은 IMF 한파를 맞이하여 달러화의 폭등에 따른 유가 상승으로 인한 경기 침체로 농업, 축산, 산업 모든 분야에 경기 절감과 에너지 절감이 절실히 요구된 시점에 유류소비의 대폭적인 절감과 전기에너지 절감으로 환경오염 방지효과를 낼 수 있는 다용도 축열기를 이용한 온풍기(특허 출원 000000호 XX년 X월 X일)를 생산 보급함으로써 IMF 유류소비의 대폭적인 절감과 함께 환경오염 방지에도 효과가 있고 심야전기를 이용함으로써 전기에너지(40%)의 대폭적인 절감과 수출을 통하여 외화획득에 기여하고자 한다.

4. 사업의 기대효과

1) 수출증대효과 : 제품의 차별화를 꾀함으로써 내수시장을 안정적으로 확보하고, 계속적인 연구개발과 기술향상에 의한 품질의 우수성과 가격경쟁력을 인정 받게되면 동남아 등으로 수출시장을 개척할 계획이므로 향후 수출증대효과가 클 것으로 기대된다.
2) 소득증대효과 : 2차년도 기준 약3억 정도의 부가가치를 창출 할 수 있을 것으로 예상되며, 이와 더불어 복리 후생적인 측면에서의 간접적 소득증대도 있을 것이다.
3) 고용효과 : 당해지역에 입지하여 1차년도 사무직 및 생산직 사원 34명을 확보하고 사업규모의 확대와 다종의 우수기술 도입기부터는 지속적인 고용증대 효과(2차년도 39명, 3차년도 50명, 4차년도 56명, 5차년도 66명)가 예상된다.
4) 기타 지방경제 활성화 등 : 상기지역에 본 공장이 설립 가동됨으로 인하여 지역경제 발전과 소득증대, 환경산업의 지속적인 성장에 상당한 파급효과가 있을 것으로 예상된다.

5. 제품의 용도 및 특성

1) 용도

① 농업용 : 화훼재배 유기농, 비닐하우스, 식품가공 건조용, 버섯재배용 난방

② 축산용 : 계사 및 돈사 난방용

③ 수산용 : 양식장 난방용, 수산물 건조용

④ 산업용 : 도색저온건조용, 업소용 및 공장 난방, 모든 물체건조용

④ 기 타 : 선박 도색건조용, 자동차

2) 특징

본 제품은 값싼 심야 전기를 에너지원으로 열전달 계수가 높은 열매체를 이용한 축열기 구성으로 전기에서 발생되는 Kcal를 1.5배~2배의 Kcal로 형성된 획기적인 제품으로서 환경 공해가 전혀 발생되지 않은 제품 특성으로 본 제품을 생산 보급함으로써 IMF한파를 극복하는데 앞장서고 특히 농어민 소득증대 및 전반적인 산업분야에 에너지 절감효과를 극대화 할 수 있으므로 이에 본 제품의 특성이 있다.

3) 에너지 절감효과

99년도 농가 면세유 공급액이 약 9,000억원으로 추정되며 축산용, 식품가공, 수산건조용 등을 포함하면 연간 1조원 이상을 화훼 및 유기농업, 채소재배하우스 및 식품가공 축수산을 위하여 투입하고 있는 실정이며 이중 농업용 면세유 9,000억원 사용액을 전량 계획제품으로 교체한다면 9,000억원 × 60%(유류대체시 절감효과) = 5,400억원의 에너지 절감효과가 나타난다.

또한 차량 및 선박건조와 공장용 난방시설로 대체할 경우 전기에너지의 40% 절감효과를 예상하면 실로 상상도 못할 에너지를 절약할 수 있을 것이다.

4) 국내 관련시장 추정자료

① 전국 온실 면적 : 약 297평 / 500 = 59,400대
② 전국 화훼 면적 : 약 40만평 / 500평 = 800대
③ 수산가공업체수 : 약 2,000개 × 1대 = 2,000대
④ 축산가공업체수 : 약 2,000개 × 1대 = 2,000대

합 계 64,200대

3. 부문별 사업계획

1. 공장 입지 계획

당 회사는 계획사업을 위해 당 공장을 충북 옥천군에 입지 검토를 하고 있으며, 전국 농어촌과 물류가 용이하도록 교통의 중요요지에 입지검토를 할 계획으로 있다. 이에 따라 물류비용의 절약 등 제품출하에 유리한 점을가지고 있는 것이다.

또한 타산업에 비해 당 회사의 계획사업인 온풍기 제조를 통한 생산의 전력 및 용수사용은 상대적으로 중소기업이 밀집되어 있는 곳을 공장입지로 검토하고 있는 관계로 전력공급은 그다지 문제가 되지 않을 것으로 판단된다.

2. 시설 투자 계획

사업성 검토 의뢰 업체인 대성엔지니어링(주)의 공장 입지를 부산시내로 정하고 회사설립 및 공장설립 신고를 위해 은행에 조성자금을 신청할 계획으로 있는 등 제반일정을 고려하면 2,000년 9월경이면 정상가동될 수 있을 것으로 판

단되며, 적정 생산 능력에 준한 판매계획으로 경영 환경 변화에 대한 창업자의 끊임없는 노력으로 계획사업에 대한 목표 달성은 무난할 것으로 판단된다.

가. 주요 시설 투자 계획(총괄)

시설내역	금 액		
	1차	2차	3~5차년
1. 건물시설 가. 토지 나. 건물 다. 부대공사	 50,000 20,000 10,000	 100,000 270,000	 — — 100,000
소 계	80,000	370,000	100,000
2. 생산시설 가. 기계장치	 284,000	 100,000	 150,000
소 계	284,000	100,000	150,000
3. 기타 시설 가. 집기 비품 나. 차량운반구 다. 전화가입권	 13,500 55,000 900	 15,000 15,000 735	 — — —
소 계	69,400	3,735	
4. 공해방지시설	250,000		
합 계	683,400	473,735	250,000

(1) 공장 건설 및 기타 시설 명세

		면적(평)	금 액	비 고
대 지		1200	50000	
공 장 건 물		800	21000	
사무실	총무·경리·무역·영업	50	9000	
계		2050	80000	

(2) 주요 기계시설 투자 명세

설 비 명	규 격	수 량	금 액	비 고
호이스트	15T	1	25,000	
알곤용접기	2.4×3×1	4	16,000	
전기용접기	3×3×2	2	24,000	
프라마즈	3×3×5	2	7,500	
절단기	1×2×1	1	35,000	
절곡기	3×5×2	1	30,000	
콤프레샤	30HP	1	4,400	
벤딩기	2.4×5×1	1	5,000	
보르방	대·중·소	3	13,700	
로라압축기		1	17,000	
교정기	2×5×1.5	1	8,500	
소프트용접기		1	4,500	
파이프절단기		1	450	
소형벤딩기		1	1,500	
충진기		2	3,500	
권선기		1	1,700	
진공기		2	7,500	
시험기기		8종	30,000	
금형치구		1식	20,000	
기타공구			28,750	
합계			284,000	

나. 기타 시설 계획

(단위 : 천원)

구 분	내 역	수 량	단 가	금 액		
				1차연도	2차연도	3차연도
1. 차량운반구 가. 트럭 나. 지게차	 1.5T 5T 5T	 1 1 1	 8,000 21,000 26,000	 8,000 21,000 26,000		
소 계		5		55,000		
2. 비품 가. 전화 나. FAX 다. 사무집기 라. 컴퓨터	 2회선 1회선 책상외 586PC	 3 1 1식 2	 300 1,000	 900 1,000 9,500 3,000		
소 계				14,400		
합 계				69,400		

3. 공해방지 시설 설치

(단위 : 천원)

배출시설명	오염물질 발생	오염물질처리효율		처리방법	소요자금
		처리전 농도	처리후 농도		
대기오염 배출시설 - 탈사시설 소음공해시설 - 탈사시설 - 송풍기	없음	—	—	여과 집진 시설 방음벽 시설	150,000 100,000

4. 생산 및 판매계획

(단위 : 천원)

구 분		판 매 계 획		
		수 량	내 수	수 출
1차년도	비닐하우스용	300	1,000,000	350,000
	버섯난방용	200	500,000	40,000
	축산용	200	500,000	40,000
	수산용	190	700,000	55,000
	산업용	—	100,000	—
	계	890	3,285,000	—
2차년도	비닐하우스용	300	1,350,000	900,000
	버섯난방용	200	600,000	300,000
	축산용	200	600,000	300,000
	수산용	100	450,000	300,000
	산업용	80	395,000	120,000
	계	880	3,355,000	1,920,000
3차년도	비닐하우스용	450	2,125,000	1,400,000
	버섯난방용	300	800,000	500,000
	축산용	300	820,000	580,000
	수산용	150	675,000	400,000
	산업용	100	470,000	380,000
	계	1,300	4,890,000	3,260,000
4차년도	비닐하우스용	675	3,137,500	1,825,000
	버섯난방용	450	1,310,000	800,000
	축산용	450	1,150,000	820,000
	수산용	230	935,000	790,000
	산업용	150	860,000	670,000
	계	1,955	7,357,500	4,905,000
5차년도	비닐하우스용	1,000	4,700,000	2,600,000
	버섯난방용	680	1,936,000	1,324,000
	축산용	680	1,736,000	1,424,000
	수산용	350	1,475,000	1,050,000
	산업용	250	1,325,000	950,000
	계	3,330	11,172,000	7,448,000

5. 조직 및 인원 계획

1) 조직도

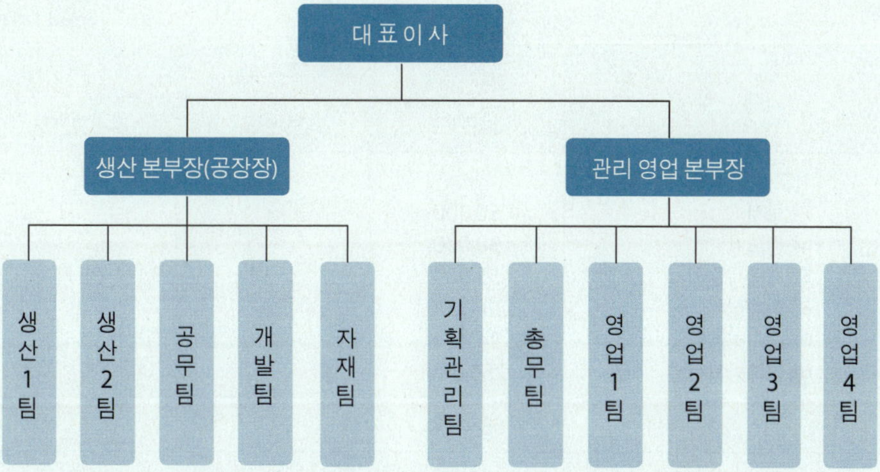

※ 인원은 실정에 따라 재 배치

※ 급여체계는 능력급제

2) 인원계획

(단위 : 명)

		1차년도	2차년도	3차년도	4차년도	5차년도
관리영업부	대표이사	1	1	1	1	1
	팀 장	6	6	6	6	6
	대리 사원	11	16	22	26	33
	소 계	18	23	29	33	40
생산본부	팀 장	5	5	5	5	5
	개발직	2	2	3	3	3
	기술직	3	3	4	5	6
	기능직	3	3	4	5	6
	일반직	3	3	4	5	6
	소 계	16	16	21	23	26
합 계		34	39	50	56	66

* 인원의 증가는 매년초 이루어 지는 것으로 계획함.

6. 소요 자금 조달 및 상환계획

1) 추정 소요자금 계획 (1차년도)

(단위 : 천원)

내 역		금 액		
		1차연도	2차연도	3~5차연도
시설자금	1. 고정 및 유형자산 가. 토지 나. 건물 다. 차량운반구 라. 기계장치 마. 집기비품등 바. 공해방지시설	 50,000 30,000 55,000 284,000 14,400 250,000	생 략	생 략
	소 계	683,400		
운전자금	1. 당기 제조 비용 2. 판매비 및 관리비 3. 영업외 비용	400,889 75,404 16,200	생 략	생 략
	1회전 소요 운전자금	492,493		
합 계		1,175,893		

주) 상기 운전자금중 1회전 기간을 60일로 계획하였음.

2) 소요 자금 조달 계획 (1차년도)

(단위 : 천원)

항 목		자금조달계획		
		자기자금	타인자금	합 계
시설자금	1. 토지 2. 공장 3. 사무실 4. 기계시설 5. 차량운반구 6. 집기비품, 통신시설 등 7. 공해방지시설	50,000 20,000 10,000 84,000 55,000 14,400	 200,000 250,000	50,000 20,000 10,000 284,000 55,000 14,400 250,000
	소 계	233,400	450,000	683,400

항 목		자금조달계획		
		자기자금	타인자금	합 계
운전자금	1. 당기 제조 비용 2. 판매비 및 관리비 3. 기타제비용	266,600	134,289 75,404 16,200	400,889 75,404 16,200
	소 계	266,600	225,893	492,493
합 계		500,000	675,893	1,175,893

주) 1. 상기 운전자금은 2개월분임

2. 타인자금 300,000천원은 은행자금으로 조달할 계획임.

3. 2차년도 이후 생략

3) 차입금 상환 계획

(단위 : 천원)

구분 / 연도	상환금			금융비용			합 계
	시설자금	운전자금	계	시설자금	운전자금	계	
1차연도				47,250	36,750	84,000	84,000
2차연도		70,000	70,000	47,250	36,750	84,000	154,000
3차연도		56,000	56,000	47,250	29,400	76,650	132,650
4차연도	90,000		90,000	47,250	29,400	76,650	166,650
5차연도	90,000		90,000	37,800	29,400	67,200	157,200
6차연도	90,000		90,000	28,350	29,400	57,750	147,750
7차연도	90,000		90,000	18,900	29,400	48,300	138,300
8차연도	90,000		90,000	9,450	29,400	38,850	128,850
합 계	450,000	126,000	576,000	283,500	249,900	533,400	1,109,400

주) 1) 차입금은 1차년도 시설자금 450,000천원, 운전자금 350,000천원

2) 시설자금 3년거치 5년분할 10.5%

3) 운전자금 1년거치 2년분할 10.5%

4) 4차년도 이후 단기차입금 매입분(20%)은 당기순이익 유보분으로 변제함

7. 사업 추진 일정 계획

내 용	1999								2000			2001		
	4	5	6	7	8	9	10	11	12	1~	12	1	2	3
사업계획서(초안)작성														
사업성 검토용역														
사업계획 확정														
회사법인설립/사업자등록														
공장부지확보														
공장설립신고 및 착공														
창업자금신청														
기계제작의뢰														
종업원 확보 (핵심요원)														
공장건설														
기계설치 및 시운전														
개업준비														
정상가동														

4. 계획 사업의 기술성 분석

1. 기술성 분석의 개요

본 사업은 환경친화적인 산업으로서 심야전기를 에너지로 이용하여 온풍기 제조를 사업화 하기 때문에 기술성이 요구된다

IMF 시대의 유류비 상승으로 인해 농가와 기타 산업현장에서의 비용부담이 상승하고 있어 품질저하, 생산성 저하등 전반적인 문제점이 나타나고 있는 실정이다. 따라서 유지비 절감을 위한 여러 방안의 온풍기가 제시되고 있으나 당사에서는 심야전기를 원료로 사용하는 온풍기 제조 작업을 이루기 위하여 본 기술성 분석 부문에서는 ① 기술 ② 심야 전기를 원료로 사용하는 온풍기 기술 (발명특허출원 00000호), ③ 계획제품과 타제품간의 유지비 사용측정결과를 나타내어 운용비용 절감효과 ④ 계획제품의 사용용도 등을 중점적으로 분석해 보았다.

2. 다용도 축열기 특허기술 설명

생략 (본 사업타당성 분석 보고서는 실제 사례이므로 특허권자의 권익보호를 위해 다용도 축열기 특허기술에 대한 자세한 설명은 생략한다)

3. 계획제품의 우수성과 제품소개

가. 제품의 우수성

나. 제품의 종류와 특징

생략 (특허권자의 권익보호를 위해 생략)

4. 계획제품의 실험결과

생략 (특허권자의 권익보호를 위해 생략)

5. 계획제품의 사용용도

1) 화훼단지

화훼분야에서의 난방은 생산 원가에 치명적인 요소로서 난방비의 절감 여부에 따라 이익이 보장이 좌우된다. 이러한 관계로 화훼업계에서는 난방비를 줄이기 위하여 최고온도를 16℃에 맞추어 놓고 있다. 식물이 가장 발육이 좋은 온도는 19~22℃로서 16℃의 온도보다 난방비가 40%정도 더 소요된다.

화훼농사는 대표적으로 크게 2가지 종류로 나눌 수 있다.

난방기간은 관엽이나 절화 모두 11월부터 익년 4월까지 6개월간으로서 11월부터 2월까지는 전일 난방으로 한다.

주요지역의 농장수를 살펴보면 다음과 같다.

• 서울·경기지역

(규모 : 1,000평 이하)

지 역	농장수 (약)	재배종류	난방방법	장비가격 (300평일 때)	난방비 (연간)	비 고
서 울	300	화엽, 일년초	전기열풍식	250~300 (300평당)	600만원	
경 기	3,000	화엽, 일년초, 낙송, 선인장	전기열풍식	250~300 (300평당)	600만원	

• 부산 및 경상도 지역

(규모 : 1,000평 이하)

지 역	농장수 (약)	재배종류	난방방법	장비가격 (300평일 때)	난방비 (연간)	비고
부 산	400	관엽, 알로에, 일년초	전기열풍식	250~300 (300평당)	600만원	
경상도	250	장미, 국화, 일년초	수관난방기	0.5~3억원 (전면적기준)	1억원	

(1) 화훼단지 재배시설 현황

시도별	농 가		학교, 시험연구기관, 기업체		합 계	
	동	면적	동	면적	동	면적
계	50,689동	3,347.2ha	763동	41.0ha	51,452동	3,382.2ha
서 울	3,501	194.6	2	0.03	3,503	194.6
부 산	3,731	260.1	30	0.7	3,761	260.8
대 구	353	29.0	7	0.5	360	29.5
인 천	746	52.6			746	52.6
광 주	489	54.9	6	0.6	495	55.5
대 전	166	13.0	52	12.	218	14.2
울 산	383	25.5	8	2.4	391	27.9
경 기	19,652	1,105.3	124	7.0	19,776	1,112.3
강 원	1,946	115.6	30	0.9	1,976	116.5
충 북	602	63.0	79	3.6	681	66.6
충 남	2,041	190.8	114	7.6	2,155	198.4
전 북	1,399	197.9	40	2.8	1,439	200.7
전 남	1,771	191.8	74	3.3	1,845	195.1
경 북	680	67.3	40	2.0	720	69.3
경 남	6,131	599.8	88	6.2	6,219	606.0
제 주	7,098	186.0	69	2.2	7,167	188.2

(2) 재배기구 현황

시도별	농 가			학교, 시험연구기관 기업체			합 계
	온수	온풍	소계	온수	온풍	소계	
계	1,342	17,319	18,661대	67	413	408	19,069대
서 울	52	887	939				939
부 산	78	1,166	1,244				1,244
대 구	38	149	187				187
인 천	20	424	444				444
광 주	3	289	292				292
대 전	4	94	98	2	12	14	112
울 산	45	155	200		5	5	205
경 기	441	8,216	8,657	14	166	108	8,765
강 원	36	180	216	1	3	4	220
충 북	58	331	389	21	70	91	480
충 남	62	918	980	5	55	60	1,040
전 북	130	615	745	1	6	7	752
전 남	49	1,030	1,079	7	33	40	1,119
경 북	37	317	354	6	24	30	384
경 남	250	1,868	2,118	7	21	28	2,146
제 주	39	680	719	3	18	21	740

(3) 유기농업 온실 설치시설현황

구 분	보 온	가 온						시설 합계
	계	연탄난로	석유난로	온풍난방기	톱밥왕겨	기타	소계	
전 국	34,644	29	51	9,332	3	370	44,429	43,934
서 울	373	–	–	15	–	–	388	388
부 산	499	–	–	485	–	–	1,014	1,014
대 구	730	–	1	63	–	1	794	794
인 천	163	10	2	6	–	0	181	181
광 주	556	4	–	547	–	–	1,106	1,106
대 전	237	0	–	52	–	–	289	289
울 산	108	1	1	110	–	6	226	226
경 기	4,381	10	11	824	–	190	4,891	4,891
강 원	1,158	–	4	222	–	15	1,399	1,399
충 북	918	–	0	161	–	10	1,090	1,090
충 남	5,195	–	15	853	–	18	6,081	6,081
전 북	3,022	4	65	541	–	50	3,623	3,623
전 남	2,416	–	6	1,828	–	48	4,298	4,298
경 북	8,056	–	6	607	3	–	8,672	8,672
경 남	6,767	–	–	2,944	–	32	9,742	9,742
제 주	67	–	–	75	–	–	142	142

2) 산업용 난방 및 생산시설 연원 제공

·300평 이하의 각종 공장 난방용으로 사용

·중소염색공장, 각종 건조로, 식품공장, 자동차 정비공장등 각 산업의 생산시설의 열원에 제공시에도 사용된다.

3) 축사·양계장등 난방 시설

축사·양계장의 난방시설은 유가상승으로 인해 난방비의 과다로 생산원가가 상승되고 있는 실정이고, 동절기에는 15℃이상 유지시켜야 하는데 동사의 계획제품은 경비의 절감에 탁월하다고 할 수 있다.

4) 표고버섯, 느타리 재배장

현재 버섯 재배장 현황은 난방비 지출의 과다로 동절기 생산은 거의 중단하고 있다. 동절기 생산가격은 하절기의 2배에 달하므로 농민들의 소득이 저하되는 실정을 보이고 있으므로 난방비의 절감이 절실하다.

5. 계획사업의 시장성 분석

1. 시장성 분석 개요

본 사업은 심야전기를 이용하여 비닐하우스 온풍기 농축산용 난방기, 버섯재배용 난방기, 산업용 중 도장건조용 난방기를 제조하여 유류를 절감하여 원가절감을 유도하고자 한다.

따라서 상기와 같은 점에서 본 계획사업은 ① 시장성 분석 개요 ② 수산가공업의 실태분석을 통한 계획제품의 시장성 파악 ③ 농축산업의 수급현황을 통하여 계획제품의 시장성파악 ④ 식품가공산업의 현황과 전망 분석 등을 통해 계획제품의 시장성을 살펴보고자 한다.

2. 수산가공업의 실태분석을 통한 계획제품의 시장성 전망

선진국의 수산가공업은 소득증대와 소비패턴의 변화에 대응하여 제품의 고급화, 고부가가치화, 다양화, 고기능화를 지향하고 있다. 그러나 한국의 경우 어로 및 양식에 편중된 수산정책으로 인해 수산가공업은 전통기술에만 의존하여 산업화로 연계·발전되지 못하였다. 그리고 위생적 처리능력, 현대적 설비 부족 및 가공기술의 부족으로 이용가능한 수산자원의 폐기율이 높고 이에 따른 손실도 매우 크다.

통계청의 <사업체기초통계조사보고서>를 기준으로 전국의 수산가공업 현황을 분석하면 매우 영세함을 반영하고 있다.

• 전국의 수산가공업 현황

(단위 : 개업체, 명%)

구 분	사업체수						종업원수					
	1996	비중	1997	비중	1998	비중	1996	비중	1997	비중	1998	비중
계	2,026	100.0	2,067	100.0	1,998	100.0	36,151	100.0	40,380	100.0	37,724	100.0
어육 및 유사제품	95	4.7	87	4.2	82	4.1	3,293	9.1	2,498	6.2	2,331	6.2
어묵 및 유사제품	181	8.9	199	9.6	192	9.6	5,982	16.5	7,676	19.0	6,957	18.4
수생동물 훈제조리 및 유사조제식품	244	12.0	255	12.4	238	11.9	8,426	23.3	12,746	31.6	9,629	25.5
수생동물 냉동품	239	11.8	232	11.2	200	10.0	6,285	17.4	5,902	14.6	5,978	15.9
수생동물 건제품	986	48.7	974	47.1	955	47.8	8,264	22.9	8,135	20.1	8,497	22.5
수생동물 염장품	180	8.9	219	10.6	238	11.9	1,651	4.6	2,055	5.1	2,582	6.9
기타 수생동물 가공 및 저장처리	101	5.0	101	4.9	93	4.7	2,250	6.2	1,368	3.4	1,750	4.6

자료 : 통계청, 사업체기초통계조사보고서, 각년도

• 수산가공업 생산 추이

(단위 : 천M/T, 10억원)

구 분		1995	1996	1997	1998
생산량	전 국	367	647	873	1,086
	부 산	99	222	272	353
	비 중	26.9	34.3	31.2	32.5

구 분		1995	1996	1997	1998
생산액	전 국 부 산	360 95	872 239	1,565 290	2,248 352
	비 중	26.4	27.4	18.6	15.7

1) 축산업 수급동향

육류의 소비량은 계속 증가하는 추세에 있다. 98년의 총육류 소비는 국내 쇠고기 공급량이 절대적으로 부족하게 돼 88년부터 쇠고기 수입이 재개된 이래 매년 수입이 증가되고 있는 추세에 있다. 돼지고기의 경우는 수입된 바 있다.

• 육류 수급 실적

(단위 : 천톤, kg, %)

구분 / 연도	육류											
	소비	공급						1인당 소비량				자급률
		계	생산				수입	소계	쇠고기	돼지고기	닭고기	
			소계	소고기	돼지고기	닭고기						
1970	165	165	165	37	83	45	–	5.2	1.2	2.6	1.4	100.0
1980	433	433	423	93	235	90	10	11.3	2.6	6.3	2.4	97.8
1990	860	860	773	95	506	172	87	19.9	4.1	11.8	4.0	90.2
1993	1,086	1,086	987	130	618	239	99	24.3	5.31	13.9	5.5	90.9
2000추정	1,303	1,303	1,184	156	741	287	287	26.7	5.84	15.3	5.6	90.0

2) 생 산

축산물의 소비증대로 가축사육두수는 지속적으로 증가해 왔으며, 돼지사육두수는 최근기준 30.9% 증가한 반면 사육농가구수는 돼지 및 닭의 경우 동시에 줄어드는 경향을 보이고 있다. 따라서 이들 사육농가는 점차 전업화, 기업화 해가는 경향을 보이고 있다.

• 가축사육두수 및 호수

(단위 : 천두(천수), 천호)

구분 / 연도	한(육)우		젖 소		돼 지		닭	
	두수	호수	두수	호수	두수	호수	두수	호수
1970	1,286	1,120	24	3	1,126	884	23,633	1,338
1980	1,361	948	180	18	1,784	503	40,130	692
1990	1,622	620	504	33	4,528	133	74,463	161
1993	2,260	570	553	28	5,928	79	72,945	192
2000추정	2,486	627	608	31	6,520	87	80,239	211

자료 : 농림수산부,「농림수산주요통계」

3) 임산물의 수급동향

임산물 생산액 중에서 농용자재와 연료생산액이 40%정도로 가장 비중이 높으나 식품과 관련된 버섯류, 종실류, 산나물류 등의 비중도 30~40% 수준이며 이들 품목의 생산액은 증가추세를 보이고 있다.

97년도의 임산물 생산액은 임산물 생산액은 4만 900백만원으로 전년대비 15.2%의 증가를 나타내고 있다.

임산물 생산액에서 가장 비중이 큰 것은 종실류 임산물 생산액의 64.6%를 점하고 있으며 전년도에 비해서 37.3%가 증가했다. 밤, 대추, 도토리, 잣 등이다. 종실 다음으로 생산액 비중이 높은 것은 버섯류로 97년도의 경우 생산액은 669억원으로 16.4%를 점하고 있다.

• 임산물 생산실적

(단위 : 톤, 백만원)

구분 / 연도	죽 순		산나물		종 실		버 섯		약 용		계
	물량	금액	물량	금액	물량	금액	물량	금액	물량	금액	금액
1995	1,699	701	12,530	36,149	102,005	182,801	2,424	70,295	1,488	12,852	302,798
1996	1,651	639	16,330	47,643	117,549	192,272	3,647	99,634	1,671	14,369	354,827
1997	1,635	822	17,872	60,589	93,136	264,038	3,231	66,851	1,832	16,358	408,658
2000 추정	1,716	863	18,765	63,618	97,792		3,392	70,193	1,923	17,204	429,117

4) 농산물의 출하 및 작목현황

농산물은 최근 주산지가 형성되고 전문화됨에 따라 전국에 산지작목반이 생성되었고, 품목별로 마을단위 또는 집단지역단위로 조직되어 있어 최근에는 비닐하우스 재배가 크게 늘어나고 있는 실정이다.

(1) 작목반 현황

(단위 : 천개, 억원)

		95	96	97	2000추정
작 목 반		12.4	12.4	14.0	19.0
대상품목	식량작물	—	—	6	7
	채소류	20	20	39	43
	과실류	6	6	15	20
	특작류	4	4	14	19
	계	30	30	74	89

(2) 식용 농산물의 유통량 예측결과

(단위 : 천톤, %)

품 목	1991		2000		연평균 변화율 (81~2000)	
	공급	유통	공급	유통	공급	유통
곡 물	13,700.8	11,793.3	17,291.0	14,313.1	3.74	4.31
청과물	3,213.6	2,933.5	4,917.0	4,574.0	6.19	6.54
과 실	10,487.2	8,864.8	12,373.8	10,739.1	3.02	3.59
채 소	11,009.7	8,717.4	9,544.4	8,118.1	0.54	0.40
계	38,411.3	32,309.0	44,126.2	37,744.3	13.49	14.84

(3) 주요농산품목의 1인당 소비량 전망

(단위 : KG/인/년)

구 분	1991		2000	
	도 시	농 촌	도 시	농 촌
곡 물	87.02	37.72	112.69	56.89
과 실	240.73	218.50	238.81	270.96
채 소	12.93	5.43	15.47	6.38
해조류	183.04	254.34	147.22	190.87

4. 식품가공 산업의 현황과 전망을 통한 계획제품의 시장성 전망

1) 업체 현황

우리나라 식품산업의 종업원 5인이상 총사업수는 5천여개이며, 이중 식료산업에 86.4%에 해당하는 4천 331개 업체가 있고, 나머지 570개 업체는 음료품산업에 속해있다. 식료품산업 내에서 업종별 구성비를 보면 도축을 제외한 육가공이나 유가공, 제당, 식용유, 조미료 등 고부가가치 식품의 사업체수는 6.6%에 불과하다.

이와 같은 업종별 사업체의 분포가 고르지 못하는 것은 업종간의 기업의 평균 생산규모가 심한 편차를 갖기 때문이다.

• 식품산업의 업체당 생산액

(단위 : 개소, 백만원)

종업원 규모별	식 료 품		음 료 품	
	사업체수	업체당생산액	사업체수	업체당생산액
계	4,331	3,059	570	5,708
5인~9인	1,516	212	302	102
10인~19인	1,151	628	124	376
20인~49인	998	1,335	70	2,504
50인~99인	357	3,483	31	11,074
100인~199인	155	11,841	19	35,732
200인~299인	77	34,108	10	52,190
300인~499인	43	39,533	11	103,580
500인 이상	34	102,013	3	105,731

자료 : 통계청,「광공업통계조사보고서」

규모별 사업체수의 분포를 보면 종업원 50인 미만의 업체가 식료품산업의 경우 84.6%를 차지하고 있다. 이들 소규모 생산업체는 대부분 도살, 채소 절임, 도정, 수산물 염건품, 장류, 냉동수산물, 차, 두부 제조업에 집중되어 있는데 연간 평균매출액이 15억원 미만으로 극히 영세하다.

식료품산업의 사업체수는 1975년 이후 매년 3.1%씩 증가하고 있는데 식료품 생산액이 실물가치로 매년 8~10%씩 증가하고 있는 추세를 감안하면 기업규모가 증대되고 있음을 알 수 있다. 그러나 원료를 생산하는 농어민 및 생산자단체의 산지가공산업 참여증가로 20인 미만의 영세기업체수가 오히려 증가하였다.

• 식품가공산업의 부문별 사업체수 추이

(단위 : 개소, %)

구 분	1987		1992		1998	
제 조 업	44,037		68,872		74,679	
음·식료품	4,484		4,476		4,901	
식료품	3,497	100.0	3,886	100.0	4,331	100.0
육가공	75	2.1	138	3.6	301	6.9
유가공	62	1.8	63	1.6	103	2.4
수산가공	1,239	35.4	1,434	36.9	1,733	40.0
과채가공	164	4.7	216	5.6	283	6.5
곡물가공	238	6.8	522	13.4	554	12.8
식용유지	67	1.9	73	1.9	61	1.4
빵,과자,국수	560	16.0	550	14.2	583	13.5
식품첨가물	132	3.8	167	4.3	189	4.4
기타식료품	960	27.0	723	18.6	524	12.1
음료품	987	100.0	590	100.0	570	100.0
알코올성	956	95.8	530	89.9	390	68.4
비알코올성	41	4.2	60	10.2	180	31.6

2) 매출동향

식품산업의 총매출실적은 15조 2천 944억원으로서 이중 식료품이 12조 3천 121억원 그리고 음료품이 2조 9천 823억원을 차지하고 있다.

식료품산업 내에서 시장규모가 가잔 큰 산업은 빵·과자 및 국수제조업으로서 전체 식료품 시장의 22.7%를 점유하고 있다.

유가공산업은 빵·과자 및 국수제조업 다음으로 매출규모가 큰 산업이며 식료품 산업 총매출액의 17.1%를 차지하고 있다.

반면 품질을 고급화하고 다양화한 제품의 출시에 따라 시장이 크게 확대되었던 어육연제품은 고급연제품에 대한 소비추세의 안정과 냉동연육의 수출감소에 따라 전년대비 20%이상 매출감소를 나타내었다. 그러나 수산가공업은 종래와는 달리 단순가공제품의 구성비가 줄어든 대신 부가가치가 높은 고품질제품의 구성비가 크게 증가하여 질적인 성장을 이룩하고 있다.

제품다양화 및 품질고급화에 힘입어 높은 매출신장을 보였던 육가공산업은 고급육제품에 대한 계속적인 소비확대에도 불구하고 단순육가공품의 소비가 크게 감소하여 전년대비 14.2%나 매출이 감소하였다.

최근 높은 신장을 보였던 조미료 및 식품첨가물산업의 매출은 전년대비 3.6%의 증가에 그쳤다. 이 산업에서는 제조과정에서의 위생상태와 내용물에 대한 소비자 불신으로 시장규모가 적었던 장류제품이 품질고급화와 소비자 신뢰의 회복으로 시장이 크게 확대되었다.

기타식료품은 음식료품산업 내에서 11.0%의 비교적 높은 신장을 유지하였다. 물엿, 올리고당 등의 당류, 메밀묵, 도토리묵 등의 묵류, 유부, 두부 등의 두부류, 꿀차, 유자차, 쌍화차등 건강을 고려한 전통차, 커피 등의 소비증가와 매출신장이 있었으며, 소비자의 건강에 대한 관심이 높아지면서 건강식품의 매출이 크게 신장되었다. 반면 기타식료품산업중 커피 다음으로 높은 구성비를 보이고 있는 전분은 동남아, 중국등지의 값싼 제품에 밀려 생산이 감소하여 매출은 전대비 16%나 감소하였다.

• 식품산업의 매출동향

(단위 :억원, %)

구 분		매 출 액			증 가 율		
		95년	96년	97년	95년	96년	97년
식료품	육가공	7,509	10,418	8,940	45.6	38.8	-14.2
	유가공	15,730	19,076	21,016	12.6	21.3	10.2
	과채가공	3,401	6,485	7,666	9.4	90.7	18.2
	수산가공	13,997	14,811	16,370	13.5	5.8	10.5
	식용유	5,229	5,561	5,846	-2.4	6.3	5.1
	곡물가공	7,229	8,537	9,463	18.8	18.1	10.9
	빵과자 국수	23,100	24,388	27,938	17.8	5.6	14.6
	식품첨가물	6,638	8,575	8,883	14.4	29.2	3.6
	기타식료품	13,566	15,318	16,999	11.8	12.9	11.0
음료품	알코올성	14,203	16,544	16,720	10.0	16.5	1.1
	비알코올성	10,425	12,840	13,103	15.1	23.2	2.1
매 출 액		121,026	142,553	152,944	14.7	17.8	7.3

자료 : 통계청, 「광공업통계조사보고서」

3) 투자실적

식품산업의 총투자는 전년대비 0.5%증가한 1조 1천 500여억원에 불과하였다. 부문별로는 식료품산업이 8천 800억원의 투자에 머물러 전년대비 5.5%의 감소를 기록하였고, 음료품산업은 전년보다 무려 27.2%증가한 2천 700여억원의 투자를 기록하였다. 특히 음료품산업의 감가상각을 제외한 순투자는 전년의 높은 매출증가율을 반영하여 전년보다 8.3% 증가한 2천 300여억원을 기록하였다.

한편 식품산업 내의 부문별 총투자 동향을 살펴보면 목적별 투자동향을 살펴보면 기존 생산라인의 확장을 위한 설비확장투자가 32.9%로서 가장 높은 비중을 점하고 있다. 다음으로는 신규 설비투자가 17.3%, 기존설비의 유지·보수를 위한 투자가 14.5%로서 규모확장을 위한 투자가 64.7%를 점하고 있다. 이외에도 자동화 설비투자가 7.8%, 연구개발투자가 2.9%, 공해방지시설에 대한 투자 3.6%등이 있다. 또한 환경문제에 대한 관심이 고조되면서 공해 방지시설에 대한 투자가 크게 증가한 것은 특기할 만한다.

• 식품산업의 투자동향

(단위 : 억원, %)

구 분	총 투 자			증 가 율		
	95년	96년	97년	95년	96년	97년
식료품	9,441	9,280	8,767	25.8	-1.7	-5.5
유가공	108	3,406	1,414	-88.5	3,060.6	-58.5
육가공	353	1,297	973	-38.1	267.8	-25.0
수산가공	1,613	178	911	116.9	-88.9	410.9
과채가공	309	1,735	679	-61.2	462.1	-60.9
식용유	690	-213	188	153.8	-130.8	-188.3
곡물가공	644	240	327	9.5	-62.7.	36.2
빵과자 국수	3,674	1,241	2,201	117.4	340.3	77.3
식품첨가물	327	1,437	972	-54.9	-102.5	-32.4
기타식료품	1,724	-43	1,103	43.7		-2659.3
음료품	3,445	2,104	2,676	106.8	-38.9	27.2
알코올성	1,259	1,643	1,761	99.0	30.4	7.2
비알코올성	2,186	462	914	111.6	-78.9	98.1
계	12,886	11,384	11,443	40.6	-11.7	0.5

4) 생산성

기술혁신에 의한 생산성향상은 제한된 경제자원을 보다 효율적으로 이용하며 생산비용을 감소시켜 식품산업과 함께 연관산업인 농수산부문과 소비자부문에 긍정적인 파급효과를 가져올 뿐만 아니라, 국제경쟁력을 제고시켜 수입개방에 대한 국내산업의 대응능력을 강화시킨다는 점에서 식품산업의 중요한 평가자료로 간주될 수 있다.

이와 같이 부가가치로 표현한 노동과 자본생산성은 업종별 여건에 따라 해석이 달라져야 하겠지만 개략적으로 몇가지 형태로 유형화할 수 있다. 노동과 자본생산성이 다 증가하였을 경우에는 수요확대, 품질향상, 기술혁신에 따른 부가가치 증가현상으로 판단되며, 이와 반대로 노동과 자본생산성이 둘다 감소하였을 경우에는 판매부진, 경영악화에 따른 수익성 감소현상으로 판단된다.

따라서 육가공산업, 유가공산업, 국수· 빵·과자 제조업, 기타식료품산업 음료산업 등에서 품질향상에 의한 부가가치 증가가 높았다. 그리고 과일채소 가공산업과 조미료 및 식품첨가물에서는 순투자의 감소가 있었음을 판단할 수 있다.

• 식품산업의 생산성 변동추이

(단위 : 원/원, 백만원/인, %)

구 분	총 투 자						증 가 율					
	95년		96년		97년		95년		96년		97년	
	자본	노동	자본	노동	자본	노동	자본	노동	자본	노동	자본	노동
음·식료품	1.25	26.28	1.26	31.54	1.31	38.48	3.7	30.1	1.1	20.0	4.3	22.0
식료품	1.19	22.31	1.26	27.66	1.27	32.45	10.4	33.6	5.5	24.0	1.3	17.3
육가공	1.59	22.32	1.26	24.98	1.47	31.86	32.0	22.9	-31.1	100.5	16.5	27.6
유가공	1.39	43.61	1.09	44.74	1.55	62.00	7.3	17.4	-9.4	-42.7	42.2	38.6
과채가공	1.14	15.33	1.30	12.34	1.17	13.83	6.3	29.5	13.2	-19.5	-9.3	12.0
수산가공	1.10	10.68	1.24	26.47	1.01	22.21	-0.8	29.2	12.5	148.0	-18.6	-16.1
식용유	1.62	56.66	1.46	58.07	1.16	57.67	54.1	65.9	-10.2	2.5	-20.3	-0.7
곡물가공	0.96	23.32	1.62	40.73	1.28	33.25	28.2	61.7	69.1	74.7	-21.0	-18.4
빵,과자,국수	1.15	23.54	1.20	29.60	1.23	34.42	-2.5	36.6	4.3	25.8	2.6	16.3
식품첨가물	1.35	29.76	1.37	35.69	1.14	47.06	23.6	8.0	1.8	19.9	-17.2	31.8
기타식료품	1.04	30.57	1.24	40.73	1.43	56.61	22.3	49.7	19.5	33.3	15.3	39.0

구 분	총 투 자						증 가 율					
	95년		96년		97년		95년		96년		97년	
	자본	노동	자본	노동	자본	노동	자본	노동	자본	노동	자본	노동
음료품	1.44	54.02	1.27	62.88	1.39	90.43	-14.0	28.9	-11.6	16.4	9.6	43.8
알코올성	1.57	55.82	1.34	64.14	1.37	86.78	-5.1	25.5	-14.8	14.9	2.1	35.3
비알코올성	1.31	52.10	1.19	61.31	1.42	94.73	-22.5	32.8	-9.0	17.7	19.3	54.5

자료 : 통계청, 「광공업통계조사보고서」

6. 수익성 및 경제성 분석

1. 수익전망

본 계획 사업의 연도별 수익전망을 살펴보면 1차연도의 수익율은 8%, 2차연도는 10%, 3차연도에는 10%, 4차연도에 11%, 5차연도 12%의 수익율을 나타내고 있다. 당 사업은 점차 사업연도가 경과될수록 수익성은 큰 변동이 없이 조금씩 신장되고 있으나 매출 신장에 따른 수익규모는 향상되고 있어 창업 초기의 외부차입금 8억원의 원리금에 대한 금융비용 및 할부금 상환에도 거의 문제가 발생되지 않는다.

당사로서는 전망산업인 농축산 및 기타산업의 경기 추세가 IMF 구제금융 체제하에 따른 물가상승과 유비상승으로 인하여 비용절감차원에서 향후 지속적인 증가추세를 보일 것이며, 이에 따라 앞서의 시장성 검토에서 살펴 본 것과 같이 향후 지속적인 성장이 예상되어 외부 경기에 큰 변화가 없는 한 안정적인 사업화가 가능할 것으로 보인다.

• 연도별 추정 수익 전망

(금액 : 천원)

내 역 \ 연 도	금 액				
	1차연도	2차연도	3차연도	4차연도	5차연도
매출액	3,385,000	5,374,000	8,250,000	12,362,500	18,500,000
총원가	2,934,696	4,492,748	6,857,318	9,895,063	14,686,819
세전순이익	460,304	862,252	1,592,682	2,557,437	4,083,181
법인세 등	183,833	369,491	752,480	1,066,972	1,760,300
당기순이익	276,471	492,761	840,202	1,490,465	2,292,881
매출대비순이익	8%	9%	10%	12%	12%

• 추정손익계산서

(금액 : 천원)

구 분	1차연도	2차연도	3차연도	4차연도	5차연도
1. 매출액	3,285,000	5,275,000	8,150,000	1,2262,500	18,600,000
2. 매출원가	2,285,072	3,637,434	5,580,169	8,291,938	12,413,118
3. 매출총이익	999,928	1,637,566	2,569,831	3,970,562	6,206,882
4. 판매비및관리비	452,424	629,627	889,162	1,247,925	1,785,551
1) 인건비	69,875	76,863	84,549	93,004	107,062
2) 복리후생비	3,600	3,960	4,356	4,791	5,270
3) 광고선전비	32,850	52,750	81,500	122,625	186,200
4) 세금과공과	32,850	52,750	81,500	122,625	186,200
5) 여비교통비	32,850	52,750	81,500	122,625	186,200
6) 감가상각비	9,600	9,600	9,600	9,600	—
7) 접대비	60,000	66,000	72,600	79,860	87,846
8) 소모품비	12,000	13,200	14,520	15,972	17,569
9) 통신비	7,200	7,920	8,712	9,583	10,541
10) 보험료	27,349	30,084	42,825	54,115	67,663
11) 기타	164,250	263,750	407,600	613,125	931,000
5. 영업이익	547,504	1,007,939	1,680,669	2,722,637	4,421,331
6. 영업외비용	97,200	135,687	187,987	265,200	388,150
7. 경상익	450,304	872,252	1,492,682	2,457,437	4,033,181
8. 법인세차감전순이익	450,304	872,252	1,492,682	2,457,437	4,033,181

구 분	1차연도	2차연도	3차연도	4차연도	5차연도
9. 법인세등	183,833	369,491	642,480	1,066,972	1,760,300
10. 당기순이익	266,471	502,761	850,202	1,390,465	2,072,881

2. 손익분기점 분석

본 계획사업의 추정손익계산서를 기초로하여 당사의 제 1,2차연도 추정매출액에 대한 추정손익분기점 분석의 결과는 다음과 같다. 당사의 1차연도, 2차연도 BEP추정매출액은 각각 1623백만원 과 2110백만원으로 나타나고 있다.

이러한 결과는 연도별 수익전망에서 살펴본 바와같이 매년 8%~12%의 매출액 당기순이익이 발생하고 있기 때문이다.

• 1, 2차연도 추정 손익분기점 분석표

(금액 : 백만원)

구 분	기 호	산 식	1차연도	2차연도
매출액	SA		3,285	5,274
변동비	V		2,396	3,833
고정비	F		438	570
한계이익	M	SA-V	888	1,440
변동비율	U	V/SA	73%	73%
한계이익율	m	1-U	27%	27%
BEP매출액	SB	F/m	1,623	2,110
BEP율		SB/SA	49%	40%

• 비용분해 (1차연도)

(금액 : 백만원)

구 분	비 용 분 해				합 계
	고정비	%	변동비	%	
1. 재료비			1,642	100	1,642
2. 노무비	92	40	140	60	233
3. 제조경비	69	13	460	87	529
1) 전력비	6	20	26	80	32
2) 감가상각비	43	100			43
3) 수선비				100	
4) 복리후생비	5	40	8	60	13
5) 보험료	5	100			5
6) 소모품비			164	100	164
7) 차량유지비	4	20	14	80	18
8) 지급임차료			6	100	6
9) 여비교통비	2	10	14	90	16
10) 연구개발비			164	100	164
11) 운반비			32	100	32
12) 기타	3	10	29	90	32
4. 소 계	162	7	2,243	93	2,405
5. 매출원가	160	7	2,125	93	2,285
6. 판매비및관리비	181	40	271	60	452
7. 영업외비용	97	100			97
합 계	438	15	2,396	85	2,834

• 비용분해 (2차연도)

(금액 : 백만원)

구 분	비 용 분 해				합 계
	고정비	%	변동비	%	
1. 재료비			2,637	100	2,637
2. 노무비	129	40	154	60	257
3. 제조경비	75	11	720	89	807
1) 전력비	10	20	42	80	52
2) 감가상각비	43	100			43
3) 수선비			5	100	5
4) 복리후생비	5	40	8	60	14
5) 보험료	5	100			5
6) 소모품비			263	100	263
7) 차량유지비	4	20	14	80	18
8) 지급임차료			6	100	6
9) 여비교통비	2	10	14	90	16
10) 연구개발비			263	100	263
11) 운반비			52	100	52
12) 기타	5	10	47	90	52
4. 소 계	205	5	3,512	95	3,702
5. 매출원가	182	5	3,455	95	3,637
6. 판매비및관리비	251	40	378	60	629
7. 영업외비용	135	100			135
합 계	570	13	3,833	87	4,403

3. 감도분석

본 감도 분석에서는 기업의 경영환경에서 악조건으로 발생할 수 있는 제반상황을 설정하여 본 계획사업 결과의 변화여부를 분석, 검토하고자 한다.

경우1. 시장점유율 하락, 경쟁사의 출현 등으로 매출액이 10%정도 감소된 경우
경우2. 물가상승의 제 요인으로 인하여 계획보다 인건비가 10%정도 증가 되었을 경우 이를 판매가격에 반영시키지 않은 경우
경우3. 경우1과 경우2가 동시에 발생하는 경우

다음표에서 나타난 바와 같이 경우 1,2의 경우 모두 흑자를 나타내고 있고, 경우3의 경우 1차연도에 설비투자의 집중으로 적자를 나타내고 있지만 당사로서는 이와같은 수치에 안주하여 머물기 보다는 좀 더 적극적인 원재료의 가격의 동향파악과 경쟁기업의 품질·판매전략에 대한 정보수집 등 수시·집중적인 기업 경영 환경의 분석과 대비에 만전을 기하는 것이 사업실패방지 및 온풍기 제조업체로서 선도 기업으로서의 위치를 점할 수 있을 것으로 보인다.

• 감도분석표

(금액 : 백만원)

구 분 \ 연 도		1차연도	2차연도	3차연도
원 안	매출액	3,285	5,274	8,150
	총원가	2,834	4,403	6,657
	세전순이익	450	872	1,493
경우1	매출액	2,956	4,747	7,335
	총원가	2,835	4,403	6,657
	세전순이익	122	344	678
경우2	매출액	3,285	5,274	8,150
	총원가	2,999	4,666	7,065
	세전순이익	286	608	1,085

구 분 \ 연 도		1차연도	2차연도	3차연도
경우3	매출액 총원가 세전순이익	2,957 2,999 △42	4,747 4,666 80	7,335 7,065 270

주) 사례 1의 경우 매출액의 감소는 간접적인 생산의 1감소로 이어질수 있으나 본 계산의 편의상 생산의 감소는 없는 것으로 함.

4. 국민 경제적 효과 분석

당사의 사업계획에 따른 국민경제적 효과를 부가가치 창출 효과 측면을 중심으로 살펴본 결과는 다음과 같다.

가산법에 의한 부가가치의 계산방식

부가가치 = 경상익+인건비+금융비용+임대료+제세공과+감가상각비이다

여기서 각 항목별에 포함될 내용은 다음과 같다.

경상익 = 경상적인 영업활동의 결과로 발생한 당기의 법인세 차감전순이익을 말 함.

인건비 = 임원, 종업원에게 지급되는 급료, 임금, 수당, 퇴직금, 복리후생비등.

금융비용 = 지급이자와 할인료, 사채이자 등.

임대료 = 동산·부동산의 임대료, 특허권 등의 각종 사용료

제세공과 = 법인세를 제외한 재산세, 자동차세 등의 제조세와 공과금

감가상각비 = 상각 대상 고정자산에 대한 감가상각비

향후 당사는 5년간 약 128억 정도의 부가가치 효과를 창출하여 국민 경제에 기여하는 것으로 분석되었다.

• 부가가치 분석표

(금액 : 백만원)

내 역 ＼ 년 도	금 액				
	1차연도	2차연도	3차연도	4차연도	5차연도
경상이익	450	872	1,493	2,457	4,033
인건비	321	353	502	635	794
금융비용	32	30	25	20	16
제세공과	33	53	82	123	186
감가상각비	53	53	53	53	36
계(A)	888	1,361	2,154	3,288	5,065
매출액(B)	3,285	5,275	8,150	12,263	28,620
부가가치율(A/B)	27%	26%	26%	27%	27%

5. 경제성 평가로서의 현금흐름 (Cash Flow)의 추정

가. 투자안에 대한 평가분석 이유

투자 결정은 기업의 의사결정중 가장 중요한 의사결정이며, 특히 창업기업으로서는 더 말할 필요가 없을 것이다.

창업기업으로서는 항상 리스크가 존재하기 때문에 사전 치밀한 사업계획과 시장 자료 분석으로 이러한 위험성을 최소화 할 수 있도록 대비하여야 하기 때문에 사업계획에 입각한 투자안의 정확한 평가가 있어야 할 것이다.

투자안의 경제성 평가 방법에는 전통적인 기법인 순현기법, 내부수익율법, 회수기간법, 회계적 이익율법 등이 있다. 이하에서는 이들의 방법을 이용하여 계획 사업의 경제성 평가를 하고자 한다.

나. 경제성 평가 결과

(1) 순현가법(NPV법)

순현기법(NPV법)은 투자안의 경제성 평가방법중 가장 널리 쓰이는 방법으로 이론적으로도 우수하며, 투자로 인하여 발생하는 미래의 모든 현금흐름을 적절한 할인율(자본수익율)로 할인하여 이를 순 현가로 나타내어서 투자결정에 이용하는 기법이다. 당사의 경우 계획사업의 사업성을 향후 5년정도 보아 년 평균 약 10%정도의 할인율과 15%정도의 할인율로 하였을 때 총 투자액 857,734천원에 대해 10%할인율의 경우 NPV〉0이고, 15%할인율로 할 경우에도 NPV〉0이므로 계획사업은 본 사업의 경제성을 3년정도로 보았을 때 투자가치가 있다고 판단할 수 있다.

• 당사의 자본투입액 현가표

(금액 : 천원)

연 도	현금유입	자본코스트(10%)할인율	10%현가액
1차연도	1,175,893	0.90909	1,068,993
2차연도	555,611	0.82645	459,185
3차연도	710,000	0.75131	533,430
4차연도	850,000	0.68301	580,559
5차연도	1,200,000	0.62092	745,104
합 계	4,491,504		3,387,271

• 당사의 투자수익액 현가표

(금액 : 천원)

연 도	현금유입	자본코스트(10%)할인율	10%현가액
1차연도	266,471	0.90909	242,246
2차연도	502,761	0.82645	415,507
3차연도	850,202	0.75131	638,765
4차연도	1,390,465	0.68301	949,701
5차연도	2,072,881	0.62092	1,287,093
합 계	5,082,780		3,533,312

<참고자료> 현가표

기 간	8%	9%	10%	11%	12%	14%	15%
1	92593	91743	90909	90090	89286	87719	86957
2	85761	84168	82645	81162	79719	76947	75614
3	79383	77218	75131	73119	71178	67497	65752
4	73503	70843	68301	65873	63552	59208	57170
5	68058	64993	32092	59345	56743	51937	49718
6	63017	59627	56447	53464	50663	45559	43523
7	58349	54703	51316	48166	45235	39964	37594
8	54027	50187	46651	43393	40338	35056	32690
9	50025	46043	42410	39092	36061	30751	28426
10	46319	42241	38554	35218	32197	26974	24718
11	42888	38453	35049	31728	28748	23662	21494
12	39711	35553	31863	28584	25668	20756	18691
13	36770	32618	28966	25751	22917	18207	16253
14	34046	29925	26333	23199	20462	15971	14133
15	31524	27454	23939	20900	18270	14010	12289
16	29189	25187	21763	18829	16312	12289	10686
17	27027	23107	19784	16963	14564	10780	19293
18	25025	21199	17986	15282	13004	37456	08081
19	23171	19449	16351	13768	11611	08295	07027
20	21455	17843	14864	12403	01367	07276	06110
21	19866	16370	13513	11174	09256	06383	05313
22	18394	15018	12285	10067	18264	05599	04950
23	17032	16778	11168	19169	07379	04911	04017
24	15770	12640	10153	08170	06588	04308	03493
25	14602	11597	09230	07361	05882	03779	03038

자본투자액에 대한 현가와 투자수익액에 대한 현가를 다음 수식에 의해 비교해 보겠다.

$$NPV = \Sigma \frac{Cl_t}{(1+K)^t} - \Sigma \frac{CO_t}{(1+K)^t}$$

여기서 Clt : t시점에서의 현금유입

COt : t시점에서의 현금유출(투자액)

K : 할인율(요구수익률, 자본비용)

즉,

$$NPV = \Sigma^{n}_{t=0} \frac{CI_t}{(1+K)^t} - \Sigma^{n}_{t=0} \frac{CO_t}{(1+K)^t}$$

$$= \frac{266,471}{(1+0.10)^1} + \frac{502,761}{(1+0.10)^2} + \frac{850,202}{(1+0.10)^3} + \frac{1,390,465}{(1+0.10)^4} + \frac{2,072,881}{(1+0.10)^5}$$

$$-\left(\frac{1,175,89}{(1+0.10)^1} + \frac{555,611}{(1+0.10)^2} + \frac{710,000}{(1+0.10)^3} + \frac{850,000}{(1+0.10)^4} + \frac{1,200,000}{(1+0.10)^5}\right)$$

$$= 3,533,312 - 3,387,271 = 146,041 > 0$$

따라서 본 계획사업은 내부적으로 자본코스트율인 10%를 상회해서, 5년간 사업결과 약 1억4천6백만원 정도의 순수익을 실현하는 결과가 되기 때문에 5년간 경영만 잘 한다면 경제성이 있는 사업으로 평가할 수 있다.

(2) 내부 수익율법 (IRR법)

생략

7. 자금수지, 성장성 및 위험요소 분석

1. 자금조달 운용계획 분석

가. 자금조달 운용계획표 (1차년도)

(금액 : 천원)

자금운용		자금조달		소요자금 정적성 및 조달가능성 검토의견
항 목	금 액	항 목	금 액	
◦유형고정자산		자본금	500,000	
-토지	50,000			
-건물	30,000	차입금	450,000	
-기계장치	284,000	-장기차입금		
-공해 방지시설	250,000			
-차량운반구	55,000	-단기차입금	350,000	
-집기.비품등	14,400	자본금	500,000	
소 계	683,400	차입금 -장기차입금 -단기차입금	450,000 350,000	
◦운전자금		자본금	500,000	
-제조비용	400,889	차입금	800,000	
-판매비및일반관리비	75,404	여유자금	△124,107	
-영업외 비용	16,200	자본금	500,000	
소계 (1회전소요자금)	492,493	차입금 여유자금	800,000 △124,107	
합 계	1,175,893	합계	1,175,893	

나. 자금조달 운용계획 분석

본 계획사업에 대한 총 소요자금은 유형고정자산이 683,400,000원 운전자금 492,493원, 합계 1,175,893원인 반면 자금조달은 건물, 기계장치, 공해방지시설 등의 시설자금은 100% 장기차입금으로 조달할 계획으로 있으며 나머지 운전자금의 경우는 단기차입금으로 조달할 계획으로 있어 총 차입금은

800,000,000원으로 계상하고 있다.

본 사업계획이 이상과 같은 자금계획으로 조달된다고 가정할 때 동사의 부채비율은 61%로서 비교적 건실한 재무구조로 출발할 수 있다고 볼 수 있다. 따라서 본 사업계획과 자금조달 운용계획이 계획대로만 차질없이 진행된다면 본 사업계획은 무난히 달성될 것으로 보인다.

2. 차입금 상환능력 분석

가. 차입금 상환능력 점검표

(금액 : 백만원)

<table>
<tr><th colspan="2" rowspan="2">구 분</th><th colspan="5">연도별 상환 및 조달계획</th><th rowspan="2">비 고</th></tr>
<tr><th>1차년도</th><th>2차년도</th><th>3차년도</th><th>4차년도</th><th>5차년도</th></tr>
<tr><td rowspan="2">상환거래</td><td>은행 차입금
제2금융기관 차입금
사채
지급이자</td><td>

84</td><td>70

84</td><td>56

77</td><td>90

77</td><td>90

68</td><td></td></tr>
<tr><td>소 계</td><td>84</td><td>154</td><td>133</td><td>167</td><td>158</td><td></td></tr>
<tr><td rowspan="2">기본적
상환재원</td><td>당기순이익
감가상각비 등
(사내 유보 경비)</td><td>266
10</td><td>503
10</td><td>850
10</td><td>1390
10</td><td>2072</td><td></td></tr>
<tr><td>소 계</td><td>276</td><td>513</td><td>860</td><td>1400</td><td>2072</td><td></td></tr>
<tr><td colspan="2">과 부 족</td><td>192</td><td>359</td><td>727</td><td>1233</td><td>1914</td><td></td></tr>
<tr><td rowspan="2">상환재원 추가조달 계획 및 상환능력 검토</td><td>증자
회사채 발생
금융기관 차입
사채
주주 일시 차입
기타</td><td colspan="5">추가조달불요</td><td></td></tr>
<tr><td>소 계</td><td colspan="5"></td><td></td></tr>
</table>

나. 차입금 상환능력 분석

동사가 상환해야할 원리금은 1차년도가 84,000,000원, 2차년도가 154,000,000원, 3차년도가 132,650,000으로서 3년이내에 도래할 원리금은 370,650,000으로서 창업초기(1차년도말) 여유자금이 192백만원인 점을 감안하면 원리금 상환에는 큰 무리가 없을 것으로 보인다.

또한 추정손익계산서상 향후 당기순이익 규모도 1차년도 266백만원, 2차년도 503백만원, 3차년도 850백만원등으로 계획사업이 동사의 계획대로 차질없이 수행된다면 차입금 상환에는 큰 무리가 없을 것으로 분석된다.

다만, 현재가 IMF상황이기 때문에 매출이 계획대로 달성될지가 의문인 바, 체계적이고 적극적인 마케팅 활동이 전제되어야 할 것이다.

3. 성장성 분석

본 사업의 계획제품인 다용도 축열기(온풍기)는 비닐하우스, 화훼재배유기농등의 농업용, 돈사 및 계사 난방용 등 축산용, 양식장 및 수산물 건조용 등 수산용, 기타 모든 물체 건조 및 자동차, 선박 도색 건조용 등 제품의 사용 용도가 다양하기 때문에 특허제품인 본 계획제품의 수요는 꾸준할 것으로 보이며, 따라서 성장율은 줄지 않겠으나 꾸준한 수요증가가 예상되는 사업이라 볼 수 있다.

IMF발생이후 귀농인구가 늘어나는 추세이며, 고품질의 농축수산물 생산에 필수제품인 동사의 계획제품에 대한 성장성은 비교적 양호한 것으로 보인다.

4. 위험요소 분석

본 계획사업 수행상 위험요소는 ① 경쟁업체 참여에 따른 판매 단가 조정 가능성, ② 주요 원자재 파동 우려 ③ 생산량, 생산수율, 판매량, 가동율 등의 변동요인 발생여부 ④ 노사분규 ⑤ 시설자금 및 소요운전자금의 적기조달 실패 ⑥

공장건설의 지연 ⑦ 금리 및 환율의 변동 등으로 요약해 볼 수 있다.

첫째, 경쟁업체 참여에 대한 판매단가 조정가능성은 항상 상존하는 위험요소이며, 이와같은 위험요소를 회피하기 위해서는 경영혁신을 통한 무단한 원가절감 노력이 지속적으로 수반되지 않으면 안될 것이다. 또한 창업초기부터 철저한 채용관리로 소수정예주의 인사원칙을 고수해야할 것이다.

둘째, 주요 원자재 파동우려의 문제는

....(중략)...

일곱째, 금리 및 환율의 변동에 따른 경영상 문제점은 동사 계획제품이 수출비중도 상당히 높으므로 환율 변동에 따른 대비책도 항상 강구하고 있어야만 한다. 금리문제는 동사 계획제품이 농·축수산업과 관련되는 사업이기 때문에 비교적 저리의 정책자금을 받을 수 있는 사업임을 고려해서 매년 정부의 정책지원 자금에 대한 정보 수집과 더불어 필요한 경우에는 당기순이익금에 의한 차입금의 조기상환도 검토해 볼 수 있을 것이다. 또한 환율 문제는 기업내 통제가능한 위험요소가 아니라 국가와 국가간의 외환정책에 따라 변동이 심하기 때문에 항상 경쟁상대국과 해외시장에서의 가격 경쟁력 확보를 위한 원가절감 노력과 더불어 해외 단골거래처의 확보에도 부단한 노력이 필요할 것이다.

아울러 수출 타격이 있는 경우에도 매출 및 수지에 영향을 미치지 않도록 내수 관리에도 소홀함이 없어야할 것이다.

부록
사업계획서 사례 2

- PHOTO CHUCK -

ABC (주)

1. 과제 개요

1. 과제 선정 배경

반도체 회로 선폭이 미세화되면서 Photo 장비의 중요성은 더욱 부각되고 장비 투자는 점차 증가하고 있음.

장비 설치가 늘어남에 따라 소모품인 Photo Chuck (Lithography Vacuum Chuck) 시장도 증가하고 있으나, 국내에서 완제품을 제작하지 못하고 Repair만 하고 현실을 감안하여, 제품 개발을 하면 새로운 매출창출 가능성 높음

2. Photo Chuck 역할

Photo 공정의 회로 설계를 Wafer chip에 정밀하게 회로선폭이 투영되기 위해 Wafer를 받쳐주는 Jig로서 정확한 지점에 Wafer가 자리잡도록 하며, 진공을 이용하여 Wafer를 적당한 압력으로 당겨주어 Wafer의 휘어진 상태를 펴주는 역할을 동시에 함

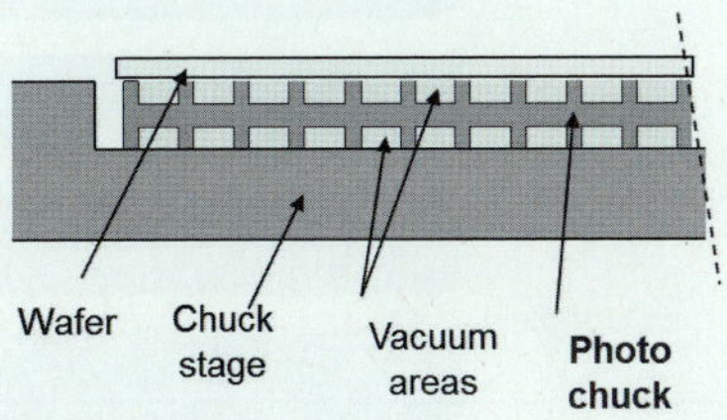

3. 기대효과

- 초정밀가공 기술 습득으로 타 제품 개발 접근이 쉬워짐
  (포러스 척, 정반, CLD Disc, 반사경)
- SiC 소재 기술 발전과 양산화를 통한 품질 안정화
- 나노가공 기술 확보

4. 해결과제

- Material: 일정한 밀도를 유지한 소재 개발 (Pore없는 소재)
- 가공기술: Dimple Pattern 가공, Polishing, High Flatness 가공, Peak Valley (Max 0.3마이크미터) 기술 개발
- 측정기술: Zygo 측정 및 측정 신뢰성 확보
- 안정된 품질 구현 가능한 외주 가공업체 발굴

2. 고객요구사항

납기	납기 적중률 95% 이상
가격	지속적인 Cost Down 제시
품질	믿고 사용할 수 있는 품질 구현 (아래 도표 참조)
제품개발	ASML ArF Immersion 제품 국산화
고객대응	신속한 Feedback 및 긴급대응

Final out-going data

Global Flatness **Local cell Flatness(20X20)**

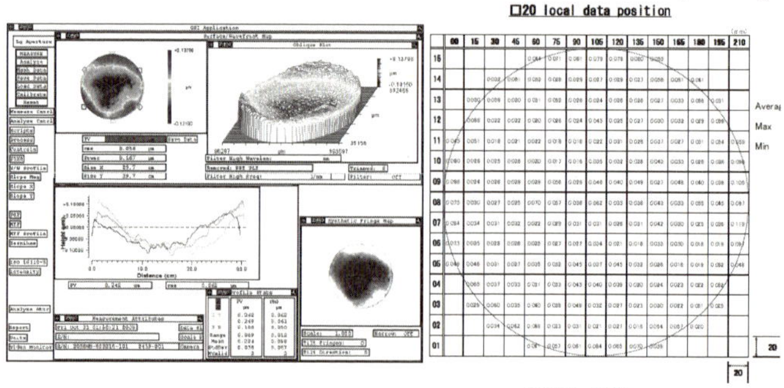

PV 0.269µm

Average : 0.040
Max 0.119
Min 0.016

3. 과제 개요

그림 4. 리소그래피 장기 로드맵

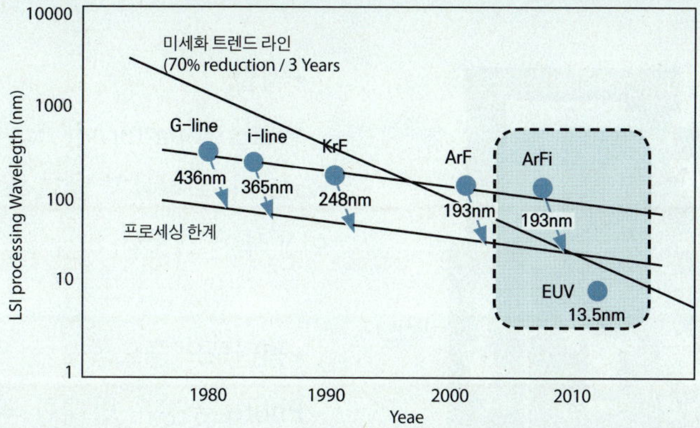

자료 : ITRS, IBK 투자증권

• Photo Chuck 기술변천사

1MD	→	4MD	→	16MD	→	64MD
Aluminum Anodizing		Ceramic (Ring Type)		Ceramic (Pin Type)		SiC 재질

4. Photo Chuck 개요

1. Photo Chuck 역할 및 중요 요소

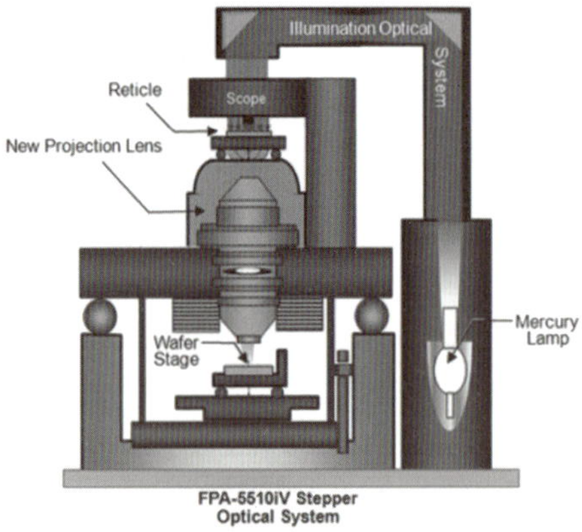

• 역할;

Wafer에 pattern을 노광 하는 동안 wafer가 움직이지 않도록 Vacuum을 이용하여 고정함.

• 평탄도의 중요성

Photo 공정은 방대한 양의 회로 설계를 Wafer Chip Die에 찍어주며, 회로 설계도를 축소 투영하여 일정한 space에 세밀하고 균일하게 자리잡게 하는 공정.

세밀한 회로의 장착은 장비 자체의 고정도가 매우 중요하며, 또한 Wafer의 평탄도가 대단히 중요함.

2. PRODUCT TYPE

• PIN TYPE

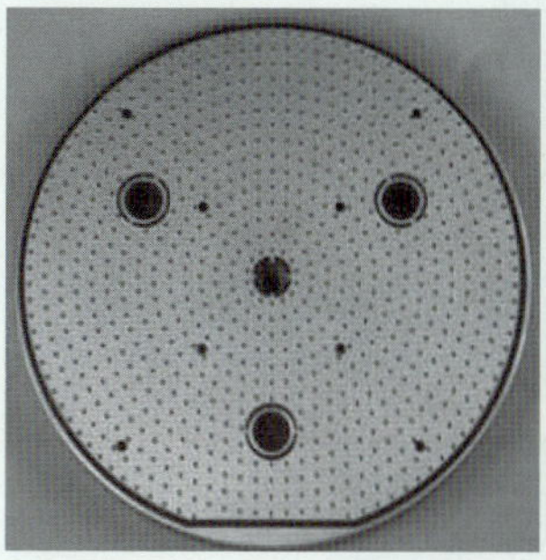

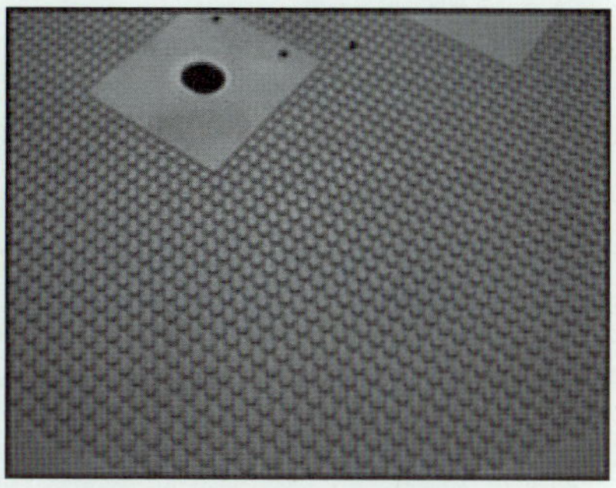

• RING TYPE

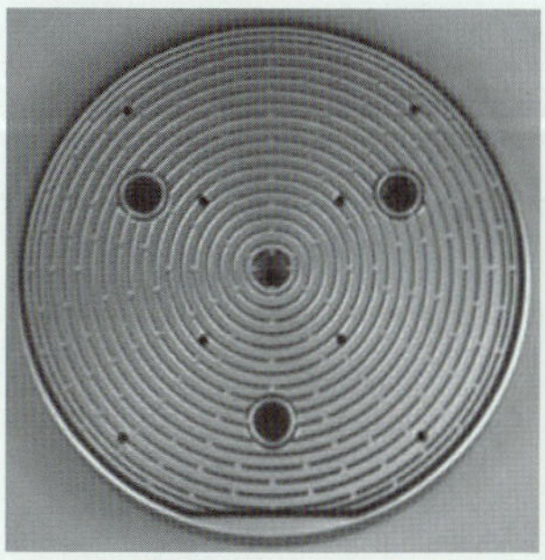

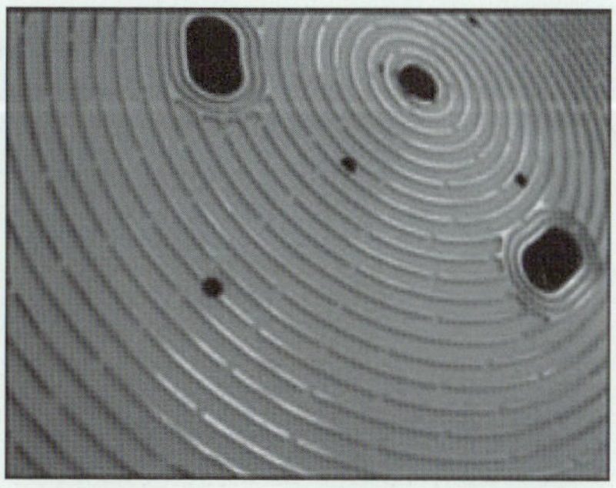

3. ASML Photo 장비 모델 및 Photo Chuck

6& 8inch

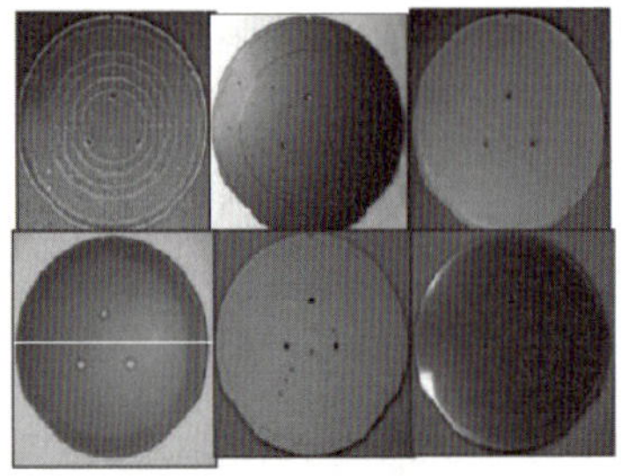

12inch

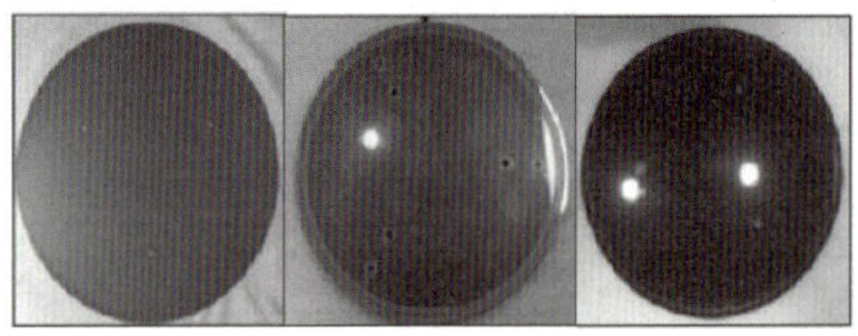

Wavelength	Model	
EUV (13.5nm)	NXE 3300B	
ArF Immersion (193nm)	NXT 1970Ci	
	NXT 1960Bi	
	NXT 1950i	
	XT 1950Hi	
ArF Dry (193nm)	XT 1450H	PAS 5500/1150C
KrF (248nm)	XT 1000K	PAS 5500/8TFH-A
	XT 1000H	PAS 5500/850F
	XT 860K	PAS 5500/750F
	XT 800K	
I-line (365nm)	XT 400K	PAS 5500/450F
		PAS 5500/350C
		PAS 5500/275D
		PAS 5500/100D

4. Nikon Photo 장비 모델 및 Photo Chuck

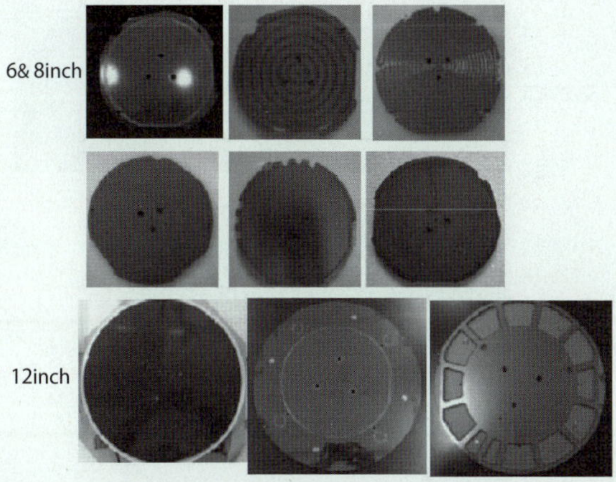

Wave length	Model
EUV	
ArF Immersion	NSR-S620D
	NSR-S621D
	NSR-S622D
	NSR-S630D
ArF Dry	NSR-S322F
	NSR-S320F
	NSR-S310F
KrF	NSR-S210D
I-line	NSR-SF155

5. Canon Photo 장비 모델 및 Photo Chuck

6& 8inch

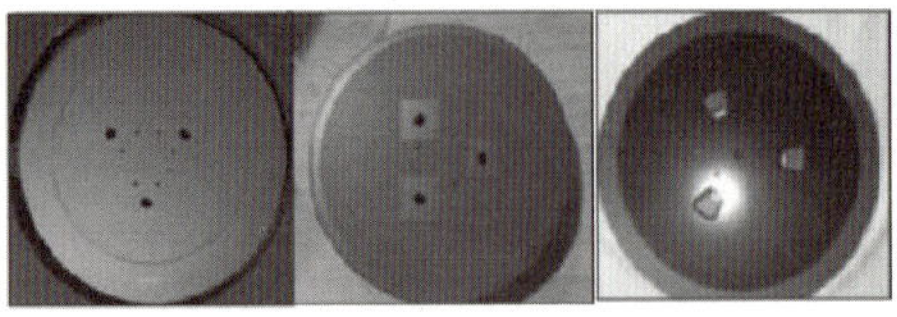

12inch

Wave length	Model
EUV	
ArF Immersion	
ArF Dry	
KrF	FPA-6300ES6a
	FPA-6000ES6a
	FPA-6000ES5a
I-line	FPA-5550iZ
	FPA-5510iZ
	FPA-5510iV
	FPA-3030i5

5. 시장 동향

1. 장비업체 시장 동향

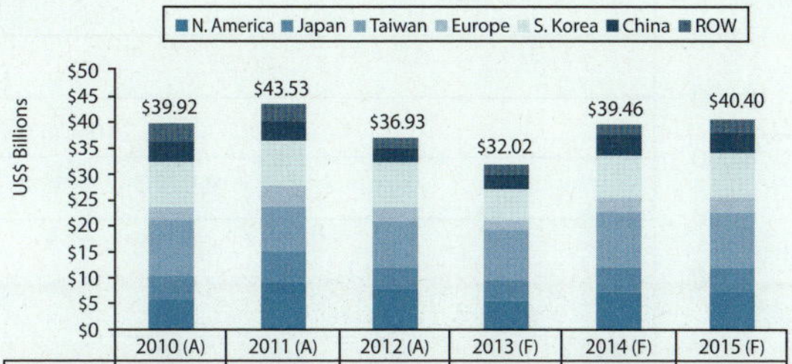

	2010 (A)	2011 (A)	2012 (A)	2013 (F)	2014 (F)	2015 (F)
ROW	3.84	3.41	2.10	2.17	1.90	2.26
China	3.68	3.65	2.50	3.01	4.11	4.15
S. Korea	8.63	8.66	8.67	5.50	7.60	8.14
Europe	2.33	4.22	2.55	2.00	3.05	3.17
Taiwan	11.25	8.52	9.53	10.19	10.99	10.98
Japan	4.44	5.81	3.42	3.41	4.08	4.24
N. America	5.75	9.26	8.15	5.74	7.73	7.46

Totals may not add due to rounding

Source : SEMI, December 2013

- 한국, 대만, 미국 위주 장비투자
- 미세 회로화에 Photo 장비의 기술 개발 중요성 더욱 부각

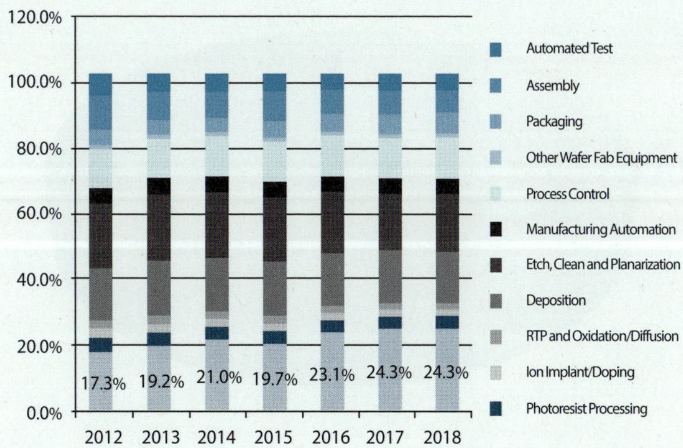

- 14년 반도체 장비 투자중 Lithography 장비 21% (14년 기준)
- Lithography 장비 투자액 매년 증가 추세

2. 포토장비 시장 동향

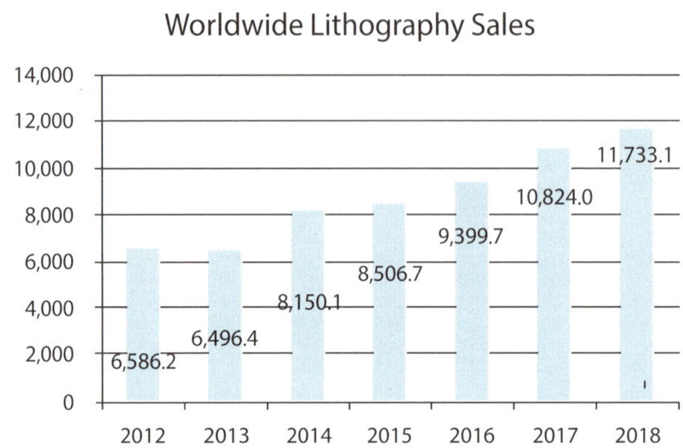

- 300mm ArF Immersion 장비 출현으로 ASML Photo 장비 점유율은 대폭 상승
- 13년 국내 투자 기준 ASML M/S 95%, Nikon, Canon M/S 5%
- 200mm까지 Canon, Nikon 장비 강세

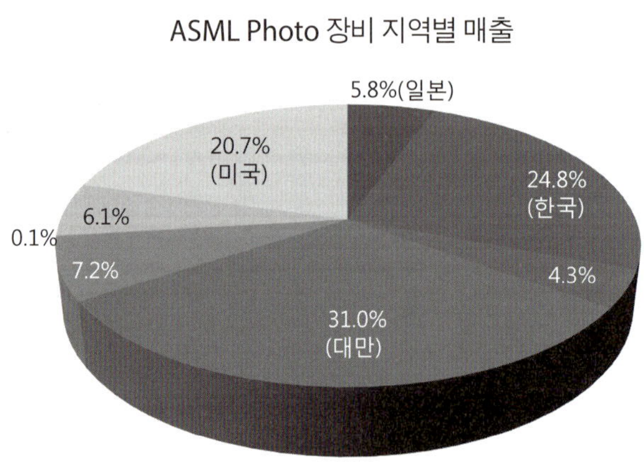

- 현재까지 ASML 장비 설치; 미국>대만>유럽>한국
- 2000년 이후 ASML 장비 투자; 대만>한국>미국
- 일본시장 Canon, Nikon장비가 많음

3. Lithography Vacuum Chuck 시장규모

(단위; 억원)

CUSTOMER	SIZE	TYPE	단가	년간 사용량 (EA)	총 시장 규모
SAMSUNG	200mm	I-line &KrF	0.10	160	16.00
	300mm	ArF DRY	0.34	50	17.00
	300mm	ArF Immersion	2.00	150	300.00
	TOTAL				333.00
HYNIX	200mm	I-line &KrF	0.10	80	8.00
	300mm	ArF DRY	0.34	25	8.50
	300mm	ArF Immersion	2.00	75	150.00
	TOTAL				166.50
국내	200mm	I-line &KrF	0.10	240	24.00
	300mm	ArF DRY	0.34	75	25.50
	300mm	ArF Immersion	2.00	225	450.00
	TOTAL				499.50
해외	200mm	I-line &KrF	0.10	960	96.00
	300mm	ArF DRY	0.34	300	102.00
	300mm	ArF Immersion	2.00	630	1,260.00
	TOTAL				1,458.00
TOTAL	200mm	I-line &KrF			120.00
	300mm	ArF DRY			127.50
	300mm	ArF Immersion			1,710.00
	TOTAL				1,957.50

4. 국내 제조사 현황

	KST	Coorstek	Worldex
제작기술	Canon, Nikon 자체 제작 ASML ArF Dry repair 가능	Canon/Nikon KrF용 자체 제작	Canon/Nikon KrF용 자체 제작
소 재	대구텍	자체 제작	대구텍
보유장비	Zygo 장비 Micro Sanding Blast Polishing / Lapping MC	Zygo 장비 Micro Sanding Blast Polishing / Lapping MC	측정장비 Polishing MC
생산능력	30개 / 월	20개 / 월	10개 / 월
매 출	50억	20억	8억
주요거래처	삼성, 하이닉스	하이닉스	하이닉스
비 고	· ASML ArF Immersion용 완제품 및 Repair도 못함 · 일본 Nihon Ceramic사 수리 및 완제품 수입판매 병행	좌동	좌동

5. 국내 경쟁사 현황

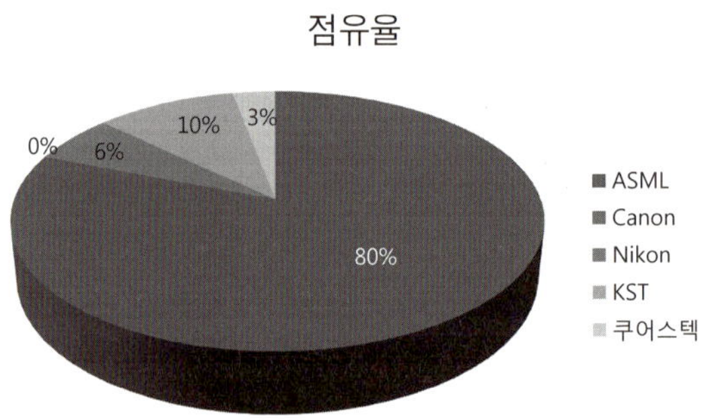

- Photo 장비사가 Original part로 공급하는 비중이 대단히 높음
- ASML ArF Immersion용은 전량 장비사가 공급
- 국산화된 품목은 repair와 신품의 가격차이가 크지 않아 신품만 구매

6. 역량분석

1. SWOT 분석

<table>
<tr><td colspan="3" rowspan="3"></td><td colspan="2">내부역량</td></tr>
<tr><td>강점</td><td>약점</td></tr>
<tr><td>· 소재 자체 제작
· 그린 가공(형상) 기술력
· 삼성, 하이닉스 등록업체</td><td>· SiC 정밀가공 경험 부족
· 정밀 계측기(Zygo) 미보유</td></tr>
<tr><td rowspan="2">외부 역량</td><td>기회</td><td>· Photo 장비 투자 지속 → Photo Chuck 시장규모 매년 증가
· 국내 공급사 품질 구현 어려움 겪음</td><td>· 200mm / 300mm Dry용 Photo Chuck 우선 개발
· 300mm Immersion용 개발로 연계
· 국내 경험을 통한 OEM 공급</td><td>· 외주 가공 업체 활용도 높임 → 최단 시일내 개발완료
· 장비 투자 단계별 진행으로 초기 투자 비용 최소화</td></tr>
<tr><td>위협</td><td>· 후발주자로 시장 진입 장벽
· Photo 장비 기술 발전에 따른 요구 품질 수준 높아짐</td><td>· 선발 제조사와 기술협력
· Repair 시장 가격경쟁력/납기 단축 고객신뢰 높임</td><td>· 해외 제조사에 외주 가공
· 해외 제조사의 협력관계 구축</td></tr>
</table>

7. 시장 진입 전략

1. 제품개발

- 1단계: 소재-자체 생산, 가공-국내외 가공업체 적극 활용
- 2단계: 생산장비 투자 및 자체 완제품 생산(ASML ArF Dry제품, Nikon / Canon 12")
- 3단계: ASML Immersion 제품 개발

2. 영업

- 1단계: 국내 Repair시장 및 완성품(ASML ArF Dry 제품까지) 공략
- 2단계: 해외 제조사로부터 완제품 국내 공급
- 3단계: 장비사 OEM 공급

3. 성공요건

- 2년내 완제품 개발완료 및 평가 완료
- 숙련 기술자 채용으로 품질 안정로 고객신뢰 구축
- 투자후 3년차부터 수익창출

8. 사업일정

2018	· 장비사 OEM 공급 협의 · ArF Immersion 제품 개발완료
2017	· 완제품 판매 · ArF Immersion 제품 개발
2016	· 제품평가 · Repair 진행
2015	· 설비투자 · 인원채용 · 제품개발

9. Photo Chuck 핵심 기술

1. 제작 핵심요소 기술

Material

고강도/내 마모
낮은 열변형성

Machining

Dimple 정밀 가공
Polishing 가공
High Flatness

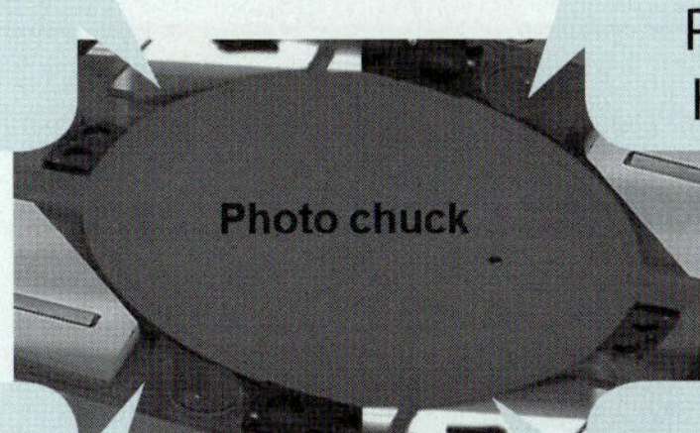

Measurement

정밀 측정(㎛단위)
측정 신뢰성 확보

Design

Dimple 형상/배열 설계
(Contact rate / Vacuum 제어)

10. 제조공정

1. 제조공정별 투자 및 외주

소재 제작 (*소결 SiC) → 형상 가공 (*MCT 가공) → 표면 정삭 (*연마기 가공) → MASKING → 노광/현상 → MICRO SAND BLAST → POLISHING/LAPPING (*정밀 가공 연마) → 측정 → 포장/검사 → 납품

자체 공정
외주 공정
투자 공정

11. 투자내역

	투자내역	수량	투자금액	비고
장비	Zygo Flatness Measuring MC Polishing / Lapping MC	1대 1대	7억 5억	Plate size Φ600~2000
인원	작업자(계측 1명, 정밀가공 1명) Engineer (Manager)	2명 1명	1억 0.8억	
시설	Clean Room	50평	3.5억	1,000 class

• Flatness measuring system

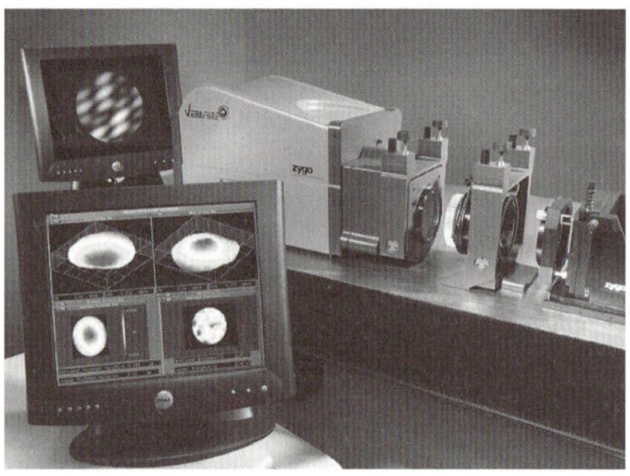

• Lapping machine

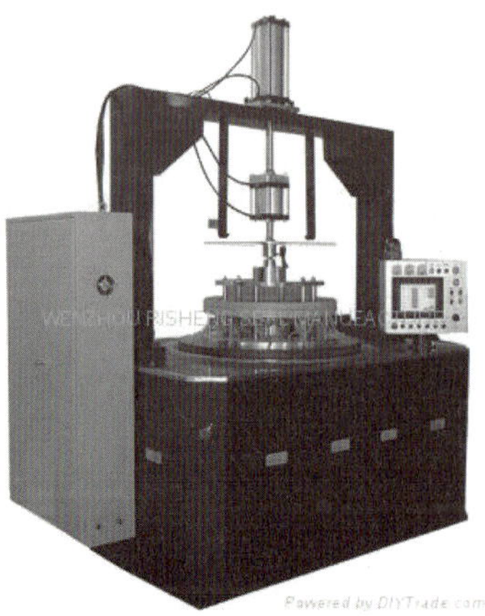

12. 사업성분석

- 순현재가치(NPV)는 29억원으로 확인 됨.
- 수량 : 국내 수요량기준 1년차 5%, 2년차 10%, 3차년 20%, 4년차 25%, 5년차 30% 적용
- 가격 : 시장 가격의 90% 적용

(억원, 매)

항목		15년	16년	17년	18년	19년	20년	비고
매출	수량	0	24	50	104	137	172	
	가격	1.06	1.01	0.96	0.91	0.86	0.82	매년 5% 인하
	금액	0	24	47	95	118	141	
원가	인건비	0	3	4	4	4	4	
	감가상각비	0	5.4	6.4	6.4	6.4	6.4	5년 정액법
	재료비	0	10	20	39.9	49.7	59.5	
	제조경비	0	4	8	15.9	19.9	23.8	재료비의 40%
	제조원가	0	21.2	36.8	64.6	78.4	92.1	
	판관비	0	3.2	5.5	9.7	11.8	13.8	제조원가의 15%
손익	영업이익	0	-0.6	5.2	20.4	27.9	35.4	
	세후이익	0	-0.5	4.0	15.9	21.8	27.6	법인세 22%
	CF	-27.0	-0.1	10.4	22.3	28.2	35.0	IRR 40%
	DCF	-27.0	-0.1	7.9	14.7	16.1	17.4	CAPM 할인율 15%
	NPV	29						

* 예시를 위한 것이므로 적용 비율, 추가 항목은 사내 정책에 따라 변동 가능

찾아보기

찾아보기

T

V

W

ㄱ

ㅇ

ㅈ

ㅊ

ㅌ

ㅍ

ㅎ

연습문제 정답

제1장 기술개발과 기술사업화

1. ①
2. (1) 기술개발 (Technology Development)
   (2) 기술사업화 (Technology Commercialization)
3. ③
4. ④
5. ④
6. 투자수익률 (ROI, Return On Investment)
7. ③
8. ④
9. ②
10. ①
11. ②
12. ②
13. ④
14. ③
15. (1) 구조적 기반 (Architecture)
    (2) 조직 역량 (Capability)
16. ①
17. ③
18. 1세대 R&D는 과학자들에 의해 연구소가 운영되는 방임형 R&D
    2세대 R&D는 프로젝트 관리기법이 발달되기 시작한 관리형 R&D
    3세대 R&D는 사업전략과 기술전략을 서로 연계시키는 전략형 R&D
    4세대 R&D는 R&D활동에 시장/고객을 연계시키는 성과형 R&D
19. ①
20. 존속성 혁신 (Sustaining Innovation)
21. ④
22. ③
23. ④
24. ②
25. ④

제2장 기술완성도 평가

1. ③
2. (1) 유용성 (Utility)

   (2) 경쟁성 (Competitiveness)
3. ②
4. ③
5. ④
6. ③
7. ③
8. ②
9. 80점
10. ①
11. ②
12. ①
13. 기각, 사업화 포기
14. 좌축에는 0~60점의 매력도 축, 우축에는 0~60점의 적합성 축, Y축에는 0~120점의 사업성 축으로 구성하여 표현한다.

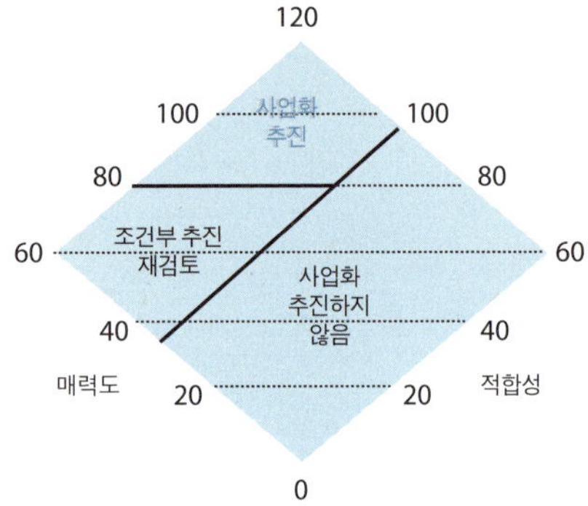

15. ①
16. ②
17. ④
18. Time to Plateau
19. ③
20. ②

제3장 기술사업화 방안

1. ①
2. Receiving System
3. ④
4. ③
5. ②
6. ③
7. 기술개발 선행형 (Technology Push)
8. 사업기획 선행형 (Market Pull)
9. ④
10. ① Need
11. ④ Competition
12. ③ Benefit
13. ② Approach
14. ③
15. Need : 고객의 요구 사항 등을 표현한다.
    Approach : 프로젝트의 Solution 등을 표현한다.
    Benefit : QCD 측면에서 고객의 이익을 나타낸다.
    Competition : 경쟁자와의 비교 등을 표현한다.
16. ④
17. ②
18. ③
19. ①
20. ③
21. ①
22. ③
23. (1) 선급금 (IDP, Initial Down Payment)
    (2) 경상기술료 (RR, Running Royalty)
24. ③
25. ①
26. ①
27. ②
28. ③
29. ④
30. ③
31. ④ 기술적 가능성
32. ② 사업적 가능성
33. ⑤ IP (특허)
34. ① 사업화 조직
35. ③ 사업 모델
36. ③
37. ②
38. ③
39. ①
40. ④

제4장 기술의 사업성 분석

1. ①
2. ③
3. ①
4. ④
5. ④
6. ③
7. ②
8. ③
9. ②
10. ④
11. ③
12. ④
13. ①
14. ③
15. ①
16. ④
17. ③
18. ①
19. ②
20. ②
21. ①
22. ②
23. ④
24. ③
25. ①
26. ②
27. ②
28. ③
29. ①
30. ②
31. ④
32. ①
33. ④
34. ③
35. ④
36. ②
37. ③
38. ①
39. ②
40. ①
41. ①
42. ③
43. ④
44. ④
45. ①
46. ④
47. ②
48. ①
49. ②
50. ③
51. ③
52. ①
53. 0
54. ③

55. 예상되는 사업의 수익률이 10%로, 평가 대상인 회사의 위험정도를 나타내는 할인율 8% 보다 크기 때문에 창업투자회사는 투자를 할 것이다.
56. 1,000ton×15%×2만원/kg = 30억원
57. 30억원 −10억원 = 20억원
58. NPV: 978.9백만원, IRR: 12.6%
NPV 가 0보다 크고, IRR의 값이 이 기업의 할인율보다 크므로 사업성이 있다.

제5장 기술가치평가

1. ①
2. ④
3. ②
4. ③
5. ②
6. ③
7. ①
8. ④
9. ③
10. ①
11. ①
12. ①
13. ②
14. ①
15. ③
16. ①

R&D생산성 향상을 위한

기술 사업화

초판 1쇄 발행 2017년 6월 30일
초판 2쇄 발행 2019년 2월 19일

지은이 손수현 · 이성룡
발행인 김인철
총괄 · 기획 가정준 Director, University Knowledge Press
편집장 신선호 Executive Knowledge Contents Creator
도서편집 박현정 Contents Creator
전자책편집 인은주 Chief e-Contents Creator
재무관리 강현주 Managing Creator
사전 · 출판 정준희 Contents Creator
마케팅 파트장 백승이 Chief Marketing Creator
마케팅 이현진 Marketing Creator
발행처 한국외국어대학교 지식출판콘텐츠원
02450 서울특별시 동대문구 이문로 107
전화 02)2173-2493~7
팩스 02)2173-3363
홈페이지 http://press.hufs.ac.kr
전자우편 press@hufs.ac.kr
출판등록 제6-6호(1969. 4. 30)
디자인 · 편집 (주)이환디앤비 02)2254-4301
인쇄 · 제본 네오프린텍 02)718-3111

ISBN 979-11-5901-202-0 13320 정가 20,000원

*잘못된 책은 교환하여 드립니다.

HUiNE은 한국외국어대학교 지식출판콘텐츠원의 어학도서, 사회과학도서, 지역학 도서 Sub Brand이다. 한국외대의 영문명인 HUFS, 현명한 국제전문가 양성(International +Intelligent)의 의미를 담고 있으며, 휴인(携引)의 뜻인 '이끌다, 끌고 나가다'라는 의미처럼 출판계를 이끄는 리더로서, 혁신의 이미지를 담고 있다.